바이브 코딩
혁명이 온다

AI 에이전트와 제로 코드 소사이어티의 탄생

바이브 코딩
혁명이 온다

김재필 지음

코드 한 줄 몰라도
누구나 상상을 현실로 만들 수 있다

VIBE·CODING

< 프롤로그 >

바이브 코딩과 AI 에이전트가 만드는 '부의 코드'

실리콘밸리를 뒤흔든 바이브 코딩의 등장

2025년 2월, 미국 실리콘밸리에서 새로운 트렌드가 급부상했다. 바로 '바이브 코딩(Vibe Coding)'이다. 테슬라(Tesla) 전 AI 총괄이자 오픈AI(OpenAI) 창립 멤버인 안드레이 카르파티(Andrej Karpathy)가 처음 소개한 이 개념은 코딩계에 일대 혁명을 가져왔다.

바이브 코딩은 개발자가 복잡한 코드를 직접 작성하는 대신 AI와 자연어로 대화하며 프로그램을 만드는 새로운 개발 방식이다. "이런 기능을 가진 앱을 만들어줘"라고 말하면 AI가 알아서 코드를 생성한다. 코딩 경험이 전무한 23세의 한 청년은 이 방식으로 AI 기반 대화 도우미 앱을 만들어 단 1년 6개월 만에 1,000만 달러(약 130억 원)를 벌었다. 인디 개발자 피터 레벨스(Pieter Levels)는 3시간 만에 만든 비행 시뮬레이션 게임으로 한 달 만에 1억 원의 수익을 올리기도 했다.

이제 개발자뿐만 아니라 누구라도 바이브 코딩으로 자신만의 앱과 서비스를 만들어 수익을 창출하는 시대가 열렸다. 와이 콤비네이터(Y Combinator, 미국의 유명 스타트업 액셀러레이터)의 최고경영자(CEO) 개리 탄(Garry Tan)은 "바이브 코딩으로 10명의 엔지니어가 100명의 일을 할 수 있다"고 평가했고, 마이크로소프트(Microsoft)는 이미 전체 코드의 30%를 AI가 작성하고 있다고 발표했다.

번뜩이는 아이디어가 돈이 되는 시대

누구나 한 번쯤은 번뜩이는 아이디어를 떠올린 경험이 있을 것이다. '이런 게임이나 앱이 있으면 좋겠는데', '이런 서비스가 있으면 편할 텐데' 라는 생각들. 하지만 대부분의 아이디어는 실현되지 못한 채 사라진다. 개발자를 찾아야 하고, 막대한 개발비를 감당해야 하며, 복잡한 프로그래밍을 배우는 데는 시간이 걸리기 때문이다.

바이브 코딩은 이 모든 장벽을 무너뜨린다. 머릿속에만 존재하던 창의적인 생각이 이제는 휘발되지 않고 즉시 소프트웨어로 구현된다. 몇 시간 만에 만든 앱이 전 세계 사용자들에게 서비스되고, 그것이 곧바로 수익으로 연결된다.

요가 강사는 수업 시퀀스(동작 순서)를 자동으로 생성하는 앱을 만들고, 카페 사장은 고객 대기 시간을 줄이는 주문 시스템을 개발하며, 학부모는 아이 맞춤형 교육 앱을 제작한다. 이들은 모두 코딩을 전문적으로 배운 적이 없는 평범한 사람들이다. 하지만 바이브 코딩을 통해 자신의 아이디어를 현실로 만들고, 새로운 수익원을 창출하고 있다.

이것이 지금 바이브 코딩을 배워야 하는 이유다. 아이디어만 있다면 누구나 소프트웨어 창업가가 될 수 있는 시대가 열렸다. 머릿속에 잠들어 있는 수많은 아이디어들이 바이브 코딩을 통해 깨어나 부를 창출하는 도구로 변신할 수 있다.

AI 시대, 코딩을 더 쉽게 배울 수 있는 기회

'AI가 코드를 대신 짜주는데 굳이 코딩을 배워야 할까?' 많은 사람이 이런 의문을 품는다. 하지만 이는 큰 오해다. AI 시대에 코딩 교육은 사라지는 것이 아니라, 오히려 그 중요성이 더욱 커지고 있다.

바이브 코딩은 코딩 학습의 장벽을 획기적으로 낮춰준다. 예전에는 복잡한 문법을 외우고, 수많은 오류와 씨름하며, 좌절감을 맛봐야 했다. 하지만 이제는 AI가 친절한 선생님이 되어 실시간으로 도와준다. "이 코드가 왜 작동하지 않지?"라고 물으면 AI가 즉시 문제점을 찾아 설명해주고, 해결책까지 제시한다.

더 중요한 것은 AI가 생성한 코드를 이해하고 활용하려면 결국 코딩의 기본 원리를 알아야 한다는 점이다. AI는 훌륭한 도구지만, 무엇을 만들지 결정하고, 생성된 코드가 제대로 작동하는지 검증하며, 필요에 맞게 수정하는 것은 인간의 몫이다. 코딩의 기초를 이해하지 못하면 AI가 만든 코드가 옳은지 그른지조차 판단할 수 없다.

바이브 코딩은 코딩 교육의 종말이 아니라 새로운 시작이다. 마치 계산기의 등장이 수학 교육을 없애지 않고 오히려 더 높은 수준의 수학적 사고를 가능하게 했듯이, AI는 코딩 교육을 더욱 효율적이고 접근하기 쉽게 만든다. 이제 누구나 코딩의 세계에 발을 들일 수 있는 절호의 기회가 왔다.

오픈AI가 선보인 챗GPT 에이전트와 GPT-5

2025년 7월 17일, 오픈AI가 발표한 챗GPT 에이전트(ChatGPT Agent)는 챗GPT가 처음 등장했을 때와 맞먹는 충격파를 몰고 왔다. 이는 단순한 기능 업데이트가 아니라 AI가 사용자를 대신해 실제 업무를 처리하는 새로운 시대의 시작을 알리는 신호탄이었다.

챗GPT 에이전트는 기존 오퍼레이터(Operator)와 심층 리서치(Deep Research) 두 도구를 합친 혁신적인 AI 에이전트 서비스다. 자체 가상 컴퓨터를 사용해 복잡한 업무를 처음부터 끝까지 자동으로 처리하며, 성능 평가에서는 데이터 분석 89.9%, 투자은행 업무 71.3%의 정확도로 인간을 뛰어넘는 결과를 보였다.

그리고 한 달 뒤인 8월 7일, 기다리고 기다리던 GPT-5가 출시되었다. GPT-5의 등장은 바이브 코딩과 AI 에이전트 시대가 본격적으로 도래했음을 알리는 신호탄이었다. 기존 사용자들 사이에서는 갑작스러운 변화에 찬반 양론이 거셌지만, 코딩 분야와 기업용 시장에서는 많은 관심을 모았다. 바이브 코딩 선두인 커서(Cursor)와 쿠도(Qodo)를 비롯한 주요 바이브 코딩 스타트업과 기업 플랫폼들은 잇달아 GPT-5를 기본 모델로 채택했고, 압도적인 추론 성능으로 기업 사용 사례도 늘어났다. 수백 페이지 분량의 계약서부터 제품 로드맵까지 복잡한 비즈니스 데이터를 대상으로 GPT-5 모델을 테스트한 결과, 기존 AI가 처리하지 못한 문제들을 해결하는 데 탁월한 성능을 보이기도 했다. 모두가 기대했던 범용 인공지능(AGI)에는 아직 미치지 못했지만, GPT-5는 영화 〈아이언맨〉의 '자비스'와 같은 혁신적인 AI 비서로의 가능성을 보여주었다.

AI 에이전트 시대의 개막

바이브 코딩과 함께 AI 업계에서 급부상하고 있는 또 하나의 트렌드가 바로 'AI 에이전트(AI Agent)'이다. 바이브 코딩도 결국은 AI 에이전트가 인간을 대신해 코딩 작업을 해주는 것이다. AI 시장은 이제 단순히 질문에 답하는 생성형 AI(Generative AI)에서 스스로 계획하고 실행하는 AI 에이전트 시대로 넘어가고 있다.

AI 에이전트는 영화 〈그녀(Her)〉에 등장하는 AI 비서 '사만다'처럼 사용자의 이메일을 정리하고, 예약을 잡아주며, 심지어 전화까지 대신 걸어주는 자율적인 디지털 동반자다. 오픈AI의 챗GPT 에이전트를 비롯해 앤트로픽(Anthropic)의 컴퓨터 유즈(Computer Use), 젠스파크(Genspark) 등 슈퍼 에이전트(Super Agent) 서비스들은 이미 현실이 되었다.

전 세계 기업들의 AI 에이전트 전쟁

2025년은 AI 에이전트의 원년으로 불린다. 거대한 AI 에이전트 시장을 선점하기 위해 글로벌 빅테크 기업들은 각자의 강점을 무기로 치열한 경쟁을 벌이고 있다.

앤트로픽의 컴퓨터 유즈는 AI가 인간처럼 컴퓨터 화면을 직접 '보고' 마우스 커서를 움직이고 키보드를 입력하여 PC를 통째로 제어한다. 젠스파크는 AI가 사용자를 대신하여 실제 전화 통화를 수행하는 '콜 포 미(Call For Me)' 기능으로 주목받고 있으며, 애플(Apple)은 개인정보 보호를 최우선으로 하는 '애플 인텔리전스(Apple Intelligence)'로 시장 차별화를 꾀하고 있다.

GPT-5와 챗GPT 에이전트가 '월 20달러에 슈퍼 비서(Super Agent)를 고용하는' 시대를 열었듯이, AI 에이전트는 개인의 생산성을 획기적으로 높이고 기업의 업무 방식을 변화시킨다. 가트너(Gartner)는 2028년까지 일상적인 업무 결정의 15%가 AI 에이전트에 의해 자율적으로 이뤄질 것이라고 전망했다. 이는 단순한 기술 발전이 아니라 인간과 기계의 협업 방식을 근본적으로 바꾸는 패러다임 전환을 의미한다.

앞으로 인류는 AI 에이전트를 비서이자 파트너로 맞아들여 함께 협력해나가야 한다. 이들은 단순한 도구가 아니라 창의적 문제 해결에 참여하는 디지털 동료가 될 것이다.

바이브 코딩과 AI 에이전트가 만드는 새로운 미래 혁명

이 책은 바이브 코딩과 AI 에이전트가 가져올 거대한 변화의 물결을 다루고 있다. 단순히 새로운 코딩 기술을 소개하는 것이 아니라, AI와 인간이 협업하는 새로운 시대의 청사진을 제시하고자 하였다.

1장에서는 코딩의 역사를 살펴본다. 기원전 18세기 〈함무라비 법전〉부터 시작해, 19세기 에이다 러브레이스(Ada Lovelace)가 작성한 세계 최초의 프로그램, 그리고 현대의 다양한 프로그래밍 언어들이 어떻게 발전해왔는지 추적한다. 이를 통해 코딩이 단순한 기술이 아니라 인간의 사고를 체계화하는 도구임을 보여준다.

2장은 이 책의 핵심인 바이브 코딩의 개념과 작동 원리를 상세히 설명하고, 실제 성공 사례들을 통해 그 가능성을 보여준다. 전통적 프로그래밍이 '어떻게(How)'에 집중했다면, 바이브 코딩은 '무엇을(What)'에 집중한다. 개발자의 역할도 코드를 직접 작성하는 '창조자'에서 AI를 지휘하는 '연출가'로 변화한다. 특히 주목할 점은 '시민 개발자(Citizen Developer)'의 등장이다. IT 전문가가 아닌 사람도 자신의 아이디어를 소프트웨어로 구현할 수 있게 되면서 '제로 코드(Zero Code, 프로그래밍 지식이 없어도 소프트웨어를 만들 수 있도록 지원하는 개발 방식)' 시대가 열렸다. 기업들도 바이브 코딩을 도입해 개발 속도는 높이고 비용은 줄이는 혁신을 추진하고 있다.

3장에서는 바이브 코딩을 가능하게 한 또 하나의 미래 트렌드인 AI 에이전트(AI Agent)와 에이전틱 AI(Agentic AI)를 살펴본다. AI가 단순히 명령을 수행하는 도구에서 벗어나 스스로 판단하고 행동하는 '디지털 동료'로 진화하는 과정을 설명하고 있다. AI 에이전트에서 중요한 역할을 하는 MCP(Model Context Protocol)는 다양한 도구와 서비스를 자유롭게 연결하고 활용할 수 있게 해주는 '만능 통역사' 역할을 한다. 이를 통해 AI는 웹 검색, 파일 작업, 데이터베이스 관리 등을 스스로 수행하며 복잡한 작업을 처리한다.

끝으로 마지막 장에서는 볼트(Bolt.new), 러버블(Lovable.dev), 커서(Cursor), 윈드서프(Windsurf) 등 다양한 바이브 코딩 도구들을 소개하고, 각자의 수준과 목적에 맞는 도구 선택법을 제시한다. 코딩을 전혀 모르는 초보자부터 숙련된 개발자까지, 누구나 바이브 코딩을 시작할 수 있도록 단계별 안내를 제공한다.

바이브 코딩과 AI 에이전트는 아직 초기 단계이고 한계도 있다. 결과물에 대한 품질을 검증하고, 복잡한 시스템을 설계하며, 보안 문제를 해결하는 것은 여전히 인간의 몫이다. 하지만 이러한 한계 속에서 바이브 코딩과 AI 에이전트가 제공하는 기회는 무궁무진하다.

변화의 물결은 이미 시작되었다. 이제 우리가 할 일은 이 물결에 올라타는 것뿐이다. 당신의 머릿속에 잠들어 있는 아이디어를 깨워라. 바이브 코딩과 AI 에이전트는 그것을 현실로 만들어줄 것이다. 그리고 그 현실은 당신에게 새로운 기회와 부를 가져다줄 것이다.

바이브 코딩과 AI 에이전트 혁명의 시대, 여러분도 주인공이 될 수 있다.

< 목차 >

프롤로그 바이브 코딩과 AI 에이전트가 만드는 '부의 코드' 4

제1장
코딩의 세계에 오신 것을 환영합니다

C-O-D-E 코드의 기원 18

코딩의 시작, 인간과 기계가 만들어온 소통의 여정 24

코딩의 발전, 인간과 컴퓨터의 대화 31

인터넷과 스마트폰 시대, 다양한 코딩 언어의 탄생 40

AI 시대의 코딩, 그리고 그 이후 47

코딩의 프로세스 52

좋은 코드란 무엇인가? 57

잘 읽히는 코드를 위한 다섯 가지 원칙 60

코딩 개발자들에게 닥친 생성형 AI의 역풍 66

코딩 초보자도 쉽게 다가갈 수 있는 코딩 툴 72

👆 TIP 코딩 입문 전에 알아두면 좋을 코딩 용어들 77

제2장
아이디어가 돈이 되는 바이브 코딩 혁명이 온다

실리콘밸리에 불어닥친 바이브 코딩 돌풍	82
바이브 코딩이란 무엇인가?	86
전통적 프로그래밍과 바이브 코딩, 무엇이 다를까?	94
코딩 개발자의 하루: 바이브 코딩 도입 전과 후	100
바이브 코딩에 대한 오해와 진실	105
코딩의 혁명: 시민 개발자의 탄생과 제로 코드 사회의 도래	114
바이브 코딩이 불러온 일상의 변화	122
내 손으로 나만의 업무 도구를 코딩하는 흔한 업무 풍경	126
바이브 코딩으로 업무의 패러다임이 바뀐다	131
바이브 코딩 시대, 기업의 생존 전략은?	136
왜 코딩을 모르는 비개발자도 바이브 코딩을 배워야 하나?	141
'아이디어'가 돈이 되는 코딩의 연금술	147
창의적인 생각과 빠른 속도로 미래를 코딩하다	152
내 자녀에게 코딩 교육은 필요할까?	156
자녀와 부모가 함께하는 코딩 교육	162
컴퓨터 없이도 코딩 교육이 가능한 언플러그드 코딩	168
해외의 코딩 교육 사례 살펴보기	175
바이브 코딩 시대의 새로운 문해력, 코딩 리터러시	182
전 세계가 기다린 GPT-5, 마침내 출시되다	190
실망과 기대가 교차하는 GPT-5의 미래	202
바이브 코딩 툴로서의 GPT-5	208
🔍 참고 오픈AI가 공개한 공식 GPT-5 프롬프트 가이드	215

제3장
바이브 코딩과 AI 에이전트, 그리고 에이전틱 AI

AI 에이전트 + 코딩 = 바이브 코딩	218
나만의 AI 비서, AI 에이전트	223
AI 에이전트를 똑똑하게 만드는 여섯 가지 특징	230
복잡한 임무를 수행하는 AI 에이전트의 세 가지 핵심 기술	234
AI 에이전트 전쟁의 서막	238
2025년에 주목할 만한 AI 에이전트	246
챗GPT 에이전트 ChatGPT Agent	248
앤트로픽 컴퓨터 유즈 Anthropic Computer Use	257
젠스파크 Genspark	263
펠로 AI Felo AI	271
애플 인텔리전스 Apple Intelligence	278
인간과 AI 에이전트의 새로운 협력 시대	285
개인 비서에서 비서팀으로 진화하는 에이전틱 AI	289
바이브 코딩, AI 에이전트, 에이전틱 AI의 관계	294
코딩 진화의 끝판왕, 목표만 알려주면 스스로 일하는 '에이전틱 코딩'	301
AI 세계의 만능 통역사, MCP(모델 컨텍스트 프로토콜)	308
MCP를 써본 개발자들 "안 쓸 수가 없다"	315
AI의 표준으로 떠오른 MCP의 미래	319
🔍 참고 논문으로 알아보는 'AI 에이전트 vs. 에이전틱 AI'	325

제 4 장
바이브 코딩에 도전하기

내 레벨에 맞는 바이브 코딩 툴은? 332

초보자를 위한 바이브 코딩 프롬프트 예시 342

바이브 코딩 결과가 오류가 났다면? 349

완전 초보자 대상: 볼트Bolt.new 354

완전 초보자 대상: 러버블Lovable.dev 361

완전 초보자 대상: 베이스44Base44 367

완전 초보자 대상: 리플릿Replit 372

코딩 입문자 및 초급 개발자 대상: 깃허브 코파일럿GitHub Copilot 378

초중급 개발자 대상: 윈드서프Windsurf 383

초중급 개발자 대상: 커서Cursor 389

중급 개발자 대상: 챗GPT 코덱스Codex 395

중급~시니어 개발자 대상: 클로드 코드Claude Code 401

GPT-5의 바이브 코딩 기능 408

에필로그 AI와 함께 일하는 시대, 더욱더 필요해지는 인간의 창의성 418

감사의 말 423

참고문헌 426

제 1 장

코딩의 세계에
오신 것을
환영합니다

VIBE CODING

C-O-D-E
코드의 기원

코드Code, 규칙과 절차의 체계적 집합

'코드를 짠다'는 말이 이제는 누구나 아는 일상 표현이 되었다. 인류 역사상 가장 오래된 '코드' 중 하나는 기원전 18세기의 〈함무라비 법전(The Code of Hammurabi)〉이다.

이 법전은 사회 질서를 유지하기 위한 체계적인 규범의 집합으로, '코드'가 인류 문명 초창기부터 '체계화된 규칙'이라는 의미를 담고 있었음을 보여주는 강력한 증거다. 높이 2.25미터의 검은 현무암 비석에 282개의 법조문이 새겨진 것으로, 1901년 프랑스 고고학자들이 이란에서 발견했다. 현재 파리 루브르 박물관에 전시되어 있는 이 법전은 "만약 누군가가 소를 훔치면, 그 값의 30배를 갚아야 한다"와 같은 'if-then' 형식으로 쓰여 있다. 놀랍게도 이는 오늘날 프로그래밍 언어의 조건문 구조와 똑같은 형태다.

♦ **루브르 박물관에 전시되어 있는 〈함무라비 법전〉**

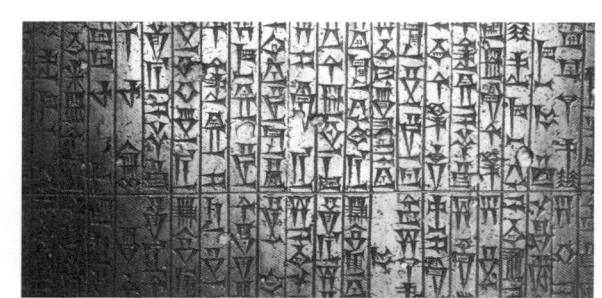

자료: 위키피디아 및 History.com

    이러한 '법전'으로서의 의미는 고대 로마 시대의 '코덱스(codex)' 또는 '코디키스(codicis)'라는 라틴어에서 더욱 구체화된다. 코덱스는 당시 나무판을 엮어 만든 책이나 법률 문서를 가리키는 용어였는데, 고대 로마인들은 나무판자에 밀랍을 칠해서 글을 쓰거나 법률, 규정 같은 것들을 기록했다. 시간이 흐르면서 코덱스는 단순히 기록물을 넘어, 정보를 체계적으로 구조화하고 정리한 시스템 전체를 상징하는 용어로 발전했다. 최초의 코드는 이처럼 정보를 질서정연하게 정리한 '규칙의 집합'이라는 의미를 품고 있었고, 이는 오늘날 코드가 지닌 '체계적 규칙'이라는 본질의 출발점이다.

    중세 라틴어에서 'codex'는 'codicum' 등으로 변화했고, 이후 프랑스어 'code'를 거쳐 영어 'code'로 정착되었다. 이 과정에서 코드의 의미는 법률 문서나 규칙의 집합, 규범 체계 등을 포괄하는 개념으로 발전했다. Code of Law(법전), Code of Ethics(윤리 강령), Napoleonic Code(나폴레옹 법전) 등이 대표적인데, 이들은 모두 정해진 규칙과 절차가 문서화된 체계를 의미한다.

암호로서의 코드

18세기에 이르러 '코드'는 극적인 의미 변화를 겪는다. 바로 암호화된 메시지나 신호 체계를 가리키는 용어로 진화한 것이다. 전신과 군사통신 등에서 문자나 정보를 특정 기호 체계로 바꾸는 방식을 '코드(code)'라고 부르기 시작했는데, 가장 유명한 것이 알파벳을 점과 선으로 표현한 통신 방식인 모스 부호(Morse Code)다.

사실 암호로서의 코드 개념은 훨씬 더 오래되었다. 기원전 100년경 로마의 율리우스 카이사르(Julius Caesar)는 군사 기밀을 보호하기 위해 알파벳을 일정한 거리만큼 밀어서 다른 글자로 바꾸는 카이사르 암호(Caesar Cipher)를 사용했다. 예를 들어 'COME TO ROME'을 3글자씩 밀어서 암호화하면 'FRPH WR URPH'가 되는 식이다. 카이사르가 부하들에게 보낸 암호문 중에는 'BECAREFULFORASSASINATOR(암살자를 조심하라)'라는 메시지도 있었다고 전해진다.

암호로서의 코드 사용은 제2차 세계대전(1939~1945년) 시기에 절정에 달했다. 당시 독일군이 사용했던 기계식 암호 체계 '에니그마(Enigma)'는 그 자체로 하나의 복잡한 '코드'였다. 영국의 블레츨리 파크(Bletchley Park)

에서 앨런 튜링(Alan Turing)과 같은 수학자들이 이 에니그마 코드를 해독하기 위해 고군분투한 이야기는 매우 유명하다. 이 암호 해독 과정은 전쟁의 승패를 갈랐을 뿐만 아니라, 세계 최초의 컴퓨터 중 하나인 '콜로서스'의 탄생을 이끌며 컴퓨터과학의 시대를 여는 결정적인 계기가 되었다.

같은 시기, 태평양 전선에서는 전혀 다른 형태의 코드가 활약했다. 바로 '나바호 코드 토커(Navajo Code Talkers)'이다. 미군은 복잡하고 외부인에게는 거의 알려지지 않은 나바호 원주민의 언어를 그대로 군사통신 암호로 사용했다. 기계가 아닌 인간의 언어 자체가 완벽한 '코드'의 역할을 한 것이다. 이처럼 '코드'는 특정 정보를 다른 체계로 변환하여 그 의미를 아는 사람만 이해할 수 있도록 만드는 모든 방식을 지칭하게 되었다.

컴퓨터 시대 도래와 프로그래밍 용어로서의 정착

'코드'의 의미가 컴퓨터 프로그래밍 영역으로 확장된 것은 암호 해독의 시대 직후인 1940년대 후반의 일이다. 1945년, 수학자이자 컴퓨터과학자인 존 폰 노이만(John von Neumann)은 에드박(EDVAC, 초기 전자계산기) 관련 문서에서 기계어 명령어를 만드는 행위를 '코딩(coding)'이라 표현했다. 프로그래밍 과정이 인간의 논리를 기계가 이해할 수 있는 언어로 '암호화'하는 과정과 본질적으로 같다고 보았기 때문이다. 모스 부호가 문자를 신호로 바꾸듯, 프로그래밍은 인간의 생각을 기계어로 변환하는 과정으로 이해한 것이다.

본격적인 컴퓨터 코드의 개념은 에니악(ENIAC, 1946년)이나 에드삭(EDSAC, 1949년) 같은 초기 컴퓨터를 위한 프로그램을 만들면서 구체화되었다. 당시 프로그램 명령어 자체를 '코드'라고 부르면서 '프로그램 코드'라는 표현이 자리 잡았다. 1950년대 중반 이후 포트란(FORTRAN), 코볼(COBOL) 같은 고급 프로그래밍 언어들이 등장하면서 '코드를 작성한다(write code)'는 표현은 프로그래머들의 표준적인 용어가 되었다.

1960년대에서 1970년대에 걸쳐 컴퓨터과학이 독립적인 학문으로 자리 잡으면서 '소스 코드(source code)', '코드 라인(code line)', '코딩(coding)' 같은 표현이 표준화되었다. 프로그래머(programmer)라는 직업도 본격적으로 정착되었고, 이들의 주요 업무 역시 '코드를 짠다'라고 표현하게 되었다.

이 시기에 일어난 재미있는 에피소드가 하나 있다. 1947년 9월 9일 오후 3시 45분, 하버드대학교에서 Mark II 컴퓨터를 작업하던 그레이스 호퍼(Grace Hopper) 연구팀이 컴퓨터 오작동의 원인을 찾다가 릴레이 접점 사이에 끼어 있는 나방 한 마리를 발견했다. 팀원들은 이 나방을 핀셋으로 꺼내어 로그북에 테이프로 붙이고 "First actual case of bug being found(실제 버그가 발견된 첫 번째 사례)"라고 기록했다. 실제 곤충이 컴퓨터 고장의 원인이 된 이 사건은 프로그래밍 세계에서 '버그(bug)'와 '디버깅(debugging)'이라는 용어를 널리 퍼뜨리는 계기가 되었다. 그 나방과 로그북은 현재 워싱턴 D.C.의 스미소니언 박물관에 전시되어 있다.

이처럼 '코드'는 규칙(rule), 체계(system), 표현 방식(expression form)이라는 공통된 철학을 기반으로 다양한 영역에서 사용되다가, 20세기 중반부터 본격적으로 '프로그래밍 언어로 쓰는 명령어 체계'로 의미가 확장되었다. 기원전 바빌로니아의 if-then 형식 법전에서 시작해 율리우스 카이사르의 군사 암호, 모스의 전신 부호, 그레이스 호퍼의 컴퓨터 버그까지, 라틴어 'codex'에서 시작된 '구조화된 정보'라는 본질적 개념이 디지털 시대에 이르러 새로운 형태의 구조화된 정보인 '프로그래밍 언어'로 발전한 것이다.

이에 비추어보면 '코드를 짠다'는 말은 곧 '논리적이고 구조화된 규칙에 따라 세상을 바꾸는 언어를 쓴다'는 의미와도 같다. 다시 말해, '디지털 시대의 새로운 문해력(Literacy)'이기도 하다. 고대 바빌로니아의 돌비석 법전에서 시작된 '코드'라는 개념이 카이사르의 군사 암호, 모스의 전신 부호를 거쳐 현대의 디지털 혁명을 이끄는 핵심 도구가 된 것은, 인간이 항상 정보를 체계화하고 규칙을 만들어 세상을 이해하고 변화시키려 해왔다는 증거이기도 하다. 결국 오늘날 우리가 스마트폰을 터치하고 컴퓨터 앞에 앉아 코딩을 할 때, 우리는 4000년 전 바빌로니아 왕의 법전과 같은 정신으로 세상의 규칙을 만들고 있는 셈이다.

코딩의 시작,
인간과 기계가 만들어온 소통의 여정

코딩(coding)은 'code'에 'ing'를 붙여 '부호화하는 행위' 또는 '프로그래밍하는 과정'을 의미한다. 즉 정보나 메시지를 특정한 규칙이나 체계에 따라 부호(code)로 변환하는 과정이 코딩이다. 그리고 컴퓨터 시대가 도래하면서 코딩은 '컴퓨터가 이해할 수 있는 프로그래밍 언어를 사용하여 명령어를 작성하는 과정'을 의미하게 되었다.

인간의 아이디어나 논리적 절차를 컴퓨터가 이해할 수 있는 특정 프로그래밍 언어의 규칙에 따라 명령어 형태로 작성하는 행위로, 마치 우리가 외국인과 대화하기 위해 그 나라의 언어와 문법을 사용하듯, 컴퓨터와 소통하기 위한 약속된 언어 체계를 사용하는 것과 같다.

주판에서 시작된 계산의 자동화

코딩의 역사는 아주 오래전에 시작되었다. 인류가 수를 세고 계산하기 위해 처음 만든 도구 중 하나가 바로 주판(珠板, abacus)인데, 나무틀에 구슬을 꿰어 숫자를 표시하고 계산하는 이 도구는 기원전 바빌로니아에서 시작되어 동서양에 널리 퍼진 인류 최초의 계산 장치였다. 상인들은 주판을 이용해 복잡한 산술을 빠르고 정확하게 처리할 수 있었는데, 이는 사람의 두뇌로 계산하던 한계를 극복한 도구로서 컴퓨터(computer)의 시초라고 할 수 있다.

고대 그리스의 안티키테라 기계(Antikythera mechanism)처럼 톱니바퀴를 이용해 천문 계산을 수행한 장치도 있었다. 이러한 기계들은 오늘날 시각으로 보면 아날로그 컴퓨터의 원형으로, 특정 계산 업무를 자동화하려는 인간의 노력이 반영된 것이다.

이후 1642년 프랑스의 수학자 블레즈 파스칼(Blaise Pascal)은 덧셈과 뺄셈을 수행할 수 있는 톱니바퀴 기반의 계산기인 파스칼 계산기(Pascaline)를 발명했고, 17세기 말 독일의 수학자이자 철학자인 라이프니츠(Gottfried Wilhelm Leibniz)는 곱셈까지 가능한 개선된 기계를 개발했다.

천공 카드와 최초의 프로그래밍 개념

18세기 말에서 19세기 초로 넘어오면서 산업혁명의 여파로 다양한 분야에서 자동화에 대한 요구가 커졌다. 특히 직물 산업에서는 복잡하고 정교한 패턴을 수작업으로 짜는 과정이 매우 느리고 많은 노동력을 필요로 했다.

프랑스의 발명가 조제프 마리 자카드(Joseph Marie Jacquard)가 1801년경 선보인 자카드 직조기는 혁신적이었다. 이 직조기는 나무나 금속으로 만든 얇은 판에 구멍을 뚫거나 뚫지 않은 '천공 카드(punched card)'를 사용했다. 카드의 특정 위치에 구멍이 있는지 없는지에 따라 직조기의 바늘과 실의 움직임이 자동으로 제어되어 미리 설계된 복잡한 패턴을 직물 위에 짜낼 수 있었다.

천공 카드의 구멍 유무는 일종의 이진(binary) 명령어 세트 역할을 했다. 이는 마치 0과 1로 모든 정보를 표현하는 현대 컴퓨터의 기본 원리와 맞닿아 있다. 자카드 직조기는 단순히 작업을 자동화한 것을 넘어, '명령어(instruction)'를 통해 기계의 동작 순서와 방식을 제어한다는 점에서 최초의 프로그래밍 가능한 기계 중 하나로 간주된다.

세계 최초의 프로그래머, 찰스 배비지와 에이다 러브레이스

19세기 유럽은 과학과 산업이 빠르게 발전하던 시기였다. 항해, 천문 관측, 공학 설계 등 다양한 분야에서 복잡하고 방대한 양의 수학적 계산이 필요했는데, 당시 이러한 계산은 대부분 수작업으로 이루어져 시간이 오래 걸릴 뿐만 아니라 인간의 실수로 인한 오류가 빈번하게 발생했다.

영국의 수학자 찰스 배비지(Charles Babbage)는 이 문제를 해결하기 위해 증기기관으로 작동하는 기계식 계산기, 차분기관(Difference Engine, 다항식의 차이값을 이용해 수학 함수표를 자동으로 계산하는 기계)을 설계했다. 그리고 배비지는 여기서 한 걸음 더 나아가 훨씬 야심 찬 기계를 구상한다. 바로 해석기관(Analytical Engine)이다.

찰스 배비지의 해석기관은 천공 카드로 프로그램을 입력받아 다양한 연산을 수행할 수 있도록 구상되었는데, 이는 동일한 기계로 여러 다른 문제를 풀 수 있는 프로그램 가능한 계산기의 개념을 처음으로 보여준 것이다. 해석기관은 현대 컴퓨터처럼 입력, 연산(mill), 제어, 저장(store), 출력 장치를 모두 갖춘 최초의 '범용 컴퓨터' 설계를 갖추었다. 이는 오늘날 컴퓨터의 중앙처리장치(Central Processing Unit, CPU), 메모리(memory), 입출력 장치 등과 유사한 구조였다. 특히 자카드 직조기에서 영감을 받아, 천공 카드로 명령어와 데이터를 입력받아 다양한 문제를 풀 수 있도록 구상되었다.

그런데 이런 배비지의 비전을 알아보고 그 잠재력을 날아오르게 한 인물이 있었는데, 바로 시인 바이런(Byron)의 딸로 유명한 수학자, 에이다 러브레이스(Ada Lovelace)였다. 그녀는 이탈리아 수학자 루이지 메나브레아(Luigi Menabrea)가 작성한 해석기관 논문을 번역하며 원문보다 훨씬 방대한 주석을 덧붙였는데, 이 주석에서 그녀는 놀라운 통찰력을 보여주었다. 러브레이스는 해석기관이 단순히 숫자 계산을 넘어 문자, 기호, 심지어 음악 작곡이나 그림 그리기 같은 창조적인 작업까지 처리할 수 있는 '엄청난' 기계임을 간파했다.

배비지와 긴밀히 협력한 에이다 러브레이스는 해석기관을 위한 알고리즘을 설계하여 그 논문에 부록으로 실었는데, 이것이 세계 최초의 컴퓨터 프로그램으로 알려져 있다. 그녀의 '노트 G(Note G)'에는 해석기관을 이용하여 베르누이 수(Bernoulli numbers)를 계산하는 구체적인 단계별 절차, 즉 알고리즘을 상세히 기술했는데, 이것이 그녀를 '세계 최초의 프로그래머'로 불리게 하는 결정적인 업적이었다. 비록 배비지의 기계는 당대에 완성되지 못했지만, 두 사람이 제시한 '프로그램 가능한 기계'라는 개념은 후대 컴퓨터과학의 결정적인 이론적 토대가 되었다.

에이다 러브레이스가 번역한 〈Sketch of the Analytical Engine Invented by Charles Babbage(찰스 배비지의 해석기관 개요)〉(1843)의 주석 '노트 G'를 보면 오늘날의 '코드' 개념과 일맥상통하는 표현들이 등장한다.

"The operations of the engine are executed on numbers…"
→ "엔진의 동작(operations)은 수에 대해 수행된다." 여기서 'operation'은 명령어(instruction) 혹은 코드를 뜻하는 개념이다.

"It may be desirable to explain that by the word 'notation', we mean a system of symbols…"
→ "'notation'이라는 단어가 기호들의 체계(system of symbols)를 의미한다는 점을 설명할 필요가 있다." 이는 오늘날의 프로그래밍 언어 문법 또는 알고리즘 서술 방식에 해당한다.

"A formula may be constructed for the general solution…"
→ "일반 해를 위한 수식(formula)이 구성될 수 있다." 'formula'는 연산의 순서를 포함하는 계산 규칙 또는 알고리즘을 뜻한다.

◆ 에이다 러브레이스와 그녀가 작성한 '노트 G'

자료: https://commons.wikimedia.org, https://en.wikipedia.org

"The operations to be performed are arranged in a tabular form…"
→ "수행되어야 할 연산들은 표 형식으로 배열되어 있다." 여기서 표 형식은 프로그램 순서를 계획하거나 배열한 도식으로, 오늘날의 코드 흐름 구조 또는 명령 리스트와 유사하다.

기계가 연산을 수행하도록 명령문을 처음 작성해 컴퓨터 프로그래밍 발명에 공헌한 에이다 러브레이스는 '코드(code)'라는 단어를 직접 쓰지는 않았지만, 'notation', 'operations', 'tables' 같은 표현들은 오늘날 프로그래밍 언어와 알고리즘 개념의 원형(prototype)이라 할 수 있다. 그녀가 상상한 기계 연산과 표기 체계는 코드의 역사에서 가장 선구적인 문헌으로 평가되고 있다.

에이다 러브레이스는 "해석기관은 스스로 무언가를 독창적으로 만들어낼 수는 없다. 우리가 그것에게 수행하도록 명령하는 것만을 할 수 있다"고 언급하며, 기계가 인간의 지시를 따를 뿐 창의적인 사고는 할 수 없다는 '러브레이스의 반론(Lovelace's Objection)'을 제기했다. 이는 오늘날 인공지능(Artificial Intelligence, AI)의 창의성과 자율성에 대한 논의에서도 여전히 중요한 시사점을 던진다.

VIBE CODING

코딩의 발전, 인간과 컴퓨터의 대화

진공관 시대, 전자식 컴퓨터의 등장

1940년대에 이르러 진공관을 사용하는 전자식 컴퓨터가 등장하면서 코딩의 역사는 커다란 전기를 맞이한다. 1946년 미국에서 완성된 에니악(Electronic Numerical Integrator and Computer, ENIAC)은 세계 최초의 대형 범용 전자식 디지털 컴퓨터로, 약 1만 8,000개의 진공관으로 구성된 거대한 기계였다. 에니악은 이전의 기계식 계산기보다 수천 배 빠른 연산 속도를 보여주었지만, 프로그래밍을 위해서는 일일이 배선과 스위치를 변경해야 했다.

이러한 비효율을 개선하기 위해 프로그램 내장식 컴퓨터(Stored-program computer) 구조가 제안되었다. 1945년 폰 노이만은 에드박(EDVAC)이라는 새로운 컴퓨터 설계안에서 프로그램을 외부 장치가 아닌 컴퓨터의 메모리 내에 저장하도록 하는 아이디어를 내놓았다. 이 폰 노이만 구조는 컴퓨터가 명령어를 데이터와 함께 메모리에 저장하고 순차적으로 읽어 실행하도록 함으로써 기계를 재배선하지 않고도 프로그램을 바꿀 수 있게 했다.

기계어로 컴퓨터와 대화하다

인간이 의사소통을 하기 위해 인간의 언어, 즉 '자연어'를 쓰듯이 컴퓨터는 컴퓨터가 읽고 이해할 수 있는 자신들의 언어, '기계어'를 쓴다. 기계어(機械語, machine language) 또는 기계 코드(machine code)는 컴퓨터(CPU)가 별다른 해석(컴파일) 없이 읽을 수 있는 프로그래밍 언어로 2진수(binary digit, 0과 1)로 이루어져 있다.

그런데 2진수는 숫자가 길어지면 가독성이 매우 떨어진다. 예를 들어 1바이트(8비트)의 데이터를 표현하려면 2진수로 00000000부터 11111111까지의 256가지 경우를 사용해야 한다. 이렇게 긴 2진수 문자열은 사람이 직접 다루기도 이해하기도 쉽지 않다. 어차피 컴퓨터만 이해하면 되는 것 아니냐고 반문할 수도 있다. 하지만 컴퓨터를 이용하는 주체는 사람이고, 사람이 컴퓨터에게 명령을 내리려면 자연어가 아닌 기계어로 입력을 해야 하는데 2진수로 입력을 하려면 보통 일이 아니다. 그래서 생각해낸 묘수가 16진수이다.

16진수는 0부터 9까지의 숫자와 A부터 F까지의 문자를 사용하여 숫자를 표현한다. 2진수를 16진수로 변환하면 훨씬 간결해지고 가독성이 높아지는데, 예를 들어 2진수 1101은 16진수로는 D 한 글자로 표현되는

◆ **방정식을 2진수 기계어와 가독성을 높인 16진수로 표현한 사례**

[처리내용 예]

```
x = 10+2
y = x+4
```

[가독성을 높이기 위해 16진수로 표현]

```
27BDFFFB
20200008
20210005
20410008
20410004
AFA20004
27BD0008
```

```
001001 11101 11101 1111111111111000
001000 00001 00000 0000000000000010
001000 00001 00001 0000000000000010
101011 11101 00001 0000000000000000
001000 00010 00001 0000000000000100
101011 11101 00010 0000000000000100
001001 11101 11101 0000000000001000
```

[MIPS라는 아키텍처의 기계어로 옮긴 표현]

자료: 이상곤·조충호, 《시스템 프로그래밍: 인텔 프로세서를 위한》, 생능출판사, (2015)

식이다. 기계어는 2진수이지만, 이를 16진수로 표현하여 사용 주체인 사람도 이해할 수 있다. 특히 메모리 주소나 명령어 코드 등을 16진수로 표현하면 프로그램의 흐름을 파악하거나 디버깅할 때 유용하다.

필자가 초등학생 시절, 삼성전자가 SPC-1000이라는 가정용 컴퓨터를 출시한 것을 필두로 국내에 컴퓨터 붐이 분 적이 있었다. 당시 컴퓨터 학원도 많이 생겨났는데, 학원에서 주로 가르친 것이 이 16진수 기계어였다.

인간의 언어를 기계어로 바꿔주는 번역기의 등장

외국인과 대화를 하려면 외국어를 배우듯이, 컴퓨터와 대화를 하기 위해서는 기계어를 배워야 했다. 하지만 같은 인간의 언어를 배우는 것도 쉽지 않은데, 하물며 '종'이 다른 컴퓨터의 언어를 배우고 이해하기란 만만치 않은 일이었다. 그래서 기계어보다는 조금 쉽게 이해할 수 있도록 개발한 언어가 어셈블리어(Assembly Language)이다. 어셈블리어는 니모닉(Mnemonic)으로 이루어진 언어로, 니모닉이란 기계어 조합을 간단하게 이해할 수 있는 영단어로 대체한 것이다. 예를 들어 '000000'은 'add', '000001'은 'and'를 의미하는 식이다. 그리고 이 어셈블리어로 작성된 프로그램을 기계어로 작성된 프로그램으로 바꿔주는 번역기가 어셈블러(Assembler)이다.

그러다가 점차 사람이 이해하기 쉽게 작성된 프로그래밍 언어, 즉 C, 자바(Java)와 같은 고급 언어가 등장하였고, 이 언어들을 기계어로 번역해주는 컴파일러와 인터프리터가 개발되면서 인간 중심의 코딩이 본격적으로 시작된다.

컴파일러(Compiler)는 책 한 권을 통째로 번역하여 출판하는 것과 같다. 프로그래머가 작성한 전체 코드를 컴퓨터가 이해할 수 있는 기계어로 한 번에 번역하여 실행 가능한 파일을 만들어낸다. 번역 과정이 미리 끝나므로 실행 속도가 빠르다는 장점이 있다. C 언어, C++ 등이 대표적인 컴파일러 방식의 언어다.

반면 인터프리터(Interpreter)는 프로그램을 한 줄씩 기계어로 번역해 즉시 실행하는 과정을 반복한다. 실시간 동시통역사와 비슷하다. 개발 과정에서 수정사항을 바로바로 확인하기 편리하지만, 실행 시점에 매번 번역이 이루어지므로 컴파일러 방식보다 속도가 느릴 수 있다. 파이썬(Python), 자바스크립트(JavaScript) 등이 이 방식을 사용한다.

♦ 컴파일러, 인터프리터는 파파고 같은 번역기의 역할을 수행한다.

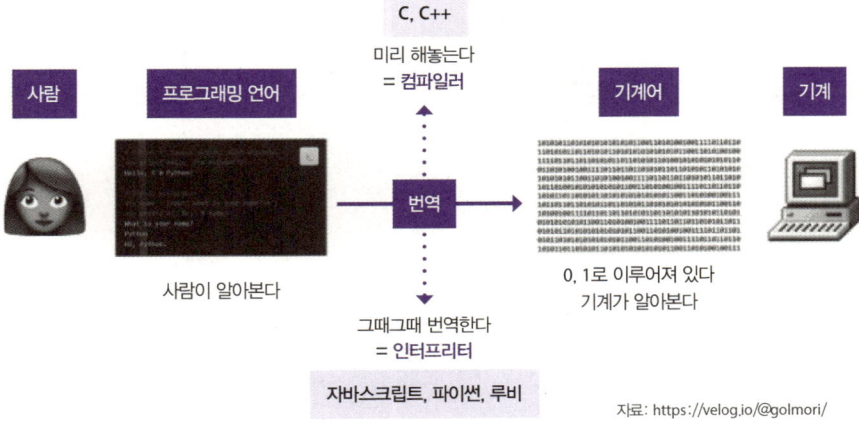

자료: https://velog.io/@golmori

고급 언어로 코딩이 쉬워지다

　대학생 시절, 처음으로 C 언어 수업을 들었는데 첫 시간에 맨 처음 배운 게 "Hello, World!"를 화면에 출력하는 프로그램을 짜는 것이었다. 이후 다른 프로그래밍 언어를 배울 때도 항상 첫 시작은 "Hello, World!"였다. "Hello, World!"라는 문구가 처음 사용된 것은 1972년 브라이언 커니핸의 B 언어 문서에서였지만, 1978년 브라이언 커니핸(Brian W. Kernighan)과 데니스 리치(Dennis M. Ritchie)가 쓴 《The C Programming Language》라는 책에서 첫 번째 예제로 등장하면서 널리 알려지게 되었다.

　"Hello, World!"가 대부분의 프로그래밍 언어에서 첫 예제로 등장한 이유는 매우 간단한 코드로 작성할 수 있기 때문이다. 예를 들어 C 언어

◆ 어떤 언어로 코딩 교육을 하든 첫 시작은 "Hello World"다.

```
C++ "HelloWorld"
#include <iostream>
int main() {
    std::cout << "Hello, World!" <<
std::endl;
    return 0;
}

JAVA "Hello World"
public class HelloWorld {
    public static void main(String[]
args) {
        System.out.println("Hello,
World!");
    }
}

Python "Hello World"
print("Hello, World!")
```

자료: python4dev

에서는 printf("Hello, World!\n");를 입력하면 결과물이 나온다. 이를 통해 해당 언어의 기본적인 문법 구조, 데이터 출력 방식 등을 쉽게 익힐 수 있고, 코딩 초보자에게는 "Hello, World!" 출력과 같은 작은 성공 경험으로 자신감을 얻고, 더 나아가 복잡한 코드를 작성하는 데 대한 동기를 부여받을 수 있다.

이렇게 사람들이 쉽게 코딩을 배울 수 있는 배경에는 사람이 쉽게 이해하고 작성할 수 있는 고급 언어의 등장이 있었다.

기계어나 어셈블리어는 컴퓨터 하드웨어를 직접 제어할 수 있다는 장

♦ 컴퓨터가 이해하기 쉬운 언어는 낮은 수준의 언어,
사람이 이해하기 쉬운 언어는 높은 수준의 언어

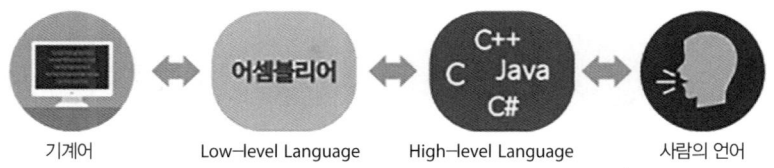

자료: 김성엽의 C 언어 이야기(네이버 블로그)

점이 있었지만, 프로그래밍 과정이 너무 복잡하고 시간이 많이 걸렸으며, 특정 컴퓨터 기종에 종속된다는 큰 단점이 있었다. 더 많은 사람이 쉽게 프로그래밍을 배우고 활용할 수 있도록, 그리고 한 번 작성한 프로그램이 여러 종류의 컴퓨터에서도 작동할 수 있도록 하는, 인간의 언어에 더 가까운 프로그래밍 언어에 대한 요구가 커졌다.

1957년, IBM의 컴퓨터과학자 존 백커스(John Backus) 팀은 과학 계산에 특화된 세계 최초의 고급 언어인 포트란을 발표했다. 포트란(FORTRAN)은 말 그대로 '공식 번역(Formula Translation)'을 의미하며, 수학 공식을 컴퓨터가 이해할 수 있는 형태로 번역한다는 개념에서 명명되었다. 포트란은 수학 수식 표현을 직접 코드에 사용하도록 고안되어, 과학자와 엔지니어가 복잡한 수치 계산 프로그램을 훨씬 쉽고 빠르게 작성할 수 있게 해주었다.

거의 동시에 코볼이라는 다른 고급 언어도 탄생했다. 코볼(COBOL)은 '공통 비즈니스 지향 언어(Common Business-Oriented Language)'의 줄임말로, 다양한 기업 환경에서 공통으로 사용할 수 있는 비즈니스 중심의 언어라는 의미를 담고 있다.

코볼은 1959년 미 국방부 주도로 만들어진 CODASYL(Conference on Data Systems Languages, 데이터 시스템 언어 회의) 위원회에서 개발되었다. CODASYL은 컴퓨터 제조업체, 사용자, 정부 기관이 함께 참여한 공동 조직으로, 비즈니스 데이터 처리를 위한 표준 언어를 만들기 위해 설립되었다. 이 위원회에서 컴퓨터과학자이자 미 해군 제독인 그레이스 호퍼(Grace Hopper)가 핵심적인 역할을 수행했다.

코볼의 문법은 영어 문장에 가까운 형식으로 되어 있어 회계, 금융, 행정 분야 종사자들도 이해하기 쉽도록 설계되었다. 기계 독립적인 이식성도 고려되어 여러 종류의 컴퓨터에서 동일한 코볼 프로그램이 동작할 수 있었다.

1950년대 말부터는 다양한 목적의 프로그래밍 언어들이 등장하기 시작했다. AI 연구를 위해 1958년에 만들어진 리습(LISP)은 수학자이자 컴퓨터과학자인 존 매카시(John McCarthy)가 개발한 언어로, 이름에서 알 수 있듯이 '리스트 처리(List Processing)'를 주요 기능으로 하는 언어다. 함수형 프로그래밍과 재귀 알고리즘에 강점을 보였다.

1960년에 국제 공동으로 설계된 알골(ALGOL)은 '알고리즘 언어(Algorithmic Language)'라는 뜻으로, 수학적 알고리즘을 표현하기 위한 언어라는 개념에서 명명되었다. 구조화된 프로그래밍 개념을 도입하고 블록 구조(block structure)와 변수 범위(scope) 같은 개념을 명확히 정의한 언어로서, 이후 많은 언어에 영향을 주었다.

1964년에는 교육용이면서도 범용적인 언어인 베이직(BASIC)이 탄생했다. 베이직은 '초보자를 위한 범용 기호 명령 코드(Beginner's All-purpose Symbolic Instruction Code)'의 줄임말로, 프로그래밍 초보자도 쉽게 배울 수 있는 범용 언어라는 의미를 담고 있다. 미국 다트머스대학의 수학자 존 케메니(John Kemeny)와 컴퓨터과학자 토마스 커츠(Thomas Kurtz)는 컴퓨터 사용을 과학자뿐 아니라 학생들과 비전공자에게까지 확대하기 위해 문법이 매우 단순한 인터프리터 방식의 베이직을 개발했다.

인터넷과 스마트폰 시대, 다양한 코딩 언어의 탄생

개인용 컴퓨터 시대의 개막

1970년대에 접어들면서 컴퓨터 기술은 또 한 번의 전환점을 닿는다. 1971년 인텔(Intel)이 발표한 세계 최초의 단일 칩 마이크로프로세서(microprocessor)인 4004는 컴퓨터를 한 손에 들어갈 정도로 소형화할 수 있는 길을 열었다.

1975년 미국에서 처음 판매된 조립식 개인용 컴퓨터(Personal Computer, PC) 알테어 8800(Altair 8800)은 비록 스위치와 램프만으로 동작하는 기기였지만, 전자공학 취미가들에게 큰 반향을 일으켰다. 특히 알테어용으로 개발된 알테어 베이직(Altair BASIC)은 젊은 프로그래머였던 빌 게이츠(Bill Gates)와 폴 앨런(Paul Allen)이 설립한 마이크로소프트의 첫 제품으로서, 개인이 컴퓨터를 프로그래밍할 수 있는 시대의 개막을 알렸다. 1977년 애플 II(Apple II), 1981년 IBM PC 등 완성된 형태의 개인용 컴퓨터가 출시되면서 컴퓨터는 기업과 연구소에서 가정과 사무실로 빠르게 퍼져나갔다.

이 시기 프로그래밍 언어 측면에서 가장 중요한 발전 중 하나는 C 언어의 탄생이다. 1972년 벨 연구소의 컴퓨터과학자 데니스 리치(Dennis Ritchie)는 기존의 B 언어를 발전시켜 C 언어를 만들었다. C 언어는 단순히 B 언어의 다음 버전이라는 의미에서 알파벳 순서로 C를 택한 것으로, 이전에 A 언어와 B 언어가 있었기 때문이다. C 언어는 저수준의 시스템 프로그래밍(system programming)에 적합하면서도, 고급 언어에 가까운 문법적 표현력을 제공하는 균형 잡힌 언어였다.

특히 1970년대 초 유닉스(Unix) 운영체제의 커널(kernel)을 어셈블리어 대신 C 언어로 다시 작성함으로써 컴퓨터 기종에 독립적인 운영체제 구현이 가능해졌다. 이처럼 C 언어는 이식성과 실행 효율을 모두 갖추었기에 운영체제, 컴파일러, 임베디드 시스템 (Embedded System) 등 시스템 소프트웨어부터 응용 프로그램에 이르기까지 폭넓게 쓰이게 되었다.

한편 1970년 스위스의 컴퓨터과학자 니클라우스 비르트(Niklaus Wirth)가 구조화 프로그래밍 원칙을 가르치고 실습하기 위한 교육용 언어로 개발한 파스칼(Pascal)도 주목할 만하다. 파스칼은 17세기 프랑스의 수학자이자 철학자인 블레즈 파스칼을 기념하여 명명되었으며, 파스칼이 발명한 기계식 계산기에 경의를 표한 것이었다. 파스칼은 매우 명확하고 간결한 문법을 가지고 있으며, 강력한 데이터 타입 검사 기능을 통해 프로그래밍 과정에서 발생할 수 있는 많은 오류를 미리 발견하고 방지할 수 있도록 설계되었다.

인터넷 혁명과 자바의 등장

1990년대에는 인터넷(Internet)의 폭발적인 성장으로 프로그래밍의 지형이 다시 한번 크게 바뀌었다. 1989년 팀 버너스 리(Tim Berners-Lee)가 제안한 월드 와이드 웹(World Wide Web)이 1990년대 중반부터 대중화되면서 웹 프로그래밍이라는 새로운 분야가 열렸다.

1995년, 썬마이크로시스템즈(Sun Microsystems)는 자바(Java) 언어를 발표했다. 자바라는 이름은 개발팀이 즐겨 마시던 인도네시아 자바 섬의 커피에서 따온 것으로, 개발자들이 브레인스토밍 중에 커피를 마시며 아이디어를 나누던 것에서 영감을 받았다는 설이 유력하다. 자바는 "한 번 작성하면 어디서나 실행된다(Write Once, Run Anywhere, WORA)"는 슬로건 아래 개발된 객체 지향 언어로, 가상 머신(Java Virtual Machine, JVM) 상에서 플랫폼에 구애받지 않고 동일하게 동작한다는 점을 특징으로 내세웠다. 자바는 처음부터 완전한 객체 지향 언어로 설계되었으며, 메모리 관리의 자동화(가비지 컬렉션(garbage collection))와 풍부한 라이브러리(Library) 제공으로 생산성을 높이고, 강력한 타입 검사와 예외 처리로 안정성을 추구했다.

1995년, 넷스케이프(Netscape)의 브렌던 아이크(Brendan Eich)가 개발한 자바스크립트(JavaScript)도 웹 개발에 혁명을 가져왔다. 자바스크립트라는 이름은 당시 인기를 끌던 자바 언어의 마케팅적 영향력을 빌려온 것으로, 실제로는 자바와 직접적인 관련이 없다. 처음에는 '라이브스크립트(LiveScript)'라고 불렸으나, 넷스케이프와 썬마이크로시스템즈의 마케팅 제휴로 인해 '자바스크립트'로 이름이 바뀌었다. 자바스크립트는 웹 브라우저 내에서 실행되는 경량 프로그래밍 언어로, 클라이언트 측에서 양식 검증이나 애니메이션과 같은 작업을 수행할 수 있게 하여 웹페이지를 단순한 문서가 아니라 애플리케이션처럼 동작하도록 만들어주었다.

파이썬과 스크립트 언어의 부상

1991년에 발표된 파이썬(Python)은 간결하고 읽기 쉬운 문법을 추구한 고급 스크립트 언어로, 1990년대에는 비교적 주목을 덜 받았으나 점차 그 위력이 드러나기 시작했다. 파이썬이라는 이름은 네덜란드 개발자 귀도 반 로섬(Guido van Rossum)이 즐겨 보던 영국의 코미디 프로그램 〈Monty Python's Flying Circus〉에서 따온 것으로, 뱀(python)과는 전혀 관련이 없다. 이는 프로그래밍을 재미있고 접근하기 쉬운 것으로 만들고 싶다는 개발자의 철학을 반영한다.

파이썬의 핵심 철학 중 하나는 '배터리 포함(batteries included)'으로, 프로그래머가 자주 사용하는 다양한 기능들을 풍부한 표준 라이브러리로 기본 제공하여 별도의 외부 라이브러리를 찾아 설치하는 번거로움 없이도 많은 작업을 쉽고 빠르게 수행할 수 있게 했다.

스마트폰 혁명과 모바일 앱 개발

21세기에 들어서면서 프로그래밍 세계는 모바일 컴퓨팅과 클라우드 컴퓨팅이라는 두 가지 거대한 흐름을 타고 또 한 번 변혁을 맞이한다. 2007년 애플이 첫 아이폰(iPhone)을 출시한 이후 스마트폰은 전 세계로 보급되어, 소프트웨어 개발의 주무대 중 하나로 떠올랐다.

모바일 앱 개발을 위해 애플은 오브젝티브-C(Objective-C)와 후에 스위프트(Swift)라는 언어를 iOS 플랫폼용으로 제공했다. 오브젝티브-C는 1980년대 초 브래드 콕스(Brad Cox)와 톰 러브(Tom Love)가 개발한 언어로, C 언어에 스몰토크(Smalltalk)의 객체 지향 메시징 시스템을 결합한 언어다. 이 언어는 넥스트(NeXT) 컴퓨터에서 사용되었고, 애플이 넥스트를 인수하면서 macOS와 iOS 개발의 주요 언어가 되었다.

스위프트는 빠른 속도를 의미하는 영어 단어에서 따온 것으로, 애플이 기존 오브젝티브-C보다 더 빠르고 안전한 언어를 만들겠다는 의지를 담았다. 구글(Google)은 안드로이드(Android) 플랫폼에서 자바를 기반으로 한 코틀린(Kotlin) 등을 공식 언어로 채택했다. 코틀린은 러시아 상트페테르부르크 근처의 코틀린 섬(Kotlin Island)에서 따온 것으로, 자바가 인도네시아의 자바 섬에서 이름을 따온 것처럼 섬 이름을 사용한 일종의 오마주다.

클라우드 컴퓨팅의 부상 또한 소프트웨어 개발에 심대한 변화를 가져왔다. 2006년 아마존 웹 서비스(Amazon Web Services, AWS)의 시작으로 본격화된 클라우드 서비스는 개발자들이 물리적 서버를 관리하지 않고도 원격 데이터센터의 컴퓨팅 자원을 필요에 따라 빌려 쓸 수 있게 해주었다.

이를 통해 애플리케이션은 규모 확장성(scalability)을 손쉽게 확보할 수 있었고, 전 세계 사용자들을 대상으로 서비스를 제공하기가 훨씬 수

월해졌다. 백엔드 시스템에서는 마이크로서비스 아키텍처(Microservice Architecture, 작고 독립적인 기능 단위로 시스템을 개발하는 방식)가 부상하여, 애플리케이션을 작고 느슨하게 결합된 서비스들의 집합으로 구성함으로써 개발과 배포의 유연성을 높였다.

새로운 코딩 언어들의 등장

2000년대에는 동적 타입 언어와 함수형 프로그래밍 패러다임에도 관심이 높아졌다. 루비(Ruby) 언어와 이를 활용한 웹 프레임워크인 루비 온 레일즈(Ruby on Rails)는 '설정보다 관례' 철학을 앞세워 개발 생산성을 혁신적으로 높였다. 루비는 개발자 마츠모토 유키히로(Yukihiro Matsumoto, 별명 Matz)가 보석 이름을 좋아해서 붙인 것으로, 동료 개발자의 탄생석이 루비였다는 이유도 있었다고 한다.

러스트(Rust) 언어도 흥미로운 유래를 가지고 있다. 러스트는 식물의 녹병균(rust fungi)에서 따온 것으로, 개발자 그레이던 호어(Graydon Hoare)가 이 균류의 생존력과 견고함에 감명받아 명명했다고 한다. 러스트는 메모리 안전성과 높은 성능을 동시에 추구하는 시스템 프로그래밍 언어로 개발되었다.

2000년대는 웹 2.0 시대로 불리며, 사용자가 참여하고 정보를 생성하는 동적 웹 서비스들이 폭증한 시기였다. 이에 따라 대규모 트래픽과 데이터를 처리하는 기술들이 중요해졌다. 구글은 2004년 맵리듀스(MapReduce) 논문을 통해 방대한 데이터를 분산 처리하는 기법을 소개했

♦ **다양한 코딩 언어의 등장**

고, 이는 오픈소스 하둡(Hadoop)의 등장으로 이어져 빅데이터(Big Data) 처리 시대를 열었다.

개발자들은 데이터 중심의 애플리케이션을 구축하기 위해 새로운 도구와 언어들을 익혀나갔다. 통계 계산에 강점이 있는 R 언어는 데이터 과학자들에게 각광받았다. R 언어는 두 개발자 로스 이하카(Ross Ihaka)와 로버트 젠틀맨(Robert Gentleman)이 모두 R로 시작한다는 점과 S 언어의 후속작이라는 의미에서 S 다음 글자인 R을 택한 것이다.

AI 시대의 코딩, 그리고 그 이후

머신러닝, 딥러닝의 부상

2010년대에는 인공지능(AI)과 데이터과학(Data Science)이 IT 산업의 전면에 부상하면서 코딩의 양상도 새로운 국면을 맞는다. 특히 머신러닝(machine learning)과 딥러닝(deep learning) 기술의 발전은 소프트웨어가 스스로 학습하여 지능적인 행동을 수행하는 응용들을 폭발적으로 증가시켰다.

2012년 딥러닝 기반의 알고리즘이 이미지 인식 대회에서 인간 수준의 성능을 보인 이후 음성 인식, 자연어 처리(Natural Language Processing, NLP) 등 다양한 분야에서 AI 기술이 전통적 프로그래밍을 대체하거나 보완하기 시작했다. 이러한 추세는 프로그래밍의 방식에도 변화를 가져왔다. 과거에는 개발자가 모든 규칙을 코드로 명시하던 문제들조차 이제는 데이터로부터 모델을 학습시키는 형태로 전환되었다.

코딩의 중심이 알고리즘 구현에서 모델 설계와 훈련으로 이동함에 따라, 파이썬과 같은 언어가 AI 분야에서 표준 도구로 자리 잡았다. 파이썬은 쉬운 문법과 풍부한 라이브러리(Numpy, Pandas 등)로 머신러닝 실험에 적합했고, 구글의 텐서플로우(TensorFlow)나 메타(Meta)의 파이토치(PyTorch) 같은 딥러닝 프레임워크도 파이썬을 인터페이스로 제공하여 개발자들이 복잡한 수치 연산과 행렬 계산을 간편하게 다룰 수 있게 했다.

AI 코딩 어시스턴트의 등장

현대의 인공지능은 딥러닝을 기반으로 한 자율주행차, 가상 비서(virtual assistant), 추천 시스템 등 다양한 응용으로 우리의 생활을 변화시키고 있다. 예컨대 스마트폰의 음성 비서나 번역 서비스는 사람의 음성이나 문장을 이해하고 적절한 결과를 내놓는데, 이는 전통적인 프로그래밍으로 구현하기 어려웠던 것을 AI 모델이 학습을 통해 성능을 끌어올린 결과다. 또한 소프트웨어 개발 자체에도 AI가 도입되어 코드 자동 완성이나 버그 탐지 등에 머신러닝 기법이 활용되고 있다. 깃허브 코파일럿(GitHub Copilot) 같은 AI 코딩 도구는 방대한 코드 데이터를 학습한 모델을 이용해 개발자에게 코드 조각을 제안함으로써 코딩 생산성을 높이고 있다. 이제 개발자는 AI 코딩 어시스턴트와 마치 '페어 프로그래밍(pair programming)'을 하는 것처럼 협력하여 작업할 수 있게 되었다. AI가 단순하고 반복적인 코드 작성이나 거의 모든 프로젝트에서 비슷하게 사용되는 틀에 박힌 코드 작성을 상당 부분 대신해주면서 개발자는 문제 해결의 핵심적인 로직(Logic)을 설계하거나, 더 창의적이고 복잡한 아키텍처를 고민하거나, 사용자 경험(UX)을 개선하는 데 더 많은 시간과 정신적 에너지를 집중할 수 있게 되었다.

양자컴퓨팅이 코딩의 패러다임을 바꾼다

한편 양자컴퓨팅(quantum computing)은 현재 진행 중인 가장 혁신적인 기술 변화로 손꼽힌다. 양자컴퓨팅은 양자역학적 현상에 기반한 큐비트(qubit)를 정보 단위로 사용하여, 고전적 컴퓨터로는 불가능하거나 매우 오래 걸리는 연산을 실현하려는 시도다.

큐비트는 0과 1의 두 상태를 동시에 지닐 수 있는 중첩(superposition) 성질과 여러 큐비트 간의 얽힘(entanglement)을 활용하여, 특정 문제에 대해서는 지수적인 속도 향상을 기대할 수 있다. 2019년 구글은 53큐비트 양자 프로세서를 이용해 특정 문제에서 기존 슈퍼컴퓨터의 수만 년 분량 계산을 수분 내에 수행함으로써 '양자 우월성(quantum supremacy)'을 시연했다고 발표하기도 했다.

양자컴퓨팅은 코딩에도 근본적인 변화를 요구한다. 양자 알고리즘은 양자 병렬성과 확률적 결과를 다루기 때문에 고전적 알고리즘과는 다른 사고방식이 필요하다. 이러한 복잡성 때문에 마이크로소프트의 Q#(큐샵)이나 파이썬 기반의 키스킷(Qiskit) 등 양자 프로그래밍 언어와 프레임워크들이 등장하여 개발자들이 양자 알고리즘을 좀 더 추상화된 수준에서 작성할 수 있게 돕고 있다.

코딩의 역사는 계속된다

고대의 주판에서부터 최첨단의 양자컴퓨터에 이르기까지, 코딩의 역사는 인류가 문제 해결을 위해 도구와 추상화를 끊임없이 발전시켜온 과정이다. 최초의 계산 도구들은 수작업의 고통을 덜어주기 위해 탄생했으며, 이는 곧 기계장치로 자동화되고 논리적인 프로그램 개념으로 진화했다.

19세기 해석기관 구상에서 이미 나타난 '기계를 위한 명령'이라는 아이디어는 20세기 중반 전자식 컴퓨터의 등장으로 현실이 되었고, 프로그래밍 언어라는 매개체를 통해 인간과 기계의 소통을 획기적으로 용이하게 만들었다. 이후 각 시대의 요구와 환경 변화에 따라 새로운 언어와 기술이 등장했다.

과학 계산의 필요는 포트란을, 비즈니스 데이터 처리는 코볼을, 대화식 사용에는 베이직을, 시스템 제어에는 C를, 복잡도 관리에는 객체 지향을 탄생시켰다. 또한 개인용 컴퓨터와 인터넷의 보급은 프로그래밍을 소수 전문가의 영역에서 대중의 영역으로 확대시켰고, 덕분에 오늘날 수천만 명에 이르는 개발자가 전 세계적으로 활동하는 시대가 되었다.

각 프로그래밍 언어가 가진 독특한 어원과 명명 배경도 흥미롭다. 포트란(FORTRAN)은 '수학 공식 번역 시스템'의 약자로 실용적 목적을, 코볼(COBOL)은 '공통 비즈니스 언어(COmmon Business Oriented Language)'의 약자로 기업 업무용임을 직접적으로 드러낸다. 자바(Java)는 개발팀이 즐겨 마시던 커피 브랜드에서, 파이썬(Python)은 영국 코미디 프로그램〈Monty Python's Flying Circus〉에서 따와 일상의 즐거움을 반영했다. 이처럼 프로그래밍 언어들은 개발자들의 철학과 의도, 취향, 유머 등

♦ **코딩 언어의 역사**

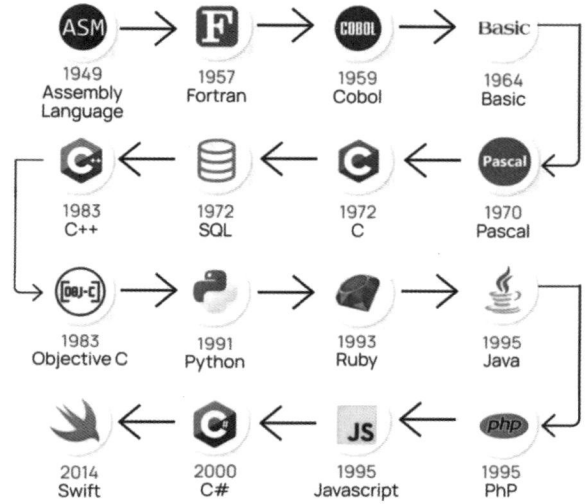

이 반영된 문화적 산물이다. 이러한 이름들은 단순한 기술적 도구를 넘어 인간의 창의성과 문화가 어떻게 기술에 스며들어 있는지를 보여준다.

현대사회는 코딩 없이는 유지될 수 없을 정도로 소프트웨어에 의존하고 있으며, 프로그래밍 기술의 진보는 곧 과학기술 전반과 경제, 문화의 발전을 견인해왔다. 앞으로 다가올 시대에는 AI 코딩 어시스턴트와 양자 프로그래머가 활약하고, 프로그래밍의 추상화 수준은 더욱 높아져 누구나 자신만의 아이디어를 소프트웨어로 구현할 수 있게 된다. 분명한 것은 문제를 분석하고 논리로 풀어내는 코딩의 본질은 형태만 달리할 뿐 계속해서 인류 발전의 핵심 동력으로 남아 있다는 점이다. 인류의 새로운 도구와 사고방식을 만들어내는 끝없는 여정 속에서, 코딩의 역사는 앞으로도 현재 진행형으로 계속된다.

VIBE CODING

코딩의 프로세스

코딩이란 쉽게 말해 컴퓨터에게 일을 시키는 방법이다. 사람이 사람에게 부탁할 때는 "커피 한 잔 가져다줘"라고 말하면 된다. 하지만 컴퓨터는 이런 말을 이해하지 못한다. 컴퓨터가 알아들을 수 있는 특별한 언어로 명령을 내려야 한다. 이것이 바로 코딩이다.

코딩 프로세스는 집을 짓는 과정과 비슷하다. 집을 지을 때 '어떤 집을 지을까?'부터 시작해서 설계도를 그리고, 자재를 선택하고, 실제로 건축하는 단계를 거쳐 완성된 집이 나오듯이, 코딩도 명확한 프로세스를 거친다.

1. 문제 정의와 해결 방향 설정

모든 코딩은 '기획'에서 시작된다. "왜 이 프로그램을 만드는가?"라는 질문에 명확히 답해야 한다.

요구사항 분석(Requirements Analysis)을 통해 프로그램이 실제로 해야 할 일을 정의한다. 기능적 요구사항(학생 정보 입력, 성적 조회 등)과 비기능적 요구사항(처리 속도, 데이터 보안 등)을 구분해 정리한다.

사용자 관점에서 스토리보드(Storyboard)를 작성하고, 프로그램의 전체적인 화면 흐름을 보여주는 워크플로(Workflow, 작업 흐름도)를 제작한다.

플랫폼(Platform) 선택도 중요하다. 강력한 성능이 필요하면 데스크톱 환경(Windows, macOS)을, 휴대성이 중요하면 모바일 환경을, 접근성이 중요하면 웹 환경을 선택한다.

2. 프로그램 구조와 데이터 설계

아키텍처(Architecture, 프로그램의 전체 구조) 설계가 핵심이다. 모놀리식(Monolithic, 모든 기능이 하나의 큰 덩어리로 합쳐진 구조) 구조는 마치 모든 방이 벽 없이 연결된 원룸처럼 모든 기능이 하나의 프로그램 안에 담겨 있어 간단한 프로젝트에 적합하다. 반면 마이크로서비스 구조(기능별로 방을 나눈 구조)는 각 기능을 독립된 작은 프로그램으로 나누어 관리하므로 대규모 프로젝트에 유리하다.

또한 데이터베이스(Database, 정보 저장소) 설계를 통해 정보 저장 방식을 정한다. 관계형 데이터베이스(Relational Database, 표 형태로 정리된 정보 저장소)는 데이터를 표 형태로 정리하고 관계를 통해 관리하는 구조적 방식이다. 마이SQL(MySQL), 포스트그레SQL(PostgreSQL) 등이 대표적이며,

SQL(Structured Query Language, 데이터베이스와 대화하는 언어)로 소통한다.

UX(User Experience, 사용자 경험)는 사용자가 느끼는 모든 경험을, UI(User Interface, 사용자 인터페이스)는 사용자가 직접 마주하는 화면을 의미한다.

3. 협업 방식과 역할 분담

프로젝트 진행 방식을 정해야 한다. 계획-설계-개발-테스트 순으로 진행하는 폭포수 모델(Waterfall Model)은 요구사항 변경이 적은 프로젝트에, 2~4주 단위로 기능을 완성하는 애자일(Agile) 방법론은 요구사항이 자주 바뀌는 프로젝트에 적합하다.

팀 역할은 사용자 화면을 만드는 프론트엔드(Front-end), 서버와 데이터베이스를 다루는 백엔드(Back-end), 두 영역을 모두 담당하는 풀스택(Full-stack) 개발자로 나뉜다.

Git(깃)과 같은 분산 버전 관리 시스템(Distributed Version Control System, 여러 명이 함께 작업할 때 코드 변경 내역을 관리하는 도구)을 사용해 여러 명이 작성하는 코드의 변경 이력을 체계적으로 관리한다.

4. 코드 작성과 개발

IDE(Integrated Development Environment, 코딩에 필요한 모든 도구가 합쳐진 프로그램)를 설정한다. 비주얼 스튜디오 코드(Visual Studio Code, VS 코드)

나 인텔리제이(IntelliJ) 같은 도구는 코드 편집기, 컴파일러, 디버거 등을 하나로 제공한다.

프로그래밍 언어 선택도 중요하다. 웹사이트 제작에는 자바스크립트, 모바일 앱에는 스위프트나 코틀린, 데이터 분석과 AI 프로그램에는 파이썬, 대규모 시스템에는 자바나 C++ 등 목적에 맞는 언어를 선택한다.

컴파일러는 코드 전체를 한 번에 번역해 실행 파일로 만들고, 인터프리터는 코드 한 줄씩 즉시 번역해 실행한다.

개발 시간 단축을 위해 외부 라이브러리(External Library, 미리 만들어진 기능 모음집)를 활용한다. 이는 특정 기능을 미리 만들어놓은 코드 묶음이며, 패키지 매니저(Package Manager, 라이브러리를 쉽게 찾고 설치하는 도구)를 통해 쉽게 관리한다.

개발자들이 코드 작성 시 가장 중요하게 생각하는 것은 가독성(다른 사람이 쉽게 읽고 이해할 수 있는 코드)이다. 또한 유지보수성(나중에 수정하기 쉬운 코드), 보안성(해킹이나 오류로부터 안전한 코드), 성능 최적화(빠르고 효율적으로 동작하는 코드)를 균형 있게 고려한다. 코드가 제대로 작동하는지 확인하는 테스트 코드도 함께 작성한다.

최소기능제품(Minimum Viable Product, MVP, 핵심 기능만 담은 최소 버전)을 먼저 만드는 점진적 개발 방식이 효과적이다.

5. 배포와 지속적 개선

완성된 프로그램은 배포(Deployment, 사용자가 쓸 수 있게 공개하는 과정) 과정을 거쳐 사용자에게 제공된다. 아마존 웹 서비스(AWS), 구글 클라우드(Google Cloud), 마이크로소프트 애저(Microsoft Azure) 같은 클라우드 서비스나 앱 스토어(App Store) 등을 활용한다.

배포 후에도 실시간 모니터링, 기능 추가, 버그 수정 등 지속적인 유지보수가 필요하다. 사용자 피드백을 수집해 새로운 요구사항을 분석하고 다시 기획 단계로 돌아가는 순환 구조를 가진다.

성공적인 프로젝트는 사용자 중심 사고에서 출발한다. KISS 원칙(Keep It Simple, Stupid, 단순함의 원칙)을 지키고 작은 성공을 쌓아가는 반복적 개선을 통해 좋은 프로그램이 탄생한다.

VIBE CODING

좋은 코드란 무엇인가?

결과는 같아도 코드를 짜는 방법은 개발자마다 천차만별이다. 같은 내용의 신문 기사도 기자마다 다르게 쓰는 것처럼 말이다. 그렇다면 어떤 코드가 좋은 코드일까?

읽기 쉬운 코드

코드는 컴퓨터만 읽는 게 아니다. 다른 개발자나 미래의 자신도 읽는다.

다음 두 코드는 똑같이 작동하지만, 아래 코드가 무엇을 하는지 훨씬 이해하기 쉽다.

나쁜 예:

```
def f(x,y):
    return x*0.1+y*0.05
```

좋은 예:

```
def calculate_total_price(product_price, tax_amount):
    VAT_RATE = 0.1
    SERVICE_CHARGE_RATE = 0.05
    return product_price * VAT_RATE + tax_amount *
        SERVICE_CHARGE_RATE
```

효율적인 코드

같은 결과를 내더라도 더 빠르고 메모리를 적게 쓰는 코드가 좋다. 예를 들어 1부터 100까지 더하는 연산을 한다고 해보자. 두 방법 모두 답은 5,050이지만, 방법 2가 훨씬 빠르다.

- 방법 1: 1+2+3+⋯+100 [100번 계산]
- 방법 2: (1+100) × 50 [1번 계산]

▍재사용 가능한 코드

레고 블록처럼 필요할 때마다 가져다 쓸 수 있는 코드가 좋다. 로그인 기능을 만들었다면, 다른 프로젝트에서도 그대로 쓸 수 있어야 한다.

▍오류가 적은 코드

사용자가 이상한 값을 입력해도 프로그램이 멈추지 않아야 한다. 나이를 입력하는 칸에 '열 살'이라고 한글로 써도, '−20'이라고 써도 적절히 처리해야 한다.

> VIBE CODING

잘 읽히는 코드를 위한
다섯 가지 원칙

'코드(Code)'는 단순히 컴퓨터를 움직이는 명령의 나열이 아니다. 아이디어를 표현하고, 동료와 소통하며, 미래의 자신에게 보내는 '메시지'다. 코드는 작성되는 시간보다 읽히는 시간이 훨씬 더 많기 때문에 잘 쓰인 글처럼 명확하고 이해하기 쉬워야 한다. 가독성 좋은 코드는 다른 사람이 이해하는 데 걸리는 시간을 최소화하고, 이는 협업의 효율성을 높이고 유지보수 비용을 절감시킨다.

프로그래밍의 첫인상은 '코드 스타일'에서 결정된다. 아무리 뛰어난 로직을 담고 있더라도 스타일이 일관되지 않고 읽기 어렵다면 그 가치를 제대로 인정받기 어렵다. 따라서 좋은 코드를 작성하는 것은 기술적인 능력을 넘어 타인을 배려하는 소통의 기술과 같다.

제1원칙:
이름은 곧 정체성, 의도가 드러나는 이름 짓기

코드에서 변수(Variable)와 함수(Function)에 붙이는 이름은 그 역할과 정체성을 드러내는 가장 중요한 단서이다. 이름만 보고도 그 쓰임새를 명확히 알 수 있어야 한다.

함수는 특정 동작을 수행하므로 getUserData(사용자 데이터 가져오기), calculateTotalPrice(총액 계산하기)처럼 동사로 시작하는 것이 자연스럽다. 불리언(Boolean, 참/거짓) 변수의 경우 is, has로 시작한다. isLoggedIn(로그인되었는가?), hasPermission(권한을 가졌는가?)처럼 질문 형태로 만들면 그 의미가 명확해진다.

여러 단어를 조합할 때는 studentName처럼 두 번째 단어부터 첫 글자를 대문자로 쓰는 카멜 표기법(camelCase)이나, MAX_SIZE처럼 모든 글자를 대문자로 하고 언더스코어(_)로 연결하는 상수 표기법 등 언어와 팀의 관례를 일관되게 따른다.

제2원칙:
보기 좋은 코드가 읽기도 좋다, 일관된 배치와 서식

잘 정리된 글이 눈에 잘 들어오듯, 코드 역시 시각적으로 정돈되어 있어야 한다.

들여쓰기는 코드의 계층 구조를 보여주는 가장 기본적인 규칙이다. if

문이나 for문 등에 속한 코드 블록을 들여쓰면, 어떤 코드가 어떤 제어문에 포함되는지 명확히 구분할 수 있다. 들여쓰기가 일관되지 않으면 코드의 흐름을 파악하기 매우 어려워진다.

또한 글을 쓸 때 쉼표 뒤나 단어 사이에 띄어쓰기를 하듯이, 코드에서도 공백을 적절히 사용하면 가독성이 크게 향상된다. 연산자(+, -, =)의 앞뒤에 공백을 두면 수식의 각 요소를 구분하기 쉬워지고, 콤마(,) 뒤에 공백을 넣으면 항목들을 명확하게 분리할 수 있다.

관련 있는 코드들은 한데 모으고, 논리적으로 다른 작업을 시작하기 전에는 빈 줄을 넣어 문단을 나누듯 구분한다. 이는 시각적으로 코드의 흐름을 분리하여, 읽는 사람이 각 부분의 역할을 더 쉽게 이해하도록 돕는다.

제3원칙:
하나씩, 제대로, 단일 책임 원칙 SRP

좋은 함수는 한 가지 일을 명확하고 깔끔하게 처리해야 한다. 이를 '단일 책임 원칙(Single Responsibility Principle, SRP)'이라고 한다.

함수가 단 하나의 기능만 책임져야 하는 이유는 명확하다. 여러 기능을 한 번에 수행하는 함수는 이해하기 어렵고, 수정이 필요할 때 예상치 못한 다른 기능에 영향을 줄 수 있으며, 테스트하기도 까다롭다. 만약 함수의 역할을 설명할 때 '그리고(and)'라는 접속사가 필요하다면, 그 함수는 아마도 너무 많은 일을 하고 있을 가능성이 크다.

예를 들어 '사용자 데이터를 가져와서, 데이터를 가공하고, 화면에 표시하는' 함수가 있다면, 이를 각각 '데이터를 가져오는 함수', '데이터를 가공하는 함수', '화면에 표시하는 함수'로 분리하는 것이 좋다. 이렇게 하면 각 함수의 역할이 명확해져 코드의 재사용성이 높아지고 유지보수가 훨씬 쉬워진다.

제4원칙:
반복은 금물, DRY 원칙

"반복하지 마라(Don't Repeat Yourself)"는 의미의 DRY 원칙은 프로그래밍의 가장 중요한 지침 중 하나이다. 이 원칙은 동일한 지식이나 로직이 코드 여러 곳에 중복되어 나타나서는 안 된다는 것이다.

똑같은 코드 뭉치를 복사해서 붙여넣는 것은 당장은 편할지 몰라도 미래에 큰 재앙을 불러온다. 만약 그 코드에 수정이 필요해지면 복사된 모든 곳을 일일이 찾아 모두 똑같이 수정해야 한다. 이 과정에서 하나라도 놓치면 버그가 발생하고, 시스템의 신뢰도는 떨어진다.

중복되는 로직이 발견되면, 이를 별도의 함수로 만들어 필요한 곳에서 호출하여 사용해야 한다. 이렇게 하면 코드가 단순해지고, 수정이 필요할 때 단 한 곳만 변경하면 되므로 유지보수가 쉬워지며 버그 발생 가능성도 크게 줄어든다.

제5원칙:
스타일은 약속이다, 일관성 유지하기

앞서 언급한 모든 원칙을 아우르는 가장 중요한 원칙은 바로 '일관성(Consistency)'이다. 프로젝트 전체에 걸쳐 통일된 코드 스타일을 유지하는 것은 특히 여러 사람이 함께 일하는 팀 프로젝트에서 절대적으로 중요하다.

어떤 스타일을 선택하든 프로젝트 내 모든 코드가 그 약속을 따르는 것이다. 일관된 스타일은 코드를 예측 가능하게 만들어, 새로운 팀원도 코드를 빠르게 이해하고 적응할 수 있게 돕는다. 예를 들어 모든 변수와 함수가 일관된 카멜 표기법을 따르고 있다면 코드가 예측 가능해지고, 다른 사람이 코드를 읽고 이해하기가 훨씬 쉬워진다. 반면 변수와 함수 이름에 스네이크 표기법(snake_case)과 카멜 표기법이 혼용되고 있으면, 코드를 읽는 사람은 어떤 규칙을 따라야 할지 혼란스럽고 전체적인 코드 구조를 파악하는 데 더 많은 노력이 필요하다.

코딩이란 미래의 자신과 동료들을 위한 '소통' 행위

가독성 높은 코드를 작성하는 것은 단순히 코드를 예쁘게 꾸미는 행위가 아니다. 그것은 미래의 자신과 동료들을 위한 명확한 '소통' 행위이다. 의도가 명확한 이름, 질서정연한 서식, 간결하고 집중된 기능, 중복 없는 로직, 그리고 이 모든 것을 관통하는 일관성은 좋은 코드를 만드는

♦ 좋은 코드(왼쪽)는 코드 리뷰 중에 당황이나 비판이 적지만, 나쁜 코드(오른쪽)는 "이게 뭐야?", "도대체 뭐냐?" 등의 반응이 폭발적으로 쏟아진다.

©2008 Focus Shift/OSNews/Thom Holwerda
자료: http://www.osnews.com/comics

주춧돌이다.

이러한 원칙들은 프로그래밍 언어의 복잡한 문법을 배우는 것만큼이나 중요하다. 코드를 통해 자신의 생각을 명확하게 전달하는 능력은 모든 훌륭한 프로그래머가 갖춰야 할 핵심 역량이다. 이 다섯 가지 원칙을 잘 실천해 코딩을 한다면, 누구나 기술적으로 뛰어날 뿐만 아니라 함께 일하고 싶은 동료로 성장할 수 있을 것이다.

VIBE CODING

코딩 개발자들에게 닥친 생성형 AI의 역풍

실리콘밸리의 개발자 양극화

AI 시대로 접어들면서 실리콘밸리의 개발자들 사이에서는 극명한 양극화 현상이 나타나고 있다. 소수의 '슈퍼 개발자'는 천문학적 연봉을 받으며 기업들의 러브콜을 받고 있는 반면, 상당수 개발자들은 AI에 일자리를 내주며 생존의 기로에 서 있다.

실리콘밸리 빅테크(Big Tech) 기업들 사이에서는 치열한 인재 영입 경쟁이 벌어지고 있다. 가장 대표적인 사례가 오픈AI와 메타 간의 갈등이다. 마크 저커버그(Mark Zuckerberg) 메타 최고경영자는 초지능(Artificial Super Intelligence, ASI)을 개발하기 위해 조직을 신설하며 오픈AI에서 개발자 8명을 채용했다. 이를 위해 개발자들에게 연봉 1억 달러부터 4년간 3억 달러까지의 인센티브를 제시한 것으로 알려졌다.

메타는 자사가 주목하는 인재들을 일명 '더 리스트(The List)'라는 이름으로 분류해 비공개로 관리하며 물밑 영입에 나서고 있다. 이 리스트에는 오픈AI, 구글 딥마인드(Google DeepMind), 앤트로픽(Anthropic) 등에서 초거대 AI 모델 개발을 주도한 핵심 연구자들이 포함되어 있다.

메타는 이 리스트에 포함됐던 오픈AI 출신 톱 연구자 4명을 전격 영입했다. 셩지아 자오(Shengjia Zhao), 슈차오 비(Suchao Bi), 지아후이 유(Jiahui Yu), 홍위 런(Hongwei Ren) 등으로, 이들은 GPT-4와 o3·o4-mini 모델 개발에 참여한 핵심 엔지니어들이다.

이에 대해 샘 올트먼(Sam Altman) 오픈AI 최고경영자는 내부 메시지를 통해 "메타는 다소 불쾌하게 느껴지는 방식으로 행동하고 있으며, 앞으로 상황이 더욱 미쳐갈 것"이라고 강하게 비판했다.

AI 시대에 필요한 인재는 T자형 하이브리드 인재

빅테크 기업 CEO들이 강조하는 인재상에는 공통점이 있다. 능동적으로 행동하면서 변화에 빠르게 적응하는 인재를 선호한다는 점이다. 사티아 나델라(Satya Nadella) 마이크로소프트 CEO와 순다르 피차이(Sundar Pichai) 구글 CEO는 원하는 인재상으로 '모든 것을 배우고 또 성장할 의지가 있는 사람'을 꼽았다.

실리콘밸리에 있는 빅테크 기업의 한 개발자는 "면접 때 이전 직장에서 겪은 위기를 어떻게 해결했는지에 대한 심층 질문을 받았다"며 "기술 환경이 빠르게 변하는 만큼 이를 극복하는 능력을 우선시하는 것으로 보인다"고 말했다.

AI 시대에 들어서면서 단순히 패턴화된 직무가 빠르게 사라지는 만큼 한 가지 전문 역량만 갖춘 'I자형 인재'보다 자신만의 전문 영역과 함께 폭넓은 지식으로 어떤 상황에도 적응할 수 있는 'T자형 인재'를 선호하고 있다. 컨설팅 기업 JP모건(JP Morgan)은 데이터 사이언스 역량과 금융에 대한 이해를 동시에 갖춘 '하이브리드형(Hybrid) 인재'를 핵심 인재상으로 제시했다.

이처럼 빠르게 적응할 수 있는 능력이 빅테크 기업이 원하는 일반적인 인재상이라면, 또 다른 하나는 소수의 '슈퍼 개발자'의 영입이다. 메타가 수억 달러를 제시하면서 영입한 8명의 개발자가 바로 슈퍼 개발자이다. AI 인프라스트럭처(infrastructure, 기반시설)를 이미 갖춘 기업은 이후 모델 개발에는 소수 인력만 투입해도 충분하기 때문이다. 2~3명 개발자만으로도 새로운 AI 모델을 만들어낼 수 있다.

실리콘밸리에서 AI 스타트업(Startup)을 운영하는 한 대표는 "오픈AI가 출시한 'o1'과 '심층 리서치' 기능을 만든 팀원은 몇 명에 불과하다고 알려졌다"며 "이러한 분야에서는 학벌보다 실력이 영입의 첫 번째 조건"이라고 말했다.

이러한 흐름은 인재들의 몸값 상승으로 이어지고 있다. 《파이낸셜 타임스(Financial Times)》는 AI 엔지니어의 일반적인 연봉이 300만~700만 달러로 2022년 대비 50%가량 급등했으며, 최고 수준의 인재의 경우 1,000만 달러 이상으로 집계됐다고 보도했다.

AI로 인한 개발자 대량 해고의 그림자

하지만 소수 슈퍼 개발자들의 화려한 성공 뒤편에는 AI로 인해 일자리를 잃은 개발자들의 암울한 현실이 있다. 빅테크들의 인력 감원 칼바람이 매섭게 불고 있다. 인간의 업무를 AI 에이전트(AI Agent)로 대체하겠다는 전략에 따른 조치다.

2025년 4월, 인텔은 전체 직원 약 20%에 달하는 2만 2,000명에 대한 인력 감원 계획을 발표했다. 마이크로소프트(MS)도 전체 직원의 3%인 약 6,000명, 메타는 5%인 4,000명을 해고하기로 각각 결정했다.

이러한 빅테크들의 대규모 감원 배경에는 조직 내 AI 에이전트 도입이 확대되고 있기 때문이라는 분석이다. 최신 AI 모델은 고난도 코딩 작업에서 인간 수준의 추론력과 복잡한 비즈니스 의사결정 능력 등을 갖추고 있다. 다리오 아모데이(Dario Amodei) 엔트로픽 CEO는 "6개월 내 AI가 코드의 90%를 작성하고 12개월 내에 사실상 모든 코드를 작성할 수 있을 것"이라고 전망했고, 샘 올트먼 오픈AI CEO는 "AI 에이전트가 일류 기업에서 몇 년 경력을 갖춘 소프트웨어 엔지니어가 할 수 있는 대부분 작업을 모두 수행할 수 있다고 상상해보세요. 이제 1,000개, 100만 개를 상상해보세요. 어떤 면에선 훌륭한 일이지만, 다른 면에선 놀라울 정도로 나쁠 것입니다"라고 경고의 목소리까지 냈다.

MS의 경우, 해고 대상 중 40% 이상은 소프트웨어 엔지니어로 가장 큰 타격을 입었다. 이번 해고는 사티아 나델라 MS CEO가 "MS에서 작성한 코드 중 30%는 AI가 작성한 것이다"라고 발언한 직후 이루어져 AI의 인간 대체가 본격화된 것 아니냐는 우려가 나오고 있다. MS는 소프트웨어 개발에 AI 기술 활용을 지속적으로 높여나간다는 계획으로, 2030년에는 전체 코드의 95% 정도가 AI로 생성될 것으로 예상하고 있다.

마크 저커버그 메타 최고경영자는 "내년이면 메타 라마(LLaMA) 코드는 대부분 사람이 아닌 인공지능이 작성할 것"이라고 밝혔다. MS도 전체 인력의 3%인 약 7,000명을 감원하기로 했다. 1만 명을 해고했던 2023년 이후 최대 규모의 구조조정이다. 블룸버그(Bloomberg) 통신은 감원 대상 가운데 800여 명이 소프트웨어 엔지니어라고 보도했다.

이처럼 코드 작성 등에 AI를 활용하는 기업들이 급격히 늘면서 소프트웨어 개발자들의 자리가 위협받고 있다. 한때 메타버스(Metaverse) 회사에서 10억 달러(약 1억 4,000만 원)의 연봉을 받던 소프트웨어 개발자도 칼바람을 피해가지 못했다.

숀 케이라는 개발자는 자신의 서브스택(Substack)을 통해 회사에서 퇴사한 이후 트레일러에서 생활하고 있다. 약 1년 전 회사에서 해고를 당한 숀 케이는 몇 년 전까지만 해도 노련한 엔지니어로 평가받았다. 해고 통보를 받기 몇 달 전부터 회사에서 AI 업무가 점점 더 활발해졌다고 그는 전했다. 숀 케이는 "조직마다 기술 발전 속도가 다르다. 우리 회사는 AI를 조기에 도입했다. 챗GPT가 출시된 첫해, AI 덕분에 개발자의 생산성이 3~10배까지 향상됐다"라며 "기존처럼 일할 수 없다는 것이 명확해졌다"라고 했다.

실리콘밸리의 개발자 양극화는 단순한 산업 내 현상을 넘어 AI 시대 노동시장 전반의 미래를 보여주는 중요한 신호다. 소수의 슈퍼 개발자가 거액의 보상을 받는 동안 다수의 개발자들이 생존의 기로에 서 있는 현

♦ **글로벌 빅테크들의 AI 인재 영입**

AI 인재 영입 사례	
메타	알렉산더 왕(전 스케일AI CEO), 내트 프리드먼(전 깃허브 CEO), 루오밍 팡(전 애플 AI 리더)
구글	룬 모한(전 윈드서프 CEO), 더글러스 첸(윈드서프 공동 창업자)
오픈AI	데이비드 루(전 테슬라 부사장), 마이크 달턴(전 X AI 엔지니어), 앤절라 팡(전 메타 연구원)
마이크로소프트	아마르 수브라마냐(전 구글 부사장), 소날 굽타(전 구글 딥마인드 책임)
AI 인재 영입 보상안	
메타	최대 3억 달러 패키지(스톡옵션+보너스, 4년 기준)
오픈AI	2025년 직원 주식 보상 비용 44억 달러 책정
구글	최고 인재에게 2,000만 달러 규모 스톡옵션 제공
애플	보상 패키지 강화·스톡옵션 일괄 상향 추진

자료: 《매일경제》

실은 기술 발전의 명암을 극명하게 드러내고 있다.

오늘날 실리콘밸리는 소수의 AI 천재에게는 전례 없는 기회의 땅이, 다수의 평범한 개발자에게는 AI에 의해 일자리를 위협받는 혹독한 현실이 펼쳐지는 양극화의 현장이 되고 있다. 기업들은 단순히 코딩 능력만 갖춘 인재가 아닌, 다양한 역량을 갖춘 '하이브리드형 인재'를 원하고 있다. 기술 변화를 끊임없이 학습하고 위기 상황을 해결하는 능력을 갖추지 못한 개발자는 더 이상 실리콘밸리에서 살아남기 어려운 시대가 도래한 것이다.

VIBE CODING

코딩 초보자도 쉽게 다가갈 수 있는 코딩 툴

코딩에 관심을 갖고 한번 나도 코드를 작성해보고 싶다라는 분께 코딩 입문의 허들을 낮춰주는 코딩 툴을 몇 가지 소개한다. 간단한 파이썬 작성에 도전해보고 싶거나, 코드 작성은 못 해도 생성형 AI에게 부탁해 작성한 코드를 실행해보고 싶다면 구글 코랩부터 사용해보기를 추천한다.

구글 코랩 Google Colab : 파이썬 코딩을 해보고 싶다면
(https://colab.research.google.com)

구글 코랩은 구글에서 제공하는 무료 클라우드(Cloud) 기반 프로그래밍 환경이다. 파이썬 언어를 웹 브라우저에서 바로 실행할 수 있으며, 복잡한 프로그램을 다운로드하고 설치하는 과정이 전혀 필요 없다는 점이 가장 큰 장점이다. 구글 계정과 웹 브라우저만 준비되어 있다면, 누구나 colab.google.com에 접속하여 화면의 '새 노트' 버튼을 클릭하는 것만으로 즉시 코딩을 시작할 수 있다. 컴퓨터뿐만 아니라 스마트폰이나 태블릿 같은 모바일 기기에서도 동일하게 접속하고 코드를 작성할 수 있어 장소에 구애받지 않는다. 작성된 모든 노트북 파일(.ipynb)은 사용자의 구글 드라이브(Google Drive)에 자동으로 안전하게 저장된다. 따라서 작업하던 컴퓨터가 갑자기 꺼지더라도 작업 내용을 잃을 염려가 없으며, 집·학교·회사 등 어디서든 구글 계정에 로그인하기만 하면 이어서 작업을 계속할 수 있다.

코랩은 GPU(Graphics Processing Unit, 그래픽 처리 장치)와 TPU(Tensor Processing Unit, 자사의 텐서플로우 라이브러리에 최적화하여 직접 개발한 전용 반도체 칩)를 사용자에게 무료로 제공한다. 덕분에 일반 개인용 컴퓨터로는 며칠 또는 몇 주가 걸릴 수 있는 복잡한 AI 모델 훈련을, 코랩에서는 단 몇 시간 만에 완료할 수 있다.

코랩의 큰 장점 중 하나는 데이터과학과 머신러닝 분야에서 가장 널리 사용되는 라이브러리들이 이미 기본적으로 설치되어 있다는 점이다. 라이브러리는 특정 기능을 수행하도록 미리 작성된 코드의 묶음(컬렉션)이다. 개발자들은 복잡한 데이터 분석이나 시각화, AI 모델링 같은 기능을 처음부터 직접 만들 필요 없이 전문가들이 만들어놓은 검증된 라이브러리를 자신의 코드에 불러와(import) 간편하게 사용할 수 있다. 데이터 분석의 필수품인 판다스(Pandas)와 넘파이(NumPy), AI 개발의 양대 산맥인 텐서플로우와 파이토치 등이 모두 포함되어 있다.

스크래치Scratch : 블록 쌓기처럼 쉬운 프로그래밍
(https://scratch.mit.edu)

매사추세츠공과대학교(MIT)에서 개발한 스크래치는 텍스트 코드 대신 블록을 드래그 앤 드롭(끌어서 놓기)으로 프로그램을 만드는 비주얼 프로그래밍 언어다.

레고 블록을 조립하듯 명령어 블록을 연결하여 프로그램을 만들어 게임, 애니메이션, 인터랙티브 스토리를 쉽게 제작할 수 있다. 전 세계 사용자들과 작품을 공유할 수 있는 커뮤니티가 활성화되어 있고, 8세부터 성인까지 연령대에 관계없이 사용할 수 있다

주피터 노트북Jupyter Notebook : 내 컴퓨터에 만드는 나만의 실험실
(https://jupyter.org/)

주피터 노트북은 구글 코랩의 원조이자 기반이 되는 오픈 소스 프로젝트이다. 코랩이 구글의 클라우드 서버에서 주피터 노트북을 빌려 쓰는 개념이라면, 이것은 자신의 개인 컴퓨터(로컬 환경)에 직접 설치해서 사용하는 방식이다. 보통 아나콘다(Anaconda)와 같은 데이터과학용 파이썬 배포판을 설치하면 주피터 노트북이 함께 설치된다.

내 컴퓨터에 설치된 만큼 모든 라이브러리의 버전을 선택하고 환경을 설정하는 권한을 사용자가 갖고, 인터넷이 연결되지 않은 환경에서도 자유롭게 코딩 작업을 할 수 있다. (구글 코랩은 인터넷이 연결되어 있어야만 사용

할 수 있다.)

민감한 데이터를 외부 서버로 전송할 필요 없이 오직 내 컴퓨터 안에서만 처리하므로 데이터 보안 측면에서 매우 유리하다.

다만 아나콘다 설치부터 시작해 필요한 라이브러리를 사용자가 직접 설치하고 관리해야 하는 번거로움이 있다. 특히 한국어를 처리할 때 발생하는 인코딩(encoding) 문제처럼 초보자가 해결하기 어려운 예기치 못한 문제에 부딪힐 수 있다.

이 때문에 코딩 환경을 직접 구성하고 제어하며 깊이 있게 배우고 싶은 학습자나, 보안이 중요한 데이터를 다루어야 하는 전문가에게 적합하다.

코드펜CodePen : 웹 디자인의 놀이터
(https://codepen.io)

코드펜은 HTML(웹 문서 구조 언어), CSS(웹 스타일링 언어), 자바스크립트를 이용한 웹 개발을 실시간으로 테스트할 수 있는 플랫폼이다. 코드 편집창과 결과 미리 보기 창이 한 화면에 있어, 코드를 작성하는 즉시 결과물이 실시간으로 반영되는 것을 눈으로 확인할 수 있다. 다른 개발자들의 창작물도 보고 배울 수 있다.

반응형 웹 디자인(다양한 화면 크기에 맞춰지는 웹사이트) 테스트도 가능하며, 소셜 네트워크 기능으로 작품을 공유하고 피드백을 받을 수 있다.

JS피들JSFiddle : 간단한 웹 코드를 테스트하고 싶다면
(https://jsfiddle.net)

JS피들은 웹 개발의 기본 언어인 HTML, CSS, 자바스크립트를 간단하게 테스트해볼 수 있는 온라인 도구이다. 복잡한 설정 없이 바로 웹 개발을 시작할 수 있다.

다양한 자바스크립트 라이브러리를 쉽게 추가할 수 있으며, 모바일 기기에서도 사용이 가능하다

◆ 코드펜 사이트

"프론트엔드 코드를 구축하고, 테스트하고, 탐색할 수 있는 최고의 장소"

◆ JS피들 사이트

HTML, CSS, 자바스크립트를 한 화면에서 테스트할 수 있다.

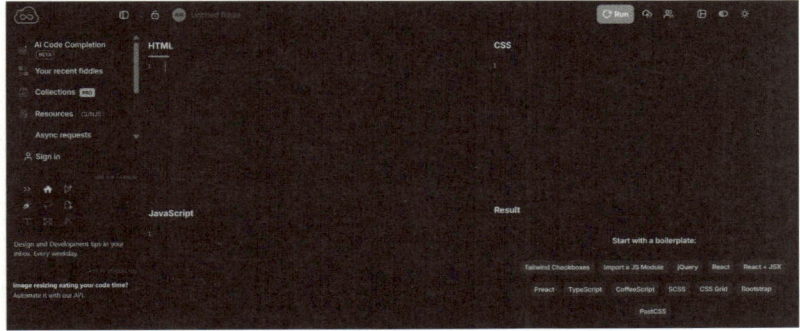

코딩 입문 전에 알아두면 좋을 코딩 용어들

코딩을 배우다 보면 자주 등장하는 코딩 관련 용어들이 있다. 약자도 많고 코딩 세계에서는 다른 의미로 해석되는 단어도 있어 자주 보이는 용어들을 정리해보았다. 당연히 이 용어들은 일상생활에서 쓰는 말이 아니다 보니 책을 덮고 등 돌리면 머릿속에서 휘발되기 일쑤다. 그렇다고 자책하거나 어려워할 필요는 없다. 모르면 구글로 검색하거나 챗GPT한테 물어보면 된다. 그저 스며들듯이 조금씩 꾸준히 익히는 것이 중요하다.

개발 도구

- **IDE(Integrated Development Environment, 통합 개발 환경)**: 코딩에 필요한 모든 도구가 하나로 합쳐진 종합 프로그램
- **터미널(Terminal)**: 컴퓨터와 텍스트 명령어로 직접 소통하는 창
- **피그마(Figma)**: 웹사이트나 앱 화면을 미리 디자인해보는 도구

코드 관리

- **패키지(Package)**: 다른 개발자가 미리 만들어놓은 재사용 가능한 코드 뭉치
- **깃(Git) & 깃허브(GitHub)**: 코드 변경사항을 관리하고 온라인에서 공유하는 시스템
- **오픈 소스(Open Source)**: 누구나 보고 사용할 수 있도록 공개된 소프트웨어

개발 분야

- **프론트엔드(Front-end)**: 사용자가 직접 보고 클릭하는 화면을 만드는 분야
- **백엔드(Back-end)**: 서버에서 데이터를 처리하고 관리하는 뒷단 작업
- **풀스택(Full-stack)**: 프론트엔드와 백엔드를 모두 다룰 수 있는 만능 개발자

웹 기술

- **HTML(HyperText Markup Language, 하이퍼텍스트 마크업 언어)**: 웹페이지의 기본 구조와 뼈대를 만드는 언어
- **CSS(Cascading Style Sheets, 계단식 스타일 시트)**: 웹페이지의 디자인과 레이아웃을 꾸미는 언어
- **자바스크립트(JavaScript)**: 웹페이지에 상호작용과 동적인 기능을 추가하는 프로그래밍 언어
- **API(Application Programming Interface, 응용 프로그래밍 인터페이스)**: 서로 다른 프로그램이 소통할 수 있게 해주는 규칙
- **도메인(Domain)**: 복잡한 IP 주소를 'google.com' 같은 읽기 쉬운 주소로 바꿔주는 것

데이터 관리

- **데이터베이스(Database, DB)**: 대량의 데이터를 체계적으로 저장하고 관리하는 창고
- **JSON(JavaScript Object Notation, 자바스크립트 객체 표기법)**: 데이터를 주고받을 때 사용하는 표준 형식
- **쿼리(Query)**: 데이터베이스에서 원하는 정보를 찾아달라고 요청하는 명령

- **캐시(Cache)**: 자주 사용하는 데이터를 빠른 저장 공간에 임시 보관하는 기술

프로그래밍 개념

- **변수(Variable)**: 데이터를 담아두는 이름표 붙은 상자
- **함수(Function)**: 특정 작업을 수행하는 코드 뭉치에 이름을 붙인 것
- **알고리즘(Algorithm)**: 문제를 해결하기 위한 단계별 방법이나 절차
- **OOP(Object-Oriented Programming, 객체 지향 프로그래밍)**: 관련된 데이터와 기능을 객체로 묶어서 프로그램을 만드는 방식
- **라이브러리(Library) & 프레임워크(Framework)**: 필요한 기능을 골라 쓰는 도구상자 vs. 정해진 틀 안에서 개발하는 구조

문제 해결

- **버그(Bug)**: 프로그램이 의도와 다르게 작동하는 오류
- **디버깅(Debugging)**: 버그의 원인을 찾아내고 수정하는 과정

시스템 구조

- **서버(Server) & 클라이언트(Client)**: 서비스를 제공하는 컴퓨터 vs. 서비스를 이용하는 사용자 기기
- **컴파일(Compile) & 인터프리터(Interpreter)**: 코드를 한 번에 번역하는 방식 & 한 줄씩 번역하며 실행하는 방식

유틸리티

- **수파베이스(Supabase)**: 백엔드 기능을 쉽게 만들 수 있게 도와주는 서비스

- **AI 오케스트레이션(AI Orchestration)**: 여러 AI 도구를 조화롭게 연결해서 복잡한 작업을 수행하게 하는 기술
- **크레딧(Credit)**: IT 서비스를 이용할 수 있는 포인트나 이용권

기타

- **클라우드 컴퓨팅(Cloud Computing)**: 인터넷으로 다른 회사의 컴퓨터 자원을 빌려 쓰는 서비스
- **배포(Deployment)**: 완성된 프로그램을 사용자들이 실제로 쓸 수 있도록 서버에 올리는 과정
- **컨테이너(Container) & 도커(Docker)**: 프로그램을 실행 환경과 함께 포장해서 어디서든 똑같이 돌릴 수 있게 하는 기술
- **CI/CD(Continuous Integration/Continuous Deployment, 지속적 통합/지속적 배포)**: 코드 변경부터 배포까지 자동화하는 시스템
- **mkdir(Make Directory, 디렉토리 생성)**: 새 폴더를 만드는 명령어
- **git clone**: 온라인 저장소의 코드를 내 컴퓨터로 복사하는 명령어
- **npm install/pip install**: 필요한 패키지를 설치하는 명령어(각각 자바스크립트/파이썬용)

제 2 장

아이디어가 돈이 되는 바이브 코딩 혁명이 온다

VIBE CODING

실리콘밸리에 불어닥친 바이브 코딩 돌풍

> **바이브 코딩으로 만든 '플라이 피터' 게임,
> 한 달 만에 1억 원을 벌다**

2025년 2월, 미국 실리콘밸리에서는 한 인디해커가 만든 비행기 게임 출시로 난리가 났다. 단 3시간 만에 만든 '플라이 피터(Fly Peter)'라는 게임은 출시된 지 17일 만에 30만 명이 플레이를 했고 월 매출은 5만 7,000달러(약 7,800만 원)를 달성했다. 그런데 실리콘밸리의 개발자들이 이 게임에 주목한 이유는 성과도 성과였지만, 게임을 만든 방식 때문이었다. 분명 게임을 만들었지만, 이 게임의 개발자는 책상에 앉아 키보드로 코드를 입력하지 않았다. 그가 한 것은 그저 그의 '생각'과 '느낌'만으로 AI에 게임을 만들어달라고 대화(프롬프트)로 요청한 것뿐이었다.

디지털 노마드 플랫폼 '노마드 리스트(Nomad List)'로 유명한 1인 개발자이자 인디해커 피터 레벨스(Pieter Levels)는 AI 개발 도구인 커서

(Cursor)와 그록(Grok)을 활용해 단 3시간 만에 비행기 시뮬레이션 게임을 개발했고, 출시 한 달 만에 월 1억 원이 넘는 수익을 올리면서 실리콘밸리에서 가장 주목받는 인물이 되었다. "저는 게임을 만든 적이 전혀 없었는데, 커서를 통해 제 자신의 비행 시뮬레이터를 3시간 만에 100% 만들었습니다"라고 말한 것처럼, 피터 레벨스는 커서에 간단한 프롬프트와 몇 가지 후속 질문을 입력해 몇 시간 만에 '피터.com 비행 시뮬레이터'라는 기본 비행 시뮬레이터를 만들었다.

이 게임은 HTML, 자바스크립트와 WebGL 기반으로 구축했고, 3D 렌더링에는 Three.js 라이브러리를 사용하여 브라우저상에서 3D 비행기와 지형을 구현했다. 실시간 멀티플레이어도 지원해 접속한 다른 유저들과 같은 공간에서 함께 비행하거나 경쟁할 수 있는데, 이후 WebSocket 서버를 통해 동시 수천 명까지 접속을 처리했다.

게임 맵은 활주로와 해안 절벽 지형이 있는 단순한 섬으로 시작하는데, 이후 계속해서 AI와의 대화를 통해 풍선을 쏠 수 있고 파괴 가능한 건물을 추가했다. 커서를 사용하여 시뮬레이터를 모바일 호환이 가능하게도 만들었다. 전반적으로 해당 게임은 현실감을 강조하기보다는 가벼운 재미와 즉시성에 초점을 맞춰 다소 조악한 프로토타입(초기 시제품) 형태로 기획되었다고 볼 수 있다.

피터 레벨스가 AI를 사용하여 만든 이 비행 시뮬레이터 게임에 테슬라 CEO인 일론 머스크(Elon Musk)는 찬사를 보내며 자신의 2억 1,900만 명 팔로워들에게 공유했다. 머스크는 X(구 트위터)를 통해 "와, 이것 참 멋지다. AI 게임이 엄청 클 것이다"라고 할 정도로 많은 관심을 보였다. 이에 피터 레벨스는 머스크의 관심사인 화성 행성 맵까지 게임에 넣어 그의 칭찬에 응대했다.

AI와 그저 대화만 했을 뿐인데, 게임이 만들어졌다!

피터 레벨스의 게임 개발 과정을 보면 다음과 같다.

- 아이디어 구상: 비행기 시뮬레이션 게임을 만들기로 결정
- AI 그록(Grok) 활용: 게임의 기획과 구조, 필요한 기능을 AI에게 자연어로 설명
- 커서 활용: AI 코딩 도구에서 "비행기가 섬 위를 날고, 유저가 조종할 수 있는 3D 게임을 만들어줘" 등 프롬프트 입력
- 개발: AI가 HTML, 자바스크립트, WebGL, Three.js 등으로 코드를 자동 생성
- 출시: 브라우저에서 바로 실행되는 게임을 배포, 실시간 멀티플레이어 기능도 지원
- 수익화: 광고주 모집, 인앱 아이템 판매 등으로 단기간에 큰 매출 달성

피터 레벨스는 일상 대화처럼 AI에게 "비행기가 섬 위를 날고, 유저가 조종할 수 있는 3D 게임을 만들어줘"라고 지시하였고, AI는 명령에 따라 HTML, 자바스크립트, WebGL, Three.js 등으로 코드를 자동 생성하였다. 피터 레벨스는 게임 프로그래밍 경험이 없었지만 AI의 도움으로 빠르게 완성도 있는 게임을 만들 수 있었고, 빠른 실행과 마케팅 전략으로 단기간에 큰 수익을 올렸다.

이 과정에서 개발자들이 주목한 것은 바로 커서를 활용해 프롬프트

입력만으로 코딩을 한 점이었다. 기존의 코드 작성 방식이 아니라 자연어(말, 글)로 원하는 기능을 설명하면 AI가 코드를 자동으로 생성해주는 새로운 개발 방식, 즉 명령을 내리면 AI가 알아서 코드를 짜주는 방식인 '바이브 코딩'이 새로운 트렌드로 급부상한 것이다.

피터 레벨스의 성공 사례는 개발 경험이 적은 개발자뿐 아니라 비전문가도 아이디어만 있으면 AI의 도움으로 단시간에 게임이나 앱, 웹페이지 등을 만들고 수익화할 수 있다는 것을 보여주었다. 또한 1인 개발자나 스타트업이 빠르게 시장에 진입하고, 즉각적인 피드백과 수익을 얻을 수 있다는 점에서 바이브 코딩의 새로운 가능성을 제시했다. 바이브 코딩의 혁명이 시작된 것이다.

◆ **바이브 코딩으로 만든 '플라이 피터' 게임**

자료: 해외 언론 종합

| VIBE CODING |

바이브 코딩이란 무엇인가?

느낌 Vibe 가는 대로 대화하며 하는 코딩

'바이브 코딩'이란 용어가 처음 등장한 것은 2025년 2월 6일, 챗GPT 개발사 오픈AI의 창립 멤버이자 AI 연구자로 테슬라 AI 팀을 이끌며 자율주행 시스템 발전에 기여한 바 있는 안드레이 카르파티(Andrej Karpathy)가 X(구 트위터)에 올린 글에서였다.

"'바이브 코딩'이라는 새로운 코딩 방식을 소개합니다. 이것은 완전히 느낌에 맡기고, 기하급수적인 변화를 받아들이며, 코드가 존재한다는 사실조차 잊어버리는 방식입니다. (There's a new kind of coding I call "vibe coding", where you fully give in to the vibes, embrace exponentials, and forget that the code even exists.) 이게 가능한 이유는 LLM(예: Cursor Composer with Sonnet, 클로드 소넷을 탑재

한 커서 컴포저)이 너무 뛰어나기 때문입니다. 저는 '슈퍼위스퍼(SuperWhisper, 음성 인식 도구)로 컴포저(Composer)와 대화만 하기 때문에 키보드는 거의 만지지도 않습니다. '사이드바 패딩을 절반으로 줄여줘' 같은 아주 단순한 요청도 합니다. 직접 찾기가 귀찮거든요. 저는 항상 'Accept All'을 누르고, 더 이상 Diff(변경사항)도 읽지 않습니다. 에러 메시지가 나오면 그냥 아무 설명 없이 복사해서 붙여넣는데, 대부분 그것만으로도 해결됩니다.

그냥 뭔가를 보고, 말하고, 실행하고, 복사 붙여넣기만 하는데도 대부분 작동합니다."

안드레이 카르파티의 글은 게재와 동시에 큰 화제를 불러모았다. 온라인 커뮤니티에는 바이브 코딩으로 몇 시간 만에 웹페이지나 프로그램을 뚝딱 만들어냈다는 후기가 연이어 올라왔다. 개발자들 사이에서는 자신들의 일자리가 사라질 것이라는 의견과 아직은 그 정도 수준이 아니라는 의견이 맞서면서 갑론을박이 치열하게 벌어졌다. 분위기나 느낌을 뜻하는 '바이브(vibe)'와 프로그램, 코드를 작성하는 '코딩(coding)'이 합쳐진 '바이브 코딩'은 IT 업계의 뜨거운 감자로 급부상하였다. '느낌(vibe)'에 맡겨 코딩을 한다는 것이 과연 어떤 의미일까?

AI 시대의 새로운 코딩법

'바이브 코딩'이란 안드레이 카르파티의 설명에 따르면, '생성형 AI에게 코드 생성을 맡겨 느낌으로 코딩하는 것'이다. 즉 '사용자가 AI와 자연어(인간의 언어, 말이나 글)로 대화해 원하는 프로그램을 설명하면 AI가 코딩을 통해 이를 구현하는 개발 방식'이다. 코딩 관련 지식이 없어도 AI와 느낌(vibe) 가는 대로 대화하면 원하는 결과물이 만들어지는 것이다. 기존의 코드 작성 방식이 아니라 "이런 게임을 만들어줘", "로그인 기능을 추가해줘"처럼 명령을 내리면 AI가 알아서 코드를 짜주는 방식이다.

바이브 코딩은 대규모 언어 모델(Large Language Model, LLM)에 프롬프트를 입력하여 문제를 해결하는 AI 기반 프로그래밍 방식으로, 코드의 세세한 문법보다는 전체적인 '느낌'과 의도를 전달하는 데 중점을 둔다. '코드가 존재한다는 사실조차 잊어버릴' 정도로 AI가 알아서 코딩을 해주니 개발자 입장에서는 정말로 혁명적인 사건이 아닐 수 없다.

새로운 트렌드로 급부상한 바이브 코딩

'바이브 코딩'은 등장한 지 불과 한 달 만에 메리엄-웹스터 사전에 '속어 및 트렌드' 명사로 등재될 만큼 빠르게 주목받기 시작했다. (사전에는 바이브 코딩에 대해 "AI 프로그램에게 원하는 것을 말하기만 하고 그것이 당신을 위해 제품을 만들도록 하여 코드를 작성하고, 웹페이지를 만들고, 또는 앱을 만드는 관행에 대한 최근에 만들어진 용어이다. 바이브 코딩에서 코더는 코드가 어떻게 또는 왜 작동하는지 이해할 필요가 없으며, 종종 일정 수의 버그와 결함이 존재할 것을 받아들여야 한다"라고 쓰여 있다.) 《뉴욕타임스(The New York Times)》, 《아스 테크니카(Ars Technica)》, 《가디언(The Guardian)》 등 주요 언론에서도 다뤄지면서 2025년 상반기 IT 업계에 돌풍을 불러일으킨 새로운 트렌드로 급

◆ **메리엄-웹스터 사전에 등재된 바이브 코딩**

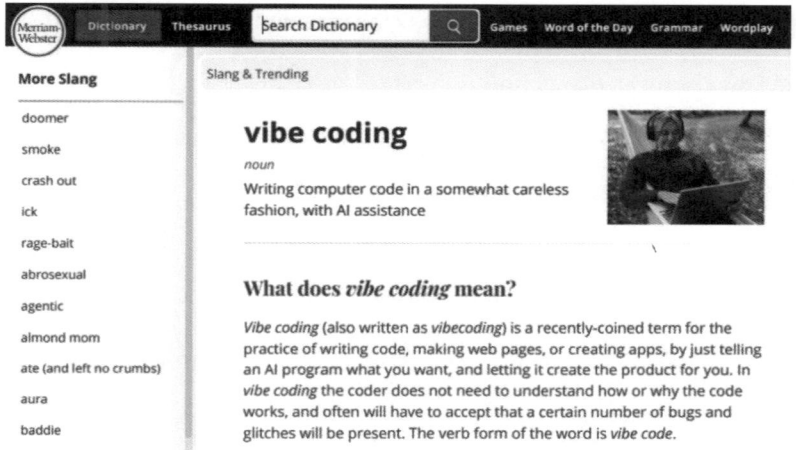

자료: https://www.merriam-webster.com/slang/vibe-coding

부상했다.

특히 '바이브(vibe)'라는 용어는 개발자가 느끼는 특정한 느낌과 직관을 강조한다. 안드레이 카르파티는 "바이브에 몸을 맡기고, AI와의 상호작용에서 오는 자연스러운 느낌을 받아들인다"고 표현했는데, 이는 AI가 생성하는 코드의 결과보다 코드 생성 과정에서의 직관적인 느낌에 더욱 집중하고 있음을 강조한다.

AI는 단순한 코드 자동 완성 도구가 아니라 창의적인 파트너로서 함께 작업하며, 개발자는 이를 통해 효율적이고 창의적인 결과물을 만들어낸다. 바이브 코딩의 등장은 프로그래밍의 방식이 코드 작성에서 AI와의 의사소통으로 변화하면서 코딩이 더 직관적이고 창의적인 활동으로 바뀌고 있음을 의미한다.

바이브 코딩을 국내 커뮤니티에서는 '입코딩'이라고도 부르는데, AI에게 말로 지시를 내려서 코드를 생성시키기 때문이다. 기존에는 키보드로 "function calculateSum(a, b) { return a + b; }"라고 입력했다면, 바이브 코딩에서는 "두 숫자를 받아서 합을 계산하는 함수를 만들어줘"라고 말하는 방식으로 코드를 작성해서 '입코딩'이라고 부르기도 한다.

사실 음성으로 하는 코딩은 이전에도 있었다. 세레나데(Serenade.AI)는 사용자의 말을 알아듣고 명령을 수행하는 음성 인식 인공지능이고, 깃허브에서는 개발자가 코드 생성 AI '코파일럿'에게 음성 명령을 사용해 코드를 생성하도록 지시할 수 있는 기능을 추가하기도 하였다.

하지만 바이브 코딩은 이런 기존 음성 코딩 도구들과는 차원이 다르다. 단순히 음성으로 키보드 입력을 대체하는 것이 아니라, 자연어로 원하는 기능을 설명하면 AI가 대화 내용을 이해해 완전한 프로그램을 만들어준다.

- 손 → 입: 키보드 타이핑에서 음성 명령으로
- 문법 → 자연어: 프로그래밍 언어 문법에서 일상 언어로
- 구현 → 설명: 코드를 직접 작성하는 것에서 원하는 기능을 설명하는 것으로

개발자 입장에서도 단순 코딩은 AI에게 맡기고, 자신은 '창의성'과 '가치'에 집중할 수 있어 더욱 본질적인 문제에 집중할 수 있게 된다. 예를 들어 '이 프로그램으로 어떤 문제를 해결할 수 있을까?' 혹은 '어떻게 하면 더 창의적이고 사용자에게 도움이 되는 결과물을 만들까?'와 같은 고민에 더 깊이 파고들 수 있다. 개발의 중심축이 예전에는 '얼마나 코딩을

◆ 필자가 바이브 코딩 툴인 러버블로 3분 만에 만들어본 테트리스 게임

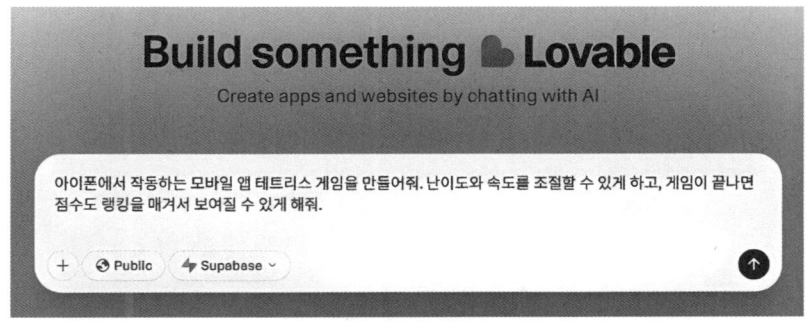

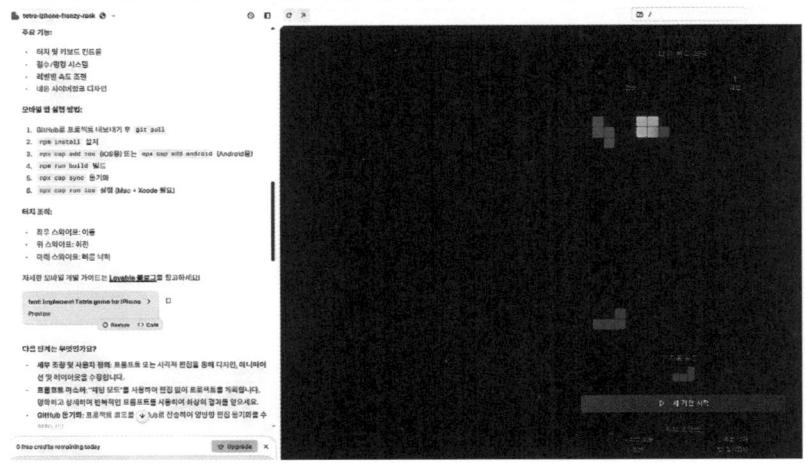

기술적으로 잘하냐'에 있었다면, 바이브 코딩의 등장으로 이제는 '얼마나 기발하고 사용자에게 가치를 주는 아이디어를 잘 표현하느냐'라는 쪽으로 이동하고 있다.

바이브 코딩 툴에는 어떤 것들이 있을까?

AI가 자동으로 코드를 작성하는 바이브 코딩 툴은 크게 코드 자동 완성, 코드 생성, 디버깅 및 테스트, 노코드/로우코드(no-code/low-code, 최소한의 코딩으로 프로그램을 개발하는 방식) 플랫폼 등으로 분류할 수 있다.

볼트(Bolt.new), 러버블(Lovable.dev), 커서(Cursor)와 같이 잘 알려진 바이브 코딩 툴만 약 20~30개 이상이고, 기업 내부용으로 비공개된 코딩 툴 및 틈새시장을 공략한 툴까지 추산하면 바이브 코딩 툴은 수백 개 이상 존재할 것으로 추정된다.

특히 AI를 중심으로 개발 환경 자체를 혁신하려는 시도들이 늘어나면서 앞으로 바이브 코딩 툴의 종류와 숫자는 더욱 폭발적으로 증가할

◆ **바이브 코딩 툴의 종류**

분류	주요 툴	특징
코드 어시스턴트/자동 완성	깃허브 코파일럿, 탭나인(Tabnine), 아마존 코드위스퍼러, 리플릿, 스닉 딥코드 AI(Snyk DeepCode AI)	개발자가 코드를 작성할 때 실시간으로 코드를 제안하고 자동 완성하여 생산성을 향상
AI 네이티브 코드 에디터	커서	VS 코드를 기반으로 AI 기능을 심층적으로 통합하여 코드 생성, 수정, 채팅을 통한 질의응답 등 다채로운 기능을 제공
노코드/로우코드 플랫폼	볼트, 러버블	자연어 프롬프트를 입력하면 AI가 웹 애플리케이션의 프론트엔드와 백엔드를 모두 개발해주는 혁신적인 툴. 코딩 지식이 거의 없어도 앱 개발이 가능
기타 특화 툴	아피독(Apidog), 디프블루 커버(Diffblue Cover), 메이블(Mabl)	API 설계 및 테스트, 유닛 테스트 자동화, UI 테스트 자동화 등 개발의 특정 단계를 AI로 자동화하는 데 특화

♦ **출시된 다양한 바이브 코딩 툴**(2025년 7월 기준)

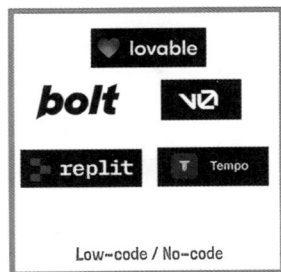

자료: 해외 언론 종합

전망이다. 이러한 툴들은 단순한 코드 완성을 넘어 개발의 전 과정을 AI가 주도하는 'AI 네이티브 개발' 시대를 열어가고 있다.

전통적 프로그래밍과 바이브 코딩, 무엇이 다를까?

　기존의 코딩은 명확한 규칙 위에 세워져 있었다. 특정 프로그래밍 언어의 문법을 배우고, 컴퓨터가 이해할 수 있도록 한 줄 한 줄 명령어를 입력하며, 논리의 성을 쌓아 올리는 과정. 그것이 바로 전통적인 프로그래밍이었다. 코드를 쓰는 능력, 즉 기술적 유창함이 곧 실력이었다.

　전통적인 프로그래밍이 개발자가 특정 언어의 복잡한 문법을 익혀 직접 코드를 한 줄 한 줄 작성하는 방식이었다면, 바이브 코딩은 그 과정을 AI에게 맡긴다. 개발자는 자신이 만들고 싶은 기능이나 아이디어를 일상적인 언어로 AI에게 설명하기만 하면 된다. 기존 방식이 '개발자가 직접 코드를 작성하고 수정하는' 과정이었다면, 바이브 코딩은 '개발자가 AI에게 요청하고, AI가 생성한 코드를 검토 및 수정 요청하는' 협업의 과정으로 변화한 것이다.

▍'어떻게(How)'에서 '무엇(What)'으로의 전환

전통적 프로그래밍의 본질은 '어떻게(How)'를 다루는 것이다. 개발자는 컴퓨터에게 목표를 달성하는 '방법'을 아주 상세하게 지시해야 했다. 예를 들어 '로그인 페이지'를 만든다면, "아이디를 입력받을 텍스트 상자를 만들고, 비밀번호를 입력받을 또 다른 상자를 만들고, '로그인'이라는 글자가 쓰인 버튼을 배치한 후, 이 버튼을 눌렀을 때 입력된 정보가 데이터베이스의 값과 일치하는지 확인하라"는 식의 구체적인 절차를 모두 코드로 구현해야 했다.

반면 바이브 코딩의 세계에서 개발자는 '무엇(What)'에 집중한다. "보안이 안전한 로그인 페이지를 만들어줘"라고 원하는 바를 선언하는 것이다. 그러면 '어떻게' 그 페이지를 만들지에 대한 구체적인 절차와 방법은 AI가 알아서 설계하고 코드로 구현한다. 이는 마치 건축가에게 건물의 설계도를 한 장 한 장 그려주던 방식에서, 어떤 스타일의 집을 원하는지 비전과 콘셉트를 설명하는 방식으로 바뀐 것과 같다. 개발의 중심이 '방법론'에서 '목표'로 이동한 것이다.

▍'창조자(Creator)'에서 '연출가(Director)'로의 역할 변화

전통적인 개발자는 코드를 직접 깎고 다듬는 '창조자' 또는 '장인'에 가까웠다. 그들의 손끝에서 코드가 탄생했으며, 코드의 우아함과 효율성이 곧 개발자의 역량을 증명하는 척도였다.

하지만 바이브 코딩 시대의 개발자는 무대 위의 배우(AI)에게 연기를 지시하는 '연출가' 혹은 오케스트라를 지휘하는 '지휘자'와 같은 역할을 맡게 된다. 개발자는 명확한 비전을 가지고 AI라는 강력한 연기자가 자신의 의도대로 결과물을 만들어내도록 이끌어야 한다. 생성된 코드가 전체적인 맥락에 맞는지, 놓친 부분은 없는지, 더 나은 방향은 없는지 비평하고 피드백을 주는 능력이 핵심 역량이 된다. 즉 손의 기술(코딩 능력)보다 머리의 기술(비판적 사고와 커뮤니케이션 능력)이 더욱 중요해진다.

'지식의 장벽'에서 '아이디어 경쟁'으로의 이동

과거에는 프로그래밍의 세계에 들어가기 위해 넘어야 할 가장 큰 산은 '지식의 장벽'이었다. 특정 언어의 문법, 알고리즘, 복잡한 개발 환경 설정 등, 이 기술적 지식을 습득하지 못하면 시작조차 할 수 없었다.

바이브 코딩은 이 기술의 장벽을 극적으로 낮춘다. 대신 우리 앞에는 새로운 장벽, 바로 '아이디어의 장벽'이 놓인다. 기술 구현은 AI가 상당 부분 해결해주므로, 이제 경쟁력은 '얼마나 좋은 아이디어를 가졌는가', '그 아이디어를 얼마나 명확하고 논리적으로 설명할 수 있는가'에서 나온다. 아이디어가 모호하거나 기획이 부실하면 AI는 결코 좋은 결과물을 만들어낼 수 없다. 기술이 없어서 구현하지 못했던 시대에서, 좋은 아이디어가 없어서 만들지 못하는 시대로의 전환이 시작된 것이다.

◆ **바이브 코딩 vs. 기존 프로그래밍 비교**

비교 항목	기존 프로그래밍	바이브 코딩
코드 작성의 주체	개발자가 모든 코드를 직접 작성함.	AI가 코드를 생성하고, 개발자는 감독자 및 지시자의 역할을 수행함.
핵심 요구 능력	프로그래밍 언어(C, 파이썬, 자바 등)의 엄격한 문법을 정확히 이해하고 적용할 수 있어야 함. ※ 문법 오류 하나가 전체 프로그램 오류로 이어질 수 있음.	복잡한 문법 지식보다 아이디어를 논리적으로 설명하는 소통 능력이 더 중요함. ※ AI가 문법을 처리하고 사용자는 목적을 명확히 전달하는 역할을 수행함.
코딩 방식	직접 모든 로직과 구조를 타이핑하여 구현함.	자연어로 명령을 내리고, 반복적·기계적인 코딩은 AI가 자동 생성함.
효율성	시간과 노력이 많이 소요되며, 반복 작업에 많은 리소스가 필요함.	반복적이고 시간 소모적인 작업을 AI가 대신하여 개발 속도가 비약적으로 향상됨.
기술 접근성	프로그래밍을 배우지 않은 사람은 접근하기 어려움.	아이디어만 있다면 비전문가도 개발에 도전할 수 있어 기술 접근성이 대폭 확대됨.

이처럼 바이브 코딩은 개발의 중심축을 '어떻게'에서 '무엇'으로, 개발자의 역할을 '창조자'에서 '연출가'로, 그리고 성공의 열쇠를 '기술 지식'에서 '아이디어의 질'로 옮겨놓는 거대한 변화다. 물론 복잡한 시스템의 근간을 이해하는 전통적 프로그래밍의 깊이는 여전히 중요할 것이다. 하지만 분명한 것은 AI와 협력하여 아이디어를 현실로 만드는 새로운 규칙이 이미 시작되었다는 사실이다. 이제 그 새로운 규칙 위에서 누가 더 창의적인 연출가가 될 것인지를 경쟁하게 될 것이다.

챗GPT 코딩과 바이브 코딩, 무엇이 다를까?

챗GPT나 클로드(Claude) 같은 생성형 AI도 코드를 만들어주는데, 왜 굳이 커서(Cursor), 윈드서프(Windsurf) 같은 별도의 바이브 코딩 툴을 써야 할까? 이 질문은 본질적으로 코딩 작업의 흐름에 대한 질문이다. 바이브 코딩은 단순히 채팅창에 질문을 던지고 답을 얻는 방식을 넘어, AI와 실시간으로 협업하며 하나의 완제품을 만드는 새로운 패러다임이다.

생성형 AI를 활용한 코딩, 즉 '프롬프팅 코딩(Prompt-Only)'은 주로 웹 채팅창에서 이루어진다. 개발자는 AI에게 코드 생성을 요청하고, 제안받은 코드 조각을 복사해 자신의 IDE(Integrated Development Environment, 통합 개발 환경)에 붙여넣는다. 이 방식은 AI가 대화창에 입력된 코드나 파일 일부만 인식할 수 있다는 한계가 있다. 반면 바이브 코딩은 개발자의 IDE 안에서 모든 작업이 원스톱으로 이루어진다. AI 에이전트가 프로젝트의 전체 구조를 실시간으로 파악하고, 개발자는 별도의 창 이동 없이 코드 생성부터 테스트, 디버깅까지 한곳에서 해결한다.

두 방식의 가장 큰 차이는 '반복 작업' 과정에서 드러난다. 프롬프트 코딩은 사용자가 코드를 직접 실행하고, 오류가 발생하면 그 로그를 복사해 채팅창에 붙여넣으며 해결책을 다시 질문해야 하는 수동적인 과정을 반복한다. 하지만 바이브 코딩 환경에서는 AI가 코드 실행, 오류 포착, 그리고 수정안 제안까지의 순환 과정을 자동으로 처리한다. 다시 말해, 바이브 코딩은 여러 파일과 데이터베이스, 배포 스크립트까지 포함된 '완제품' 수준의 결과물을 내놓는다.

물론 챗GPT와 같은 채팅형 AI가 유용한 경우도 많다. "퀵 정렬 알고리즘 예시 코드를 보여줘"처럼 특정 개념을 학습하거나, 간단한 크롤러나 엑셀 자동화 스크립트처럼 단일 파일로 끝나는 작업을 할 때는 챗GPT만으로도 충분하다. 또한 사내 보안 정책상 IDE에 외부 확장을 설치할 수 없거나, 새로운 툴을 배우는 데 드는 시간을 아끼고 싶을 때도 좋은 선택이다.

하지만 '완성된 프로그램 혹은 앱'이 즉시 필요하다면 바이브 코딩 툴이 압도적으로 유리하다. 대규모 리팩터링이나 엔드투엔드(E2E) 테스트 자동화, 멀티 페이지 웹이나 모바일 앱, 데이터베이스 연동, 자체 환경(로컬/클라우드)을 자유롭게 구성할 수 있는 경우, 플랜 요금이 감내 가능하고 IDE 학습 의지가 있다면 바이브 코딩이 최선이다.

> VIBE CODING

코딩 개발자의 하루: 바이브 코딩 도입 전과 후

바이브 코딩이 없던 시절 개발자의 하루

오전 9시: 길어지는 기획 회의

개발자 김서진 씨가 노트북을 열자 슬랙(Slack, 회사에서 쓰는 메신저)에 알림이 쏟아진다. 오늘은 새로운 프로젝트를 시작하는 날이다. 'AI 닥터'—증상을 말하면 AI가 적절한 진료과를 추천하고 예약까지 도와주는 앱이다.

"증상을 입력하면 병원 예약까지 한 번에 되는 앱이요? 좋네요!"

그러나 개발자의 눈에는 벌써 해결해야 할 문제들이 보인다. "AI가 증상을 어떻게 분석하죠? 챗GPT API를 쓸 건가요? 의료 정보는 민감한데 보안은 어떻게 하고요? 병원 예약 시스템과는 어떻게 연동하죠?" 이런 질문들이 오가며 회의는 2시간 동안 이어진다. 화이트보드는 도표와 화살표로 가득 찬다.

오전 11시: 기술 스택 결정의 시간

회의가 끝나고 자리로 돌아온 서진 씨는 먼저 '기술 스택(Tech Stack, 앱 개발에 사용할 도구들)'을 정한다. 프론트엔드(사용자가 보는 화면)는 리액트 네이티브(React Native, 하나의 코드로 아이폰과 안드로이드 앱을 동시에 만드는 도구)와 타입스크립트(TypeScript, 자바스크립트를 더 안전하게 만든 프로그래밍 언어)로, 백엔드(뒤에서 돌아가는 서버)는 노드JS(Node.js, 자바스크립트로 서버를 만드는 플랫폼)와 파이썬(Python, AI 개발에 특화된 프로그래밍 언어)으로, 데이터베이스는 포스트그레SQL(PostgreSQL, 대용량 데이터를 안전하게 저장하는 시스템)과 레디스(Redis, 자주 사용하는 데이터를 빠르게 저장하는 임시 저장소)로 정한다. AI 서비스는 오픈AI API와 자체 의료 AI 모델을 활용하기로 한다.

오후 1시: 본격적인 코딩 시작

점심을 먹고 돌아온 서진 씨는 가장 먼저 '프로젝트 초기 설정'을 한다. 집을 짓기 전에 땅을 고르고 기초를 다지는 것과 같다. 터미널(컴퓨터에 명령을 내리는 검은 창)에 명령어들을 입력하고, 폴더 구조를 만든다.

오후 2시부터 저녁까지: 반복되는 코딩과 디버깅

서진 씨는 가장 중요한 '증상 입력 화면'부터 만들기 시작한다. VS 코드(개발자들이 코드를 쓰는 프로그램)를 열고 타이핑을 시작한다. 그러나 코드를 실행해보니 에러가 난다. API 키가 만료되어 새로운 키를 발급받아야 한다. 개발의 80%는 이런 디버깅이다.

이후 병원 예약 기능을 추가하고, 팀장과 함께 코드 리뷰를 하며, 깃

(Git, 코드 저장소)에 하루의 작업을 저장한다. 집으로 가는 지하철에서 서진 씨는 내일 할 일을 정리한다. 예약 확정 기능 만들기, 사용자 로그인 구현, AI 응답 속도 개선, 에러 처리 보완 등이다.

바이브 코딩으로 달라진 개발자의 하루

오전 9시: 프로토타입으로 시작하는 회의

김서진 씨가 노트북을 열자 슬랙 알림이 쏟아진다. 'AI 닥터' 앱을 만드는 날이다.

"AI 닥터 앱 만드는 거죠? 제가 어제 AI 코딩 도구로 프로토타입 하나 만들어봤어요."

서진 씨가 화면을 공유한다. 어제 30분 만에 만든 시제품이다. 예전 같으면 일주일은 걸렸을 작업이다. AI에게 "증상을 입력받아서 AI가 진료과를 추천하고 병원 예약까지 되는 모바일 앱을 리액트 네이티브로 만들어줘"라고 요청하자 몇 초 후 기본 앱이 만들어진다.

이제 회의는 '어떻게 만들까?'가 아니라 '무엇을 만들까?'에 집중된다. "실시간으로 증상이 악화되는지 추적하는 기능은 어때요?" "응급실 대기 시간도 보여주면 좋겠네요." 예전에는 "그거 구현하려면 시간이…"라고 했겠지만, 이제는 바로 테스트해볼 수 있다.

오전 10시: 즉석에서 여러 버전 실험

회의실에서 바로 여러 버전을 만들어본다. 음성으로 증상을 설명할 수 있는 버전, 체크리스트 방식으로 선택하는 버전, 인체 그림을 터치해서 아픈 부위를 표시하는 버전까지 10분 만에 세 가지 다른 버전이 준비된다. 팀원들이 각자 휴대폰에서 테스트해보며 즉시 피드백을 제공한다.

오전 11시: AI와 페어 프로그래밍

자리로 돌아온 서진 씨는 이제 'AI 페어 프로그래밍'을 시작한다. 예전에는 혼자 또는 동료와 함께 코딩했지만, 이제는 AI가 파트너다.

"증상 분석 로직을 더 정교하게 만들어보자. 사용자가 '머리가 깨질 것 같아요'라고 하면 두통의 강도를 파악하고, '어제부터', '일주일째' 같은 시간 정보도 추출해줘." AI가 즉시 코드를 수정한다. 서진 씨는 마치 경험 많은 개발자와 대화하듯 AI와 소통한다.

오후 1시: 복잡한 시스템 설계도 AI와 함께

점심 후, 전체 시스템 아키텍처(전체 시스템 구조 설계)를 설계할 시간이다. AI에게 마이크로서비스 아키텍처로 100만 명의 사용자가 사용해도 안정적으로 작동하는 시스템을 요청하자, AI가 상세한 아키텍처 다이어그램과 함께 각 서비스의 기본 코드까지 생성한다. 예전 같으면 며칠을 논의했을 일이다.

오후 2시: 품질 검증에 집중

이제 서진 씨의 주요 업무는 '검증'이다. AI가 만든 코드가 정말 안전하고 효율적인지 확인하는 것이다. AI에게 보안 취약점 분석을 요청하면 SQL 인젝션((SQL Injection, 데이터베이스를 해킹하는 공격 방법) 가능성, 비밀번호 암호화 강도 부족, 토큰 만료 시간 미설정 등의 문제점을 찾아낸다. 서진 씨는 이제 코드를 직접 짜는 시간보다 검토하고 개선하는 시간이 더 많다.

오후 3시: 창의적 기능 실험의 여유

기본 기능이 빠르게 완성되니, 이제는 창의적인 실험을 할 여유가 생긴다. "사용자의 증상 패턴을 분석해서 건강 상태를 캐릭터로 표현하면 어떨까? 건강하면 캐릭터가 활발하고 아프면 축 처지는 거야." 예전 같으면 포기했을 아이디어를 30분 만에 구현해본다.

오후 4시 이후: 고도화와 협업

성능 최적화를 위해 AI에게 병목 지점을 찾아달라고 요청하고, 디자인팀에서 보내온 피그마(Figma) 디자인을 10분 만에 코드로 변환한다. 디자이너와 개발자 사이의 벽이 낮아졌다.

오후 6시: 정시 퇴근과 미래 준비

하루 일과를 일찍 마무리할 수 있게 된 서진 씨는 이제 미래를 준비한다. AI가 정리해준 최신 의료 트렌드를 보며 웨어러블 기기 연동, AR을 활용한 약 복용법 시각화, 블록체인 기반 의료 기록 관리 등을 공부한다.

예전에는 70% 코딩, 20% 디버깅, 10% 기획/설계였지만, AI 코딩 도구가 도입된 지금은 10% 직접 코딩, 30% AI 지시 및 검증, 30% 창의적 설계, 30% 품질 관리 및 최적화로 업무의 시간 배분이 크게 달라졌다. 예전 같으면 2주는 걸렸을 작업을 하루 만에 완성할 수 있게 되었다.

VIBE CODING

바이브 코딩에 대한
오해와 진실

"코딩을 몰라도 아이디어만 있다면 AI와의 대화만으로 웹사이트나 앱을 만들 수 있다." '바이브 코딩'의 홍보 문구는 거부하기 힘든 매력을 지닌다. 실리콘밸리의 개발자가 이 방식으로 큰돈을 벌었다는 소식은 '나도 할 수 있지 않을까?'라는 희망을 심어주기에 충분하다. 하지만 이 달콤한 문구의 이면에는 쉽게 간과할 수 있는 냉혹한 현실이 존재한다.

코딩 문외한, 바이브 코딩으로
개인 홈페이지 만들기에 도전하다

필자는 바이브 코딩 툴을 이용해 개인 홈페이지를 만들어보고자 하였다. 단순한 프로필 소개를 넘어, 관련 저서 및 출연했던 유튜브 동영상을 보기 좋게 정리하고, 강연 및 컨설팅 포트폴리오를 갤러리 형태로 보여주는 복잡한 기능이 필요한 작업이었다.

우선 가장 사용자 친화적이라는 러버블 서비스를 이용하기로 했다. 러버블 대화창에 "ESG 혁명이 온다, 웹 3.0 혁명이 온다, 2024 IT 메가 트렌드, 생성형 AI가 처음인 어른들을 위한 가장 쉬운 책 등 여러 권의 책을 출간한 경제경영 작가이자 IT 컨설턴트인 김재필이야. 나와 내 책을 소개하고, 유튜브 강의 동영상을 홍보하는 내 개인 홈페이지를 만들고 싶어"라고 입력했다. 그러자 AI는 명령을 알아듣고 웹사이트의 겉모습을 만들어냈다. 간단한 이력 소개와 함께 감각적인 디자인의 사이트 외관이 비교적 쉽게 만들어졌고, 기본적인 레이아웃과 디자인 요소들은 자연어 명령만으로도 구현이 가능했다.

하지만 문제는 복잡한 단계로 넘어가면서 시작되었다. 《ESG 혁명이 온다》, 《생성형 AI가 처음인 어른들을 위한 가장 쉬운 책》 등 저서들의 정보를 자동으로 불러오고, 출간 순서대로 배열하는 등의 작업이 제대로 작동하지 않았다. '동영상 강의' 및 '강연 및 컨설팅 포트폴리오 갤러리'를 구현하는 단계에서는 실제 콘텐츠를 가져와 분류하는 데 실패하자, 그럴듯한 가짜 이미지로 갤러리를 채워 넣는 '기능적 환각' 현상을 보였다.

겉보기에는 그럴듯하게 저서 정보와 강연 이력을 표시했지만, 실제로는 가짜 데이터였다. 프로필 사진이라며 보여준 것도 전혀 관계없는 다른 사람의 사진이었다. 결국 프로필 사진과 출연했던 유튜브 동영상들, 출간했던 책 정보들을 일일이 모두 찾아 제공하여 내용 오류를 바로잡을 수 있었다. 하지만 사이트의 외양만 만들어졌을 뿐, 외부 사이트로의 연결이나 방문자 체크 기능 등 생각했던 개인 페이지로서의 활용은 불가능했다. 기대가 컸던 만큼 실망도 컸다.

♦ **러버블로 처음 만든 개인 홈페이지**

프로필 사진을 전혀 다른 사람 이미지로 가져다 놓았다.

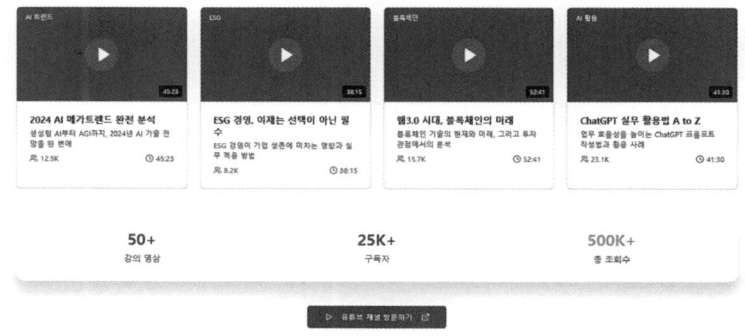

유튜브 강의 소개 페이지에도 가짜 내용들이 배치되어 있다. 당연히 클릭도 되지 않는다.

볼트를 이용해도 상황은 비슷했다. 볼트 사이트의 대화창에 같은 프롬프트를 입력하자, 5분 정도 코드를 작성하더니 웹사이트를 뚝딱 만들

♦ 볼트로 만든 개인 홈페이지

프로필 사진은 제대로 나왔지만, 세부 카테고리를 클릭해 들어가면 해당 페이지 내용은 모두 가짜다.

어냈다. 이번엔 아예 프로필 사진을 첨부해 사이트를 만들어달라고 했더니 엉뚱한 사진을 올리는 오류는 없었다. 러버블보다 내용적 오류는 적었지만, 그래도 가짜 내용을 만들어내는 부분은 러버블과 크게 다르지 않았다. 볼트에서도 책 구매 페이지의 구매하기 버튼을 눌렀지만 외부 서점 사이트로 연결되지 않는 등 고급 기능의 실현은 작동되지 않았다.

커서에서도 기능을 추가할 때마다 사이트 전체가 망가지는 문제가 반복되었고, 무엇보다 무료 버전으로는 사용하기에 턱도 없었고 유료 버전을 사용하더라도 두어 시간 만에 유료 크레딧(Credit, 서비스 사용량 단위)의 80%를 소진해 충분히 원하는 결과물을 얻을 수 없었다.

필자의 무모한 바이브 코딩 도전기는 마케팅 문구처럼 정말 "코딩을 몰라도" 바이브 코딩을 쓰기엔 한계가 있음을 여실히 보여주었다. 단순한 레이아웃 구성은 가능하지만, 실제 저서 데이터베이스와 연동하거나 유튜브 동영상을 불러오는 등의 복잡한 기능을 구현하기에는 역부족이다. 특히 실제 콘텐츠와 가짜 콘텐츠를 구분하지 못하는 AI의 오류는 치명적인 문제가 될 수 있다.

바이브 코딩에 대한 오해와 진실

사실 결과물이 나오지 않은 것에 대해 바이브 코딩은 죄가 없다. 바이브 코딩을 제대로 이해하지 못하고 무턱대고 달려든 본인이 문제다. 다만 현재의 바이브 코딩은 실제 서비스에 필요한 복잡한 로직 처리를 코딩 지식 하나 없이 대화만으로 풀기엔 아직 한계가 있음을 명확히 보여주었다. 난무하는 바이브 코딩 서비스들의 현란한 마케팅 문구는 바이브 코딩에 대한 대중의 오해를 불러일으킬 수 있다.

오해 1. "말만 하면 다 만들어준다"
- 평소 대화하듯 "멋진 홈페이지 만들어줘"라고 하면 AI가 내 마음을 완벽히 읽고 결과물을 내놓을 것이라고 대부분은 생각한다(필자도 그랬다…). "자연어로 대화하듯이"라는 마케팅 문구가 이런 오해를 부추긴다.
- **진실** 바이브 코딩은 매우 유능하지만 구체적인 지시가 필요한 조수이다. "홈페이지 제작"이라는 막연한 명령 대신 "① 사이트 상단에 내 유튜브 채널 이름으로 제목을 넣어줘. ② 그 아래에 내 대표

영상을 보여줘"와 같이, 만들고 싶은 결과물을 논리적인 순서에 따라 작고 명확한 단위로 나누어 지시하는 능력이 필요하다.

오해 2. "코딩 지식, 이젠 정말 필요 없다"

- '노코드(no-code)'라는 말처럼, 개발에 대한 어떤 배경지식도 없이 복잡한 포트폴리오 사이트 구현이 가능할 것이라는 기대이다.
- **진실** 필요한 지식의 종류가 바뀌었을 뿐이다. 특정 프로그래밍 언어의 문법 대신 더 상위 수준의 개념적 지식이 요구된다. 사용자가 보는 화려한 사진 갤러리인 프론트엔드와 사진을 국가별로 분류하고 방문자 문의를 이메일로 전송하는 보이지 않는 뒷부분인 백엔드의 차이, 유튜브 영상을 가져오는 API의 역할, 방문자 기록을 저장하는 데이터베이스의 기본 개념 정도는 알아야 AI와 효과적인 소통이 가능하다.

오해 3. "명령 한 번에 원하는 결과물이 뚝딱 나온다"

- "뚝딱뚝딱 만들어진다"는 과장된 홍보 문구처럼, 명령 한 번이면 바로 사용 가능한 완성품이 나올 것이라는 기대이다.
- **진실** 바이브 코딩은 수많은 시행착오가 필요한 '협업' 과정이다. AI가 명령을 잘못 이해하거나 오류를 일으키면, 이를 해결하기 위한 반복적인 대화가 필요하다. 이는 상당한 시간과 비용을 소모하는 일이다.

오해 4. "AI가 만든 것은 무조건 믿을 수 있다"

- AI가 생성한 코드나 콘텐츠는 오류가 없을 것이며, 검증 없이 사용해도 안전할 것이라는 맹신이다.
- **진실** AI는 잘못된 정보를 진짜처럼 자신 있게 제시하는 할루시네이션(hallucination, 환각 현상)을 일으킨다. 필자의 경험처럼 이집트 사진 대신 그랜드 캐니언 사진을 보여주는 '기능적 환각'도 발생한다. 사용자는 AI의 결과물을 맹신하지 말고, 내가 의도한 대로 작동하는지 직접 확인하고 테스트하는 '품질 관리자' 역할을 수행해야 한다.

오해 5. "바이브 코딩은 비용이 거의 들지 않는다"

- 개발자를 쓰지 않아도 되고 코딩을 따로 배울 필요도 없어서 비용 부담 없이 원하는 것을 만들 수 있을 것이라는 생각이다.
- **진실** AI와의 모든 소통 과정에는 비용이 발생한다. 몇 시간 만에 크레딧의 대부분을 소진할 수 있다. 시행착오 과정에서 발생하는 추가 비용까지 고려하면, 제대로 된 서비스를 만들려다 수십만 원을 탕진할 수도 있다. AI와의 소통은 곧 비용이라는 현실을 인지해야 한다.

현재의 바이브 코딩은 개발을 완전히 대체하는 마법이 아니라, 개발 과정을 일부 보조하고 진입 장벽을 조금 낮춰주는 도구 수준이다. 결국 바이브 코딩의 성공은 AI의 발전뿐만 아니라, 사용자가 이 새로운 도구를 어떻게 이해하고 활용하는지에 달려 있다. 마법 같은 약속에 현혹되기보다는 도구의 명확한 한계를 인정하고 현실적인 기대치를 가져야 한다. 만들고 싶은 것을 논리적으로 구상하고, AI의 결과물을 비판적으로 검증하며, 전체 프로젝트를 관리하는 '개념적 지식'으로 무장할 때, 비로소 AI는 유능한 파트너가 될 것이다. 필자의 실패는 이 새로운 기술의 본질을 배우기 위한 값진 수업이었던 셈이다.

바이브 코딩을 잘 쓰려면 갖춰야 할 필수 능력

바이브 코딩을 잘 활용하려면 최소한 API가 무엇인지, 프로그램이 어떻게 작동하는지에 대한 기본 지식, 프론트엔드와 백엔드의 차이점, 데이터베이스의 기본 개념, 그리고 웹사이트와 웹앱의 차이점 등 기본적인 코딩에 대한 개념을 이해하는 것이 좋다.

또한 문제 진단 능력도 필요하다. 커서에서 기능 추가 시마다 사이트가 망가지는 문제가 반복되었을 때, 개발 지식이 없는 사용자는 무엇이 잘못되었는지 파악할 수 없다. AI가 실수하거나 막힐 때 문제의 원인을 파악하고, 해결 방향을 제시할 수 있는 최소한의 능력이 필요하다.

가짜 데이터가 진짜인 것처럼 표시되는 이른바 '할루시에이션' 문제를 발견하는 것도 핵심이다. 겉보기에는 완성도 높은 홈페이지가 만들어져도, 그 안의 데이터가 진짜인지를 검증할 능력이 없으면 오히려 더 큰 문제를 만들 수 있다.

바이브 코딩의 진정한 가치는 '개발에 대한 진입 장벽을 낮춰준다'는 데 있다. 도전기에서도 확인되듯이 단순한 프로토타입이나 기본적인 웹사이트 제작에는 유용하지만, 복잡한 비즈니스 로직(Business Logic, 사업에 필요한 복잡한 처리 규칙)이나 안정적인 서비스 구현에는 한계가 명확하다.

바이브 코딩은 분명히 빠르게 발전하고 있는 분야다. 챗GPT도 처음 나왔을 때는 오류도 많고 한계도 많았지만 불과 2년 만에 그 성능은 엄청나게 진화했다. 바이브 코딩도 앞으로 더 정교하고 사용자 친화적이 되겠지만, 현재는 아직 완전한 '만능 도구'가 아니라는 현실을 받아들여야 한다.

여전히 기본적인 학습과 이해가 필요하고, 시행착오를 거쳐야 하며, 상당한 시간과 비용이 투입되어야 한다는 것이 현실이다. "느낌에 몸을 맡긴다"는 바이브 코딩의 철학도 결국 그 느낌을 해석하고 구현할 수 있는 최소한의 지식이 뒷받침되어야 한다. 바이브 코딩은 코딩 지식의 필요성을 완전히 없애주는 마법이 아니라, 필요한 지식의 종류를 바꾸는 새로운 패러다임이다. 도구의 한계를 인정하며 현실적인 기대치를 갖는 것. 이것이 바이브 코딩을 제대로 활용하는 첫걸음이다.

> VIBE CODING

코딩의 혁명: 시민 개발자의 탄생과 제로 코드 사회의 도래

▎접근성의 혁명

바이브 코딩은 창조의 패러다임 자체를 뒤흔드는 거대한 혁명의 시작이다. 단순히 기술적 특성 때문이 아니라 '접근성의 혁명' 때문에 모든 이의 주목을 받고 있다.

바이브 코딩이 가져온 가장 놀라운 변화는 바로 '구현 격차(implementation gap, 문제 파악과 기술적 해결책 구축 사이의 거리)'의 해결이다. 많은 뛰어난 아이디어들이 구현되지 못하는 이유는 문제를 이해하는 개인들이 해결책을 구현하는 데 필요한 기술적 스킬이 부족하기 때문이다.

바이브 코딩은 이러한 장벽을 무너뜨리고 있다. 이제 도메인 전문가들이 기술적 중간자 없이 직접 자신의 아이디어를 구현할 수 있게 되었다. 의료진은 환자 관리 시스템을 직접 제작하고, 환경 과학자는 기후 모델링 도구를 구축하며, 교육자는 대화형 학습 플랫폼을 개발하고, 마케터는 고객 니즈에 맞게 신속히 프로토타입을 제작한다. 이것이 바로 '접근성의 혁명'이다.

접근성 혁명의 역사를 살펴보면 그 의미가 더욱 명확해진다. 사진의 경우, 1980년대까지만 해도 사진을 찍으려면 필름을 사고 사진관에서 현상해야 했다. 그러나 디지털카메라가 나오면서 실패 비용이 없어졌고, 스마트폰이 보편화되면서 이제 누구나 자유롭게 찍고 즉시 공유할 수 있게 되었다. 전문 사진작가만 할 수 있었던 창작 행위가 모든 사람의 일상이 된 것이다.

출판도 마찬가지다. 과거에는 책을 내려면 출판사를 찾아가 투고하고 편집자의 승인을 받아야 했다. 그러나 워드프로세서가 나오면서 글쓰기가 쉬워졌고, 블로그 및 SNS가 등장하면서 이제 누구나 자신의 생각을 전 세계에 발표할 수 있게 되었다. 개인의 일기부터 전문적인 칼럼까지, 누구나 작가가 될 수 있는 시대가 온 것이다.

음악 분야에서는 과거에 음악을 만들려면 값비싼 스튜디오를 빌리고, 전문 엔지니어를 고용하고, 음반사와 계약해야 했다. 하지만 PC용 음악 프로그램이 나오면서 집에서도 음악 제작이 가능해졌고, 이제는 스마트폰 앱만으로도 누구나 음악을 만들어 유튜브나 스트리밍 플랫폼에 올릴 수 있게 되었다. 실제로 많은 인디 뮤지션들이 집에서 만든 음악으로 전 세계적인 인기를 얻고 있다.

코딩도 같은 변화를 겪고 있다. 과거에는 소프트웨어를 만들려면 수년간 프로그래밍 언어를 배우고, 개발팀을 구성하고, 막대한 비용을 투자해야 했다. 노코드 도구들이 나오면서 어느 정도 문턱이 낮아졌지만, 여전히 복잡한 인터페이스와 제한적인 기능 때문에 한계가 있었다. 그러나 바이브 코딩을 통해 이제는 "이런 앱이 있었으면 좋겠어"라고 말하는 것만으로도 실제 작동하는 소프트웨어를 만들 수 있게 되었다.

시민 개발자와 제로 코드 사회의 탄생

카페를 운영하는 김 사장은 자신의 카페 손님들이 대기 시간 동안 할 수 있는 간단한 게임 앱이 있으면 좋겠다고 생각했다. 과거라면 이런 아이디어는 그냥 아이디어로만 끝났을 것이다. 개발비만 수천만 원이 들고, 개발 기간도 몇 달이 필요하기 때문이다. 그러나 바이브 코딩을 사용해서 김 사장은 주말 하루 만에 자신만의 카페 전용 퍼즐 게임을 만들어냈다.

한 초등학교 교사는 아이들이 구구단을 재미있게 외울 수 있는 맞춤형 학습 도구가 필요했다. 시중에 나온 앱들은 너무 복잡하거나 자신의 교육 방식과 맞지 않아, 바이브 코딩을 통해 자신의 교육철학이 반영된 자신의 학급 아이들 수준에 딱 맞는 구구단 게임을 직접 만들었다.

이렇게 개발자의 능력을 빌리지 않고 자신이 직접 소프트웨어를 만드는 사람들을 '시민 개발자(citizen developer)'라고 부른다. IT 전문가가 아닌 일반 사용자가 노코드/로우코드 플랫폼을 활용하여 애플리케이션을 개발하는 것이다. 무엇보다 이들이 만드는 앱은 실제 필요에서 나온 것이기 때문에 실용성이 높다.

이러한 변화는 단순한 기술 발전을 넘어선다. 창조 능력이 소수의 전문 개발자에서 아이디어가 있는 모든 사람으로 재분배되고 있으며, 혁신

패턴도 대기업에서 스타트업으로, 다시 개인의 직접 창조로 변화하고 있다. 마치 블로그가 모든 사람을 작가로 만들었듯, 바이브 코딩은 모든 사람을 창조자로 만들고 있다. 바이브 코딩의 진짜 혁명은 완벽한 앱을 만드는 것이 아니라, 누구나 자신의 아이디어를 소프트웨어로 표현할 수 있게 된 것이다. 그것이 바로 '제로 코드(Zero Code) 혁명'이다.

바이브 코딩은 개발자의 역할도 근본적으로 변화시키고 있다. AI가 프로그래머를 대체하지는 않지만, 그들의 역할을 변화시키고 있다. 이제 개발자의 역할은 구현자에서 아키텍트로, 코더에서 AI 가이드로, 문법 전문가에서 비전 제시자로, 개별 작업자에서 AI와의 협업자로 진화하고 있다. 컴퓨터과학자 매트 웰시(Matt Welsh)는 "전통적인 프로그램 작성 개념은 멸종을 향해 가고 있으며, 대부분의 소프트웨어는 프로그래밍되기보다는 훈련되는 AI 시스템에 의해 작성된다"고 예측했다.

속도와 생산성의 혁명: 아이디어에서 앱까지 단 몇 시간

바이브 코딩이 가져온 또 하나의 큰 변화는 단연코 속도이다. 와이(Y) 콤비네이터의 파트너들은 한 회사를 인용하며 "이전 달 대비 코딩 성능에서 100배의 속도 향상"을 달성했다고 보고할 정도이다.

전통적인 개발 프로세스는 아이디어 구상부터 시장 출시까지 3~8개월이 소요되었다. 아이디어 구상에 1주, 설계에 2주, 개발에 2~6개월, 테스트에 2~4주, 배포에 1~2주가 필요했다. 반면 바이브 코딩 프로세스는 아이디어 구상에 1시간, AI와의 대화에 2~6시간, 프로토타입 완성에 1일, 반복 개선에 1주로 총 1~2주면 충분하다.

마이크로소프트, 액센추어(Accenture), 그리고 《포춘(Fortune)》 100대 기업에서 약 5,000명의 소프트웨어 개발자를 대상으로 한 통제 실험에서는 AI 코딩 도구를 사용한 개발자들이 완료한 작업이 25% 이상 증가했다. 특히 초보 개발자는 40~60%, 경력 개발자도 25~35%의 생산성 향상을 경험했으며, 새로운 기술을 배우는 속도는 5배에서 10배나 빨라졌다.

바이브 코딩을 세상에 알린 안드레이 카르파티는 "이전에 스위프트(Swift, 애플의 프로그래밍 언어)로 프로그래밍한 적이 없었음에도, 스위프트로 전체 iOS 앱을 바이브 코딩했는데 약 1시간 후에 실제 휴대폰에서 실행되고 있었다"며 그 놀라운 속도를 증언한다.

이는 '일회용 프로토타이핑(Throw-away Prototyping, 빠른 아이디어 검증을 위한 임시 제작)'이라는 새로운 문화를 낳는다. 아이디어 검증에 몇 시간이면 충분하고, 여러 버전을 빠르게 만들어 시장 반응을 즉시 확인할 수 있다. 이러한 속도는 'Time to Market(시장 출시까지 걸리는 시간)'을 혁신적으로 단축시키며, 수만에서 수십만 달러에 달하던 앱 개발 비용을 단 수십, 수백 달러로 낮추는 경제적 혁명을 이끌고 있다.

코드 문법의 혁명:
표현과 창의성의 해방

더 흥미로운 변화는 소프트웨어가 새로운 창작 매체가 되고 있다는 점이다. 예술가들은 관객이 직접 참여할 수 있는 인터랙티브 아트 작품을 만들고, 작가들은 독자의 선택에 따라 스토리가 변화하는 참여형 소설 앱을 창작한다. 뮤지션들은 팬들과 실시간으로 소통할 수 있는 전용 앱을 만들고, 요리사들은 자신만의 레시피와 요리 과정을 생생하게 공유하는 맞춤 앱을 개발한다.

이제 소프트웨어는 비디오나 이미지처럼 개인의 아이디어와 감정을 표현하는 도구가 되었다. '소프트웨어 밈(Software Memes)'까지 등장할 정도다. 이것이 가능하게 된 것은 코드 문법의 제약에서 해방되었기 때문이다. AI가 세부사항을 처리해주어 개발자들은 아이디어에 집중할 수 있게 되었고, 혁신적인 아이디어도 실험해볼 수 있게 되었다.

새로운 창조자들은 전통적인 사용자 경험(UX) 관습을 무시하면서, 기존 패턴에서 벗어난 실험적 인터페이스를 만들어내고 있다. 이는 '포스트 모던 인터페이스(Post-Modern Interface)' 시대의 도래를 의미한다. '한 사람을 위한 소프트웨어'라고 불리는 개인화된 AI 생성 도구들도 등장하고 있다.

글쓰기, 그림, 영상에 이어 소프트웨어가 새로운 표현 매체로 자리 잡으면서 창작의 영역은 무한히 확장되고 있다. 이제 아이디어를 소프트웨어로 표현하는 것이 시나 소설을 쓰는 것만큼 자연스러운 일이 되고 있다.

디지털 노동의 혁명:
경제 구조와 산업 생태계의 근본적 변화

바이브 코딩은 소프트웨어 개발 비용을 기하급수적으로 감소시키고 있다. 전통적인 개발에서는 개발팀을 구성하여 몇 달간 개발하는 데 수만에서 수십만 달러가 필요했지만, 바이브 코딩에서는 개인이 몇 시간에서 며칠 만에 수십에서 수백 달러로 같은 결과를 얻을 수 있다.

전통적인 앱 개발은 개발자 급여로 월 5,000~2만 달러, 개발 기간 3~6개월로 총 1만 5,000~12만 달러가 소요된다. 반면 바이브 코딩은 AI 도구 구독으로 월 20~100달러, 개발 기간 1~2주로 총 50~500달러면 충분하다. 경제적 진입 장벽이 수만 달러에서 수십 달러로 혁신적으로 낮아진 것이다.

바이브 코딩의 등장은 새로운 경제 구조와 산업 생태계를 만들어내고 있다. 2024~2025년 투자 현황을 보면 코디움이 1억 5,000만 달러(기업가치 12억 5,000만 달러), 커서가 1억 500만 달러, 매직(Magic)이 3억 2,000만 달러, 러버블이 1,500만 달러를 투자받았다.

세일즈포스(Salesforce) CEO 마크 베니오프(Marc Benioff)는 2024년 12월 '디지털 노동 혁명'을 언급하며 "AI가 현재 세일즈포스 업무의 30~50%를 처리하고 있다"고 발표했다. 그는 AI 도구인 에이전트포스(Agentforce)와 기타 AI 기술을 통해 엔지니어링 팀의 생산성이 30% 이상 향상되었다며, "우리의 엔지니어링 속도가 놀라운 수준에 이르렀기 때문에 2025년에는 소프트웨어 엔지니어를 추가로 채용하지 않을 예정"이라고 밝혔다. 베니오프는 이를 "3조에서 12조 달러 규모의 디지털 노동이 배치되는 혁명"이라고 표현했다. 소프트웨어 개발은 젊은 창조자들에 의해 주도되고 있다. 앞으로의 초대박 IT 서비스는 벤처 투자를 받은 스타트업이 아니라 10대의 침실에서 나올 수도 있다는 예측이 현실이 되고 있다.

> VIBE CODING

바이브 코딩이 불러온
일상의 변화

나만을 위한 소프트웨어

어느 날 아침, 냉장고를 열어보니 시들해진 야채들과 유통기한이 애매한 재료들이 가득하다. 예전에는 '이걸로 뭘 만들어 먹지?' 하고 고민했겠지만, 이제는 스마트폰으로 냉장고 사진을 찍고 간단히 말한다. "이 재료들로 도시락에 넣을 만한 요리 추천해줘." 그러면 2시간 뒤 나만을 위한 맞춤형 도시락 추천 앱이 완성된다. 바이브 코딩이 만들어낸 새로운 일상이다.

이처럼 냉장고 내용물을 분석해서 도시락 재료를 추천하는 '런치박스 버디(LunchBox Buddy)'라는 앱을 실제로 만든 《뉴욕타임스》 기자 케빈 루즈(Kevin Roose)는 이런 경험을 '한 사람을 위한 소프트웨어(Software for One)'라고 표현했다. 그는 프로그래밍을 전혀 모르는 상태에서 바이브 코딩으로 여러 개의 앱을 만들었는데, 그중 하나가 '런치박스 버디' 앱이다.

아직은 다소 제약이 있지만 바이브 코딩은 코딩을 몰라도 자신만의 앱을 만들 수 있도록 도움을 줄 수 있다. 대화하듯 AI에게 "이런 기능이 있으면 좋겠어"라고 말하면, AI가 알아서 코드를 짜준다. 사용자는 코드가 어떻게 작동하는지 완전히 이해하지 못해도 된다. 중요한 건 내가 원하는 게 무엇인지만 명확히 표현할 수 있으면 된다는 것이다.

작은 비즈니스의 폭발적 증가

바이브 코딩은 개인의 경제활동에도 새로운 가능성을 열어주고 있다. 주부는 동네 맘들을 위한 유용한 앱을 만들어 월 수십만 원의 부수입을 창출하고, 학생들은 친구들을 위한 학습 도구로 용돈을 벌고, 은퇴자들은 취미와 경험을 앱으로 만들어 수익을 창출한다.

'마이크로 SaaS(Micro Software as a Service)'라는 새로운 비즈니스 모델도 등장했다. 아주 작은 틈새시장을 노린 소프트웨어 서비스로, 10~100명의 소규모 사용자만으로도 수익을 낼 수 있고, 개인이 혼자서도 충분히 운영할 수 있다. 기존의 대기업 중심 경제 구조에서 개인 창작자 경제로의 전환이 가속화되고 있는 것이다.

디지털 DIY 문화의 확산

'한 사람을 위한 소프트웨어' 문화가 확산되면서 완전히 나만을 위한 맞춤형 도구들이 일상화되고, 내가 만든 유용한 앱을 이웃과 나누는 공유 문화가 생겨났다. 아이디어를 바로 구현하는 것이 일상이 되는 창작 문화도 자리 잡고 있다.

기존의 '이런 앱 있나?' 하고 찾아서 타협해 사용하던 방식에서, '내가 원하는 대로 만들자' 하고 직접 제작하는 디지털 DIY(Do It Yourself) 문화로 패러다임이 전환된 것이다. 이는 수동적 소비자에서 능동적 창조자로의 변화를 의미한다.

물론 주의해야 할 부분도 있다. 현재의 바이브 코딩은 아직은 단순한 앱이나 특정 기능에 적합하다. 바이브 코딩은 프로토타입 제작에는 훌륭하지만, 복잡한 대규모 시스템에서는 한계가 있다. 중요한 개인정보를 다루는 앱을 만들 때는 전문가와 상의해야 하고, 인터넷에 공개할 앱은 보안 검증이 필수다. 또한 문제가 발생했을 때 스스로 해결할 수 있는 능력의 한계를 인정해야 하며, 상업적으로 사용할 때는 관련 법규를 꼼꼼히 검토해야 한다.

원하는 것은 무엇이든 작성할 수 있는 '코딩의 신세계'가 온다

앞으로 5년 후에는 모든 직장인이 간단한 업무 자동화 도구를 스스로 제작하고, 모든 학부모나 선생님은 아이 맞춤형 교육 앱을 직접 만들어 활용하게 될 것이다. 자신의 관심사와 관련된 전용 앱을 보유하고, 소상공인들은 자신만의 고객 관리 및 서비스 앱을 운영하게 될 것이다.

일상의 작은 불편함들도 직접 해결할 수 있게 된다. 아이가 매일 약 먹는 시간을 깜빡한다면, 아이 얼굴 사진과 함께 알림이 뜨는 전용 앱을 만들면 된다. 매월 가계부 정리가 귀찮다면, 내 소비 패턴을 학습해서 자동으로 분류해주는 가계부 앱을 만들면 된다. 반려동물 산책 기록을 체계적으로 관리하고 싶다면, 산책 시간과 경로를 기록하고 건강 상태를 체크하는 내 강아지만을 위한 전용 건강 관리 앱을 만들면 된다. 나의 독서 목록이나 운동 기록, 키우는 식물의 성장 과정을 관리하는 취미 관리 앱도 만들 수 있다.

기존에는 '이런 앱 있으면 좋겠는데'라고 생각하고 끝났다면, 이제는 '내가 직접 만들어보자'가 가능한 시대가 된 것이다. 이러한 변화는 단순한 기술 발전을 넘어, 개인이 자신의 삶을 완전히 새롭게 설계할 수 있는 무한한 가능성을 열어준다.

VIBE CODING

내 손으로 나만의 업무 도구를 코딩하는 흔한 업무 풍경

▌ "간단한 프로그램 정도는 바로 내가 만들지"

몇 달 전까지만 해도 일반 직장인 김민수 씨에게 코딩이란 다른 세상 이야기였다. 반복적인 데이터 정리나 간단한 보고서 양식 변경조차 IT 부서에 요청하고 기다려야 하는 경우가 다반사였다. 그러나 최근 회사에서 도입한 자연어 기반 바이브 코딩 도구 덕분에 김민수 씨의 일상은 사뭇 달라졌다.

어느 날, 김민수 씨는 매주 수작업으로 취합하던 여러 부서의 주간 업무 현황 데이터를 자동으로 분류하고 요약하는 작업을 시도해보기로 했다. 복잡한 프로그래밍 언어 대신 "각 부서 엑셀 파일에서 담당자별 진행 상황을 추출해서 마감일 순으로 정렬하고, 지연된 업무는 빨간색으로 표시해줘"와 같이 자연어로 AI에게 요청하자, 몇 분 만에 원하는 결과물이 뚝딱 만들어졌다.

처음에는 반신반의했지만, AI가 생성한 코드가 실제로 작동하며 단순 업무 시간을 획기적으로 줄여주는 것을 경험하면서 김민수 씨는 이 기술의 매력에 빠져들었다. 물론 아직은 AI에게 정확한 지시를 내리는 '프롬프트 엔지니어링(Prompt Engineering)'이 익숙지 않아 가끔 시행착오를 겪기도 한다. 그럼에도 이전보다 훨씬 주도적으로 업무를 개선하고 효율성을 높일 수 있게 된 점에 만족하고 있다.

김민수 씨는 요즘 동료들에게 "이 정도면 나도 개발자?"라며 농담을 건네곤 한다. 바이브 코딩은 김민수 씨에게 업무의 자율성과 새로운 가능성을 선물한 셈이다.

"연주자가 아닌 지휘자가 되다"

IT 개발자 최준혁 씨에게 바이브 코딩의 등장은 마치 양날의 검과 같다. 지루한 반복 코딩이나 초기 프로토타입 개발에 소요되던 시간이 AI 덕분에 크게 단축된 것은 분명 혁신적인 변화다. 자연어 프롬프트 몇 줄로 기본적인 코드 골격이 완성되고, 복잡한 API 연동도 AI의 도움을 받아 이전보다 수월하게 해결할 수 있게 되었다.

이제 최준혁 씨는 코드 작성 자체보다는 전체적인 시스템 아키텍처 설계, AI가 생성한 코드의 품질 검증, 잠재적인 보안 취약점 분석 및 디버깅(오류 수정 작업)과 같은 업무에 더 많은 시간을 쏟고 있다. 최준혁 씨의 주된 업무는 AI가 제안하는 코드를 비판적으로 검토하고, 프로젝트의 특수성에 맞게 수정하며, 시스템의 안정성과 확장성을 확보하는 것이다.

때로는 AI가 생성한 코드의 맥락을 이해하고 예상치 못한 오류를 잡아내기 위해 기존보다 더 깊이 있는 시스템 이해와 문제 해결 능력이 요구되기도 한다. '어떻게 하면 AI에게 더 정확하고 효율적인 지시를 내릴까'를 고민하며 프롬프트 엔지니어링 기술을 연마하는 것도 최준혁 씨의 새로운 일과가 되었다.

한편으로는 '코딩의 본질은 무엇인가'라는 근본적인 질문을 스스로에게 던지기도 한다. AI가 코드의 상당 부분을 대체하면서, 개발자의 역할은 코드를 '만드는 사람'에서 AI라는 강력한 도구를 '지휘하고 관리하는 사람'으로 전환되고 있음을 느낀다. 최준혁 씨는 창의적인 문제 해결 능력과 시스템 전체를 조망하는 통찰력, 그리고 끊임없이 새로운 기술을 학습하는 유연성이 더욱 중요해졌다고 생각한다.

"고객님, 바로 만들어드리겠습니다"

영업직 박상현 씨는 바이브 코딩을 통해 고객과의 소통 방식에 큰 변화를 경험하고 있다. 과거에는 고객의 특정 요구사항에 맞는 데모나 맞춤형 자료를 IT 부서나 개발팀에 요청하고, 이를 전달받기까지 며칠씩 기다려야 하는 경우가 많았다. 그러나 이제 박상현 씨는 AI 기반의 내부 솔루션 빌딩 플랫폼을 활용해 간단한 아이디어는 직접 시각화하고, 고객에게 즉각적으로 제시할 수 있게 되었다.

예를 들어 새로운 클라우드 서비스 도입을 망설이는 고객에게 예상 비용 절감 효과를 실시간으로 보여주는 인터랙티브 계산기를 그 자리에서 만들거나, 고객사의 기존 시스템과 회사 솔루션이 연동되는 과정을 간략하게 시뮬레이션하는 프로토타입을 빠르게 제작하여 프레젠테이션에 활용한다.

"이런 기능이 추가되면 좋겠는데, 가능할까요?"라는 고객의 질문에 "잠시만요, 바로 한번 만들어보죠"라며 즉석에서 바이브 코딩으로 간단한 기능을 구현해 보여줄 때, 고객의 눈빛이 달라지는 것을 느낀다.

물론 박상현 씨가 복잡한 애플리케이션을 직접 개발하는 것은 아니다. AI 에이전트를 활용해 마치 레고 블록을 조립하듯 고객의 요구에 맞는 솔루션을 구성하고 시각화하는 수준이다. 하지만 이를 통해 박상현 씨는 고객의 숨겨진 니즈를 더 빠르게 파악하고, 맞춤형 가치를 효과적으로 전달하며 계약 성사율을 높이고 있다.

"유례없이 빨라진 혁신의 속도, 기업은 어떻게 대응해야 할까?"

전략부서 임원 김은정 씨에게 바이브 코딩은 단순한 기술 트렌드를 넘어, 회사의 미래 경쟁력을 좌우할 핵심 요소로 인식된다. 김은정 씨는 이 기술이 가져올 기회와 위험을 분석하고, 이를 기업의 성장 전략에 통합하기 위한 고민이 깊다.

가장 큰 변화는 '혁신의 속도'이다. AI 기반 코딩을 통해 아이디어 구상부터 프로토타입 개발, 시장 검증까지의 주기가 전례 없이 단축되면서, 이전보다 훨씬 더 많은 신규 사업 아이템을 빠르게 테스트하고 시장 변화에 민첩하게 대응할 수 있게 되었다. 김은정 씨는 이러한 변화를 활용하여 새로운 비즈니스 모델을 발굴하고, 틈새시장을 공략하며, 데이터 기반의 의사결정을 가속화하는 방안을 모색하고 있다.

그러나 AI 기반 코딩의 확산이 가져올 기술적·조직적 과제에 대해서도 면밀히 검토하고 있다. AI가 생성한 코드의 품질 관리, 보안 문제, 지적 재산권 이슈, 그리고 기존 개발자들의 역량 전환 및 새로운 AI 관련 직무의 필요성 등은 김은정 씨가 해결해야 할 숙제다.

특히 개발부서와 운영부서가 자연어 기반으로 긴밀하게 협력하며 인프라 관리 및 워크플로를 자동화하는 개념을 회사에 성공적으로 안착시키는 방안도 주요 관심사다. 이를 위해 AI 코드 생성 및 활용에 대한 명확한 거버넌스 체계를 수립하고, 직원 교육 프로그램을 강화하며, 회사의 기술 스택에 컨텍스트 인지 능력이 뛰어난 RAG(Retrieval Augmented Generation, 검색 증강 생성) 시스템과 같은 고급 AI 인프라 도입을 적극 검토하고 있다.

김은정 씨는 바이브 코딩이 회사를 '더 빠르고, 더 유연하며, 더 혁신적인 기업'으로 변모시킬 잠재력을 지니고 있다고 확신한다. 물론 그 과정은 도전의 연속이겠지만, 이 변화의 흐름을 선도하여 회사가 AI 시대를 이끄는 기업으로 도약할 수 있도록 전략적 방향을 제시하는 데 집중하고 있다.

> VIBE CODING

바이브 코딩으로
업무의 패러다임이 바뀐다

앞의 사례에서 보았듯이 바이브 코딩의 등장은 단순히 개발자들의 업무 방식에만 영향을 미치는 것을 넘어, 기업 내 다양한 직군에 걸쳐 역할 변화와 새로운 업무 방식을 촉발하고 있다.

일반 사무직, 자체 솔루션 개발 시대 열려

바이브 코딩은 기술적 배경이 없는 일반 사무직 직원(사업 분석가, 제품 관리자, 디자이너, 운영 담당자)도 자연어를 사용하여 간단한 애플리케이션을 구축하거나, 업무를 자동화하거나, 프로토타입을 제작할 수 있도록 지원한다. 예를 들어 맞춤형 대시보드 구축, 보고서 자동 생성, 간단한 워크플로 도구 개발 등이 가능해진다.

이는 부서별 특정 요구에 맞는 맞춤형 솔루션 개발을 촉진하고, 소규모 개발 작업에 대한 중앙 IT 부서의 의존도를 낮추며, 전반적인 업무 효율성을 향상시킬 수 있다. 다만 이를 위해서는 직원들이 기본적인 AI 활용 능력과 효과적인 프롬프트를 구성하는 방법에 대한 이해를 갖추는 것이 선행되어야 한다.

개발자, AI 오케스트레이터가 되다

바이브 코딩 시대의 개발자는 반복적인 코드 작성 업무에서 벗어나, 보다 고차원적인 설계, 문제 해결, 프롬프트 엔지니어링(AI에게 정확한 지시를 내리는 기술), AI 생성 코드 검토 및 개선, 시스템 통합과 같은 전략적 업무에 집중하게 된다. 개발자는 단순히 코드를 생산하는 사람이 아니라 '결과의 조율자' 또는 'AI 감독관'으로서 AI 시스템을 효과적으로 안내하고 관리하는 역할을 수행한다.

이를 위해 개발자에게는 고급 프롬프트 엔지니어링 기술, AI 생성 결과물에 대한 비판적 평가 능력, AI의 한계에 대한 이해, AI 시스템의 행동을 감독하고 통제하는 역량 등이 새롭게 요구된다. 이러한 변화는 개발자의 생산성을 향상시키고 더 창의적이고 복잡한 문제 해결에 집중할 수 있는 기회를 제공하지만, 동시에 AI에 대한 과도한 의존으로 인해 핵심적인 코딩 기초 역량이 약화될 수 있다는 우려도 존재한다.

영업과 마케팅, 실시간 맞춤형 도구 제작

영업 및 마케팅팀은 바이브 코딩을 활용하여 고객 대면 도구, 인터랙티브 경험 또는 특화된 분석 대시보드의 프로토타입을 신속하게 제작할 수 있다. 예를 들어 영업팀은 특정 고객을 위한 맞춤형 데모 애플리케이션이나 데이터 시각화 자료를 즉석에서 생성할 수 있으며, 마케팅팀은 AI를 활용하여 광고 문구나 시각 자료와 같은 마케팅 자산을 빠르게 생산할 수 있다. 이를 통해 마케팅 캠페인과 고객 참여 전략에 대한 반복적인 개선 주기를 단축하고 시장 변화에 더욱 민첩하게 대응할 수 있게 된다.

임원과 경영진, 전략적 의사결정 지원 강화

임원 및 경영진은 직접 코딩을 하지는 않더라도, 바이브 코딩의 가능성과 한계를 이해함으로써 기술 투자 및 AI 통합에 대한 정보에 입각한 전략적 결정을 내릴 수 있게 된다. AI 생성 구성 요소를 활용하는 프로젝트에 대한 감독 역할이 중요해지며, 새로운 유형의 위험(AI 생성 코드의 품질, 보안 문제)을 인지하고 관리해야 한다. 또한 바이브 코딩을 통해 팀원들이 자체적으로 구축한 맞춤형 데이터 분석 도구나 시뮬레이션 결과에 더 빠르게 접근하여 의사결정의 질을 높일 수 있다.

섀도우 IT 우려와 관리 체계 필요성

바이브 코딩을 통해 비개발 직군이 직접 소프트웨어를 개발할 수 있게 되면 기업에 막대한 분산형 혁신의 잠재력을 제공하지만, 동시에 관리되지 않는 애플리케이션의 난립, 즉 '섀도우 IT(Shadow IT, 중앙 IT 부서의 통제 없이 현업에서 사용하는 IT 솔루션)' 문제를 야기할 수도 있다. 과거에도 현업 부서가 중앙 IT 부서의 통제 없이 자체적으로 IT 솔루션을 도입하면서 보안, 규정 준수, 지원 부재 등의 문제가 발생했던 것처럼, 바이브 코딩 역시 유사한 위험을 내포한다.

따라서 기업은 시민 개발자의 혁신적 잠재력을 최대한 활용하되, 적절한 거버넌스(관리 체계), 교육, 지원 체계를 마련하여 섀도우 IT의 부정적인 측면을 예방하고 관리하는 균형 잡힌 접근 방식을 취해야 한다.

기업 AI 전환 전략의 핵심 요소

바이브 코딩은 단독적인 도구가 아니라 기업의 더 큰 AI 전환 전략의 한 구성 요소로 인식되어야 한다. 바이브 코딩의 도입은 기업의 데이터 거버넌스, 보안 정책, 윤리적 AI 원칙과 반드시 부합해야 한다. 또한 바이브 코딩은 기업 전반에 걸쳐 AI 기반 애플리케이션 및 서비스 개발을 가속화하는 데 중요한 역할을 한다.

마이크로소프트와 구글이 이미 AI 도구를 사용하여 자사 코드의 최대 30%를 생성하고 있으며, 메타는 이 비율을 1년 내에 50%까지 끌어올릴 목표를 가지고 있다는 사실은 다른 기업들도 따르게 될 주요 전략적 변화의 신호로 해석된다.

VIBE CODING

바이브 코딩 시대, 기업의 생존 전략은?

아이디어를 즉시 수익으로: 초고속 비즈니스 실현

바이브 코딩은 기업의 비즈니스 모델 혁신과 경쟁 우위 확보를 위한 강력한 동인이다. 단순한 기술적 발전을 넘어 전면적인 사업 방식의 변화를 가져온다.

바이브 코딩은 최소기능제품(MVP) 및 프로토타입 제작 속도를 극적으로 향상시킨다. 예를 들어 이벤트 관리 앱을 한 시간 만에 구축하거나 SEO(Search Engine Optimization, 검색엔진 최적화) 계산기를 빠르게 개발하는 것이 가능하다. 그 결과 기업은 아이디어를 신속하게 테스트하고 시장 피드백을 조기에 확보하며 제품 개선 주기를 단축한다. 초기 개발 비용 절감은 새로운 사업 진입 장벽을 낮춘다.

개발의 용이성은 전통적인 개발 비용으로는 경제성이 낮았던 틈새시장을 위한 전문화된 도구 개발을 가능하게 한다. 이는 개인이나 소규모

그룹을 위한 '대량 개인화(mass personalization)' 소프트웨어 경험을 제공한다. 실제로 SummedUp.ai(요약 서비스), Curiosity Quench(정보 도구), 다양한 틈새시장용 AI 봇 생성기 등이 바이브 코딩을 통해 수익을 창출하는 사례이다.

기업은 새로운 AI 기반 애플리케이션이나 '한 사람을 위한 소프트웨어' 도구를 개발·판매하여 새로운 수익원을 창출한다. 바이브 코딩 기반 개발 서비스 제공이나 특정 산업용 플랫폼 구축도 가능하다. 수익 모델에는 구독, B2B 라이선싱, API 사용량 기반 과금, 광고 수익, 맞춤형 콘텐츠 판매가 포함된다.

바이브 코딩은 소프트웨어 개발의 민주화를 넘어 새로운 디지털 제품의 시장 진입 장벽을 낮춘다. 코딩 기술이 부족한 개인이나 소규모 팀도 신속하게 제품을 개발·출시할 수 있게 되면서 전통적인 진입 장벽이 완화된다. 따라서 틈새시장을 공략하는 수많은 애플리케이션과 서비스의 폭발적 증가가 촉발되며, 기존 기업들은 더욱 다양하고 민첩한 소규모 경쟁자들의 도전에 직면한다.

바이브 코딩으로 제작된 프로토타입의 '일회성(throwaway)' 특성은 기업의 투자 전략을 변화시킨다. 단일 대형 제품 완성도 향상에서 다수의 소규모 실험적 프로젝트 포트폴리오 관리로 전환한다. 기능적 프로토타입 제작이 빠르고 저렴해지면서 기업이 더 많은 아이디어를 테스트할 수 있기 때문이다. 연구개발(R&D) 전략이 소수의 고위험 대규모 프로젝트에서 다수의 소규모 탐색적 프로젝트로 이동한다.

함정에 빠지지 않기: 기업 내 AI 코딩 도입 위험 관리

그러나 바이브 코딩은 혁신적인 잠재력과 함께 다양한 과제와 위험 요소를 수반한다.

바이브 코딩으로 생성된 코드의 품질은 프롬프트의 명확성과 AI 모델의 능력에 따라 달라지며, 비효율적이거나 논리적 오류를 포함할 가능성이 있다. AI가 생성한 코드는 구조가 불투명하여 디버깅이 매우 어렵고, 이러한 '코드 불투명성(code opacity)'은 개발자가 내부 작동 방식을 이해하는 것을 방해한다.

보안 측면에서 AI는 안전한 코딩 관행을 우선시하지 않거나 학습 데이터에 포함된 취약점을 복제한다(예: SQL 인젝션, XSS). LLM은 존재하지 않거나 안전하지 않은 라이브러리를 제안하는 '환각' 현상을 보이며, AI가 취약한 의존성을 도입할 경우 소프트웨어 공급망 위험이 증가한다.

AI가 생성한 코드의 구조가 제대로 관리되지 않으면 유지보수가 어려워져 '기술 부채'로 이어진다. AI에 대한 과도한 의존은 개발자들의 핵심적인 코딩, 디버깅, 문제 해결 능력의 퇴보를 초래한다. AI가 생성한 코드의 소유권 및 지적 재산권 문제는 여전히 모호한 영역이며, HIPAA(Health Insurance Portability and Accountability Act, 의료 정보 보호법), GDPR(General Data Protection Regulation, 일반 데이터 보호 규정)과 같은 규정 준수 확인도 중요하다.

기업 환경에서 바이브 코딩 도입의 주요 장애물은 기술적 문제를 넘어 조직적·문화적 측면에 있다. 전통적인 거버넌스 방식은 바이브 코딩의 신속하고 반복적인 특성에 부적합하며, AI 생성 코드의 블랙박스적 특성은 중요한 시스템 지식을 소수에게 집중시켜 새로운 문제를 야기시킨다.

기업의 바이브 코딩 성공 로드맵

바이브 코딩 시대의 성공은 기술 그 자체가 아니라 이를 어떻게 구현하고 조직 문화에 통합하느냐에 달려 있다. 기업은 바이브 코딩을 단순한 도구가 아닌 조직의 민첩성을 높이고 혁신을 가속화하며 새로운 가치를 창출할 수 있는 전략적 자산으로 인식해야 한다.

바이브 코딩의 잠재력을 효과적이고 책임감 있게 활용하고자 하는 기업에게는 몇 가지 핵심적인 전략적 고려사항이 필요하다.

기업은 AI 코딩 어시스턴트 사용에 대한 명확한 정책을 수립해야 한다. 여기에는 데이터 프라이버시, 보안 표준, 지적 재산권 소유권이 포함되어야 한다. 중요한 애플리케이션에 대해서는 AI 생성 코드를 검토, 검증, 테스트하기 위한 강력한 인간 참여형(human-in-the-loop) 프로세스를 구현하는 것이 필수적이다.

AI 감독에 대한 역할과 책임을 명확히 정의하고, AI가 생성한 결과물에 대해 누가 책임을 질 것인지 규정해야 한다. 안드레이 카르파티가 언급했듯이, AI가 생성하는 '헛소리'를 통제하기 위해 AI에 '단단한 목줄(tight leash)'을 채우는 것과 같은 신중한 접근이 필요하다.

기업은 바이브 코딩 도구의 기능과 한계를 파악하기 위해 통제된 환경에서의 실험을 장려해야 한다. 모든 직원이 AI 활용 능력을 개발하고 새로운 업무 방식에 적응할 수 있도록 지속적인 학습 기회를 제공하는 것이 중요하다. 동시에 AI를 통한 생산성 향상과 핵심적인 코딩 기초 역량 유지 사이의 균형을 맞추는 노력도 병행되어야 한다.

프롬프트 엔지니어링은 개발자뿐만 아니라 조직 전체에 걸쳐 중요한 새로운 기술로 인식되어야 한다. AI 시스템을 정확하게 안내하기 위해 명확하고 효과적인 프롬프트를 작성하는 방법에 대한 교육을 제공해야 한다.

바이브 코딩의 성공적인 도입은 전통적인 방식을 완전히 대체하는 것이 아니다. AI가 뛰어난 분야와 인간의 전문성이 여전히 필수적인 분야를 명확히 구분하여 전략적으로 보강하는 데 달려 있다. 연구 결과들은 AI를 완전한 대체재가 아닌 보조자 또는 파트너로 지속적으로 지목하고 있다. 최적의 전략은 바이브 코딩의 강점(신속한 프로토타이핑, 반복 작업 감소)이 가장 큰 가치를 제공하는 영역에 선택적으로 통합하고, 복잡한 문제 해결, 비판적 검토, 전략적 의사결정 등에는 인간의 전문성을 유지하는 것이다.

바이브 코딩의 진정한 투자 수익률(Return on Investment, ROI)은 개발 비용의 직접적인 절감뿐만 아니라 기업 전체에 걸쳐 확보되는 전략적 민첩성과 혁신 역량에서 실현된다. 효율성 향상은 분명 주목할 만한 이점이지만, 혁신 가속화, 시장 출시 기간 단축, 새로운 틈새시장 공략, 더 많은 직원의 솔루션 개발 기여 등 더욱 심오한 영향이 중요하다. 기업은 바이브 코딩을 평가할 때 단기적인 운영 효율성뿐만 아니라 광범위한 전략적 가치와 혁신 동력으로서의 잠재력을 함께 고려해야 한다.

VIBE CODING

왜 코딩을 모르는 비개발자도 바이브 코딩을 배워야 하나?

우리가 코딩을 배워야 하는 이유: 생존과 성장을 위한 코딩

생성형 AI가 인간 전문가 수준의 코드를 순식간에 만들어내는 시대가 열리면서, 코딩 교육의 근본적인 가치에 대한 회의론이 고개를 들고 있다. 실제로 오픈AI의 '코파일럿(Copilot)'이나 아마존의 '코드위스퍼러(CodeWhisperer)' 같은 AI 코딩 도구들은 개발자의 생산성을 2배 이상 향상시켰고, 이로 인해 구글과 같은 빅테크 기업들은 개발자 채용 규모를 줄이고 있다. 이러한 현상은 '과연 인간이 코딩을 배울 필요가 있는가?'라는 본질적인 질문을 던진다.

그러나 이러한 '코딩 무용론'은 AI와 인간의 역할을 오해한 데서 비롯된 피상적인 결론이다. AI 시대에 코딩 교육은 사라지는 것이 아니라, 그 본질과 목적이 더욱 심화되고 중요해진다. 과거 코딩이 컴퓨터에 명령을 내리는 '타이핑' 기술에 가까웠다면, 이제는 AI에게 정확하고 효율적인 지시를 내리고, 그 결과를 비판적으로 평가하며, 창의적인 해결책을 설계하는 '사고의 언어(Language of Thought)'로 진화하고 있다.

이러한 변화는 읽고 쓰는 능력, 즉 리터러시(Literacy)의 역사와 닮아 있다. 인쇄술이 발명되기 전, 소수의 필경사만이 글을 쓸 수 있었다. 그러나 인쇄술의 발명으로 지식이 대중화되자, 단순히 글자를 베껴 쓰는 능력보다 자신의 생각을 글로 표현하고 타인의 글을 비판적으로 읽어내는 능력이 훨씬 중요해졌다. 이제 누구나 AI의 도움을 받아 코드를 '생산'할 수 있지만, 좋은 코드를 만들기 위한 논리적 구조를 설계하고(글의 개요 짜기), AI에게 명확한 요구사항을 전달하며(좋은 글쓰기), AI가 생성한 코드의 오류를 찾아내고 개선하는(퇴고와 편집) 능력은 코딩의 기본 원리를 아는 사람만이 가질 수 있다.

결국 미래 노동시장의 격차는 '코딩을 할 줄 아는 사람'과 '못 하는 사람' 사이에서가 아니라, 'AI를 제대로 활용하는 사람'과 '그렇지 못한 사람' 사이에서 발생할 것이다. 코딩에 대한 기본적 이해는 이 'AI 활용 격차'를 가르는 결정적인 기준선이 된다. 코딩 지식이 없는 사용자는 AI에게 피상적인 명령밖에 내릴 수 없는 '승객'에 머무르지만, 코딩의 논리를 아는 사용자는 AI를 정교하게 조종하여 원하는 목적지로 향하는 '운전자'가 될 수 있다. AI 시대에 코딩을 배우지 않는 것은, AI라는 가장 강력한 도구를 눈앞에 두고도 그 사용법을 익히지 않아 스스로 '신문맹(新文盲)'의 길을 선택하는 것과 같다. 코딩은 이제 특정 직업의 기술이 아니라, AI 시대를 살아가는 기본 소양이다.

코딩은 기술이 아니라 '생각의 근육'을 키우는 운동이다

많은 사람이 코딩 교육을 프로그래머나 개발자를 양성하기 위한 전문 기술 교육으로 오해한다. 그러나 코딩 교육의 진정한 가치는 복잡한 문제를 논리적으로 분석하고, 효율적인 해결책을 설계하며, 창의적인 대안을 모색하는 범용적 사고 능력, 즉 '컴퓨팅 사고력(Computational Thinking, CT)'을 기르는 데 있다. 코딩은 기술을 배우는 행위를 넘어 '생각하는 근육'을 단련하는 가장 효과적인 훈련이다.

컴퓨팅 사고력이란 인간의 창의적이고 직관적인 사고와 컴퓨터의 논리적이고 체계적인 처리 능력을 결합한 고차원적인 문제 해결 방식이다. 이는 크게 네 가지 핵심 요소로 구성된다.

- 분해(Decomposition): 크고 복잡한 문제를 작고 관리 가능한 단위로 나누는 능력이다.
- 패턴 인식(Pattern Recognition): 문제들 사이의 유사성이나 반복되는 규칙을 찾아내는 능력이다.
- 추상화(Abstraction): 문제의 핵심 원리를 파악하고 불필요한 세부사항은 과감히 제거하여 문제를 단순화하는 능력이다.
- 알고리즘 설계(Algorithm Design): 문제 해결을 위한 단계별 절차나 명확한 규칙을 만드는 능력이다.

이러한 사고 과정은 코딩을 할 때 자연스럽게 체득된다. 예를 들어 하나의 앱을 개발하는 과정은 거대한 목표를 로그인 기능, 게시판 기능 등

작은 모듈로 '분해'하는 것에서 시작한다. 각 기능에서 반복되는 코드를 발견하여 재사용하는 것은 '패턴 인식'에 해당한다. 사용자와 직접 상호 작용하지 않는 복잡한 서버 로직을 숨기고 간단한 버튼으로 기능을 제공하는 것은 '추상화'의 원리다. 그리고 이 모든 과정을 순서에 맞게 설계하는 것이 바로 '알고리즘'이다.

이처럼 코딩을 통해 컴퓨팅 사고력을 훈련하면 다양한 지적 능력이 함께 성장한다. 우선 논리적 사고와 문제 해결 능력이 비약적으로 향상된다. 코드는 단 하나의 논리적 오류만 있어도 작동하지 않기 때문에, 학습자는 자연스럽게 엄밀하고 체계적으로 생각하는 습관을 들이게 된다. 이는 수학이나 과학과 같은 다른 학문 분야의 학습 능력까지 견인하는 효과가 있다.

창의성도 촉진된다. 코딩은 아이디어를 즉시 현실로 구현하고, 실행 결과를 바로 확인하며, 실패를 통해 배우는 반복적인 과정을 거친다. 이러한 '가설-실험-검증'의 순환은 기존의 틀을 깨는 새로운 아이디어를 탐색하고 발전시키는 창의적 활동의 본질과 같다. 컴퓨팅 사고력은 공학뿐만 아니라 인문, 사회, 예술 등 인간의 모든 창작 활동에 적용될 수 있는 강력한 도구이다.

컴퓨팅 사고력은 단순히 하나의 기술이 아니라, 다른 모든 것을 더 잘 배울 수 있게 만드는 '메타 기술(Meta-skill)'이다. 어떤 문제든 체계적으로 접근하고, 실패를 두려워하지 않으며, 끈기 있게 해결책을 탐색하는 태도를 길러주기 때문이다. 또한 코딩은 과거 소수의 전문가에게만 허락되었던 '창조'의 경험을 대중에게 선사한다. 아이디어만 있다면 누구나 코딩을 통해 자신만의 도구, 서비스, 예술 작품을 만들 수 있다.

나의 몸값을 높이는 코딩의 힘

코딩은 직장에서의 생산성을 높여 개인의 '몸값'을 올리는 확실한 방법이며, 나아가 새로운 수익원을 창출하여 '부'를 쌓는 새로운 기회의 문을 열어준다.

대부분의 직장인은 매일 반복적인 업무에 상당한 시간을 소모한다. 파이썬과 같은 비교적 배우기 쉬운 프로그래밍 언어는 이러한 비효율을 극적으로 개선할 수 있다. 수백 개의 엑셀 파일에서 특정 데이터를 취합하거나, 수십 명에게 형식이 다른 이메일을 보내거나, 웹사이트에서 정기적으로 정보를 수집하는 작업 등은 코딩을 통해 자동화할 수 있다. 1,000명의 이름표를 만들기 위해 5시간 이상 걸리던 단순 반복 작업을 단 몇 분 만에 끝내는 자동화 스크립트를 작성하는 것이 가능하다. 이는 단순히 시간을 절약하는 것을 넘어, 직장인이 더 창의적이고 부가가치가 높은 업무에 집중할 수 있도록 만들어 개인과 조직 전체의 생산성을 높인다.

또한 코딩 능력은 흩어져 있는 방대한 데이터를 수집하고 분석하여 의미 있는 통찰을 이끌어내는 핵심 역량이다. 고객 행동 데이터, 판매 실적, 생산 공정 데이터 등을 분석하여 시장의 변화를 예측하고, 재고를 최적화하며, 비즈니스 전략을 수립하는 능력은 모든 산업 분야에서 강력한 경쟁력이 된다. 제조업에서는 예측 분석을 통해 장비 고장을 미리 방지하고, 소매업에서는 수요 예측으로 재고 비용을 절감하며, 금융업에서는 고객 데이터 분석으로 새로운 금융 상품을 개발한다. 이는 더 이상 데이터과학자만의 영역이 아니다. 현업을 가장 잘 아는 직장인이 데이터 분석 능력을 갖추었을 때, 가장 현실적이고 효과적인 문제 해결이 가능하다. 이러한 능력은 개인의 성과를 극대화하고, 조직 내에서 대체 불가능한 인재로 자리매김하게 하여 '몸값'을 높이는 가장 확실한 경로다.

VIBE CODING

'아이디어'가 돈이 되는
코딩의 연금술

▍'부'를 만드는 코딩의 가치

코딩은 단순한 기술을 넘어 새로운 수익원을 창출하여 '부'를 쌓는 새로운 기회의 문을 열어준다. 크몽(Kmong)과 같은 재능 마켓 플랫폼에서는 웹사이트의 데이터를 자동으로 수집하는 '웹 크롤링(Web Crawling)' 의뢰만으로 건당 10만 원에서 100만 원까지 수익을 올리는 것이 가능하다. 챗GPT와 같은 AI 도구와 자신의 글쓰기 능력을 결합하여 콘텐츠 제작 서비스를 제공하고 9개월 만에 630만 원의 부수입을 올린 사례도 있다. 웹사이트 제작, 앱 테스트, 디지털 마케팅 등 코딩 기반의 부업 시장은 무궁무진하다.

더 나아가 코딩은 '1인 창업'의 리스크를 낮출 수 있다. 과거 식당이나 가게를 여는 창업이 막대한 초기 자본을 필요로 하는 '높은 위험의 도박'이었다면, 코딩을 통한 앱이나 서비스 개발은 최소한의 비용으로 아이디어를 검증하고 시장의 반응을 살필 수 있는 '낮은 위험의 실험'을 가능하게 한다. 주말을 이용해 최소기능제품을 만들어보고, 시장성이 확인되면 본격적으로 사업을 확장하는 전략이 가능하다.

이미 수많은 성공 사례가 이를 증명한다. 코딩은 자신의 아이디어를 자본으로 전환하고, 경제적 독립을 이룰 수 있는 가장 강력한 기회를 제공한다.

요가에 미친 이가 만든 10시간의 기적

IT 전문 미디어 '이오플래닛(EO planet)'에 "비개발자가 10시간 만에 바이브 코딩으로 AI 서비스 만들기 도전기(Feat. 요가에 미친 자)"라는 흥미로운 제목의 기사가 실린 적이 있다. 코딩에 대해 전혀 지식이 없었던 주인공은 요가 강사들이 매번 수업을 준비할 때마다 수많은 동작을 조합해 새로운 순서(시퀀스)를 짜는 과정이 매우 반복적이고 창의력을 많이 소모한다고 생각했다. '만약 버튼 하나만 누르면, 그날의 컨디션이나 수업 레벨에 맞는 요가 시퀀스가 마법처럼 짠 하고 나타난다면 얼마나 좋을까?' 이 단순한 아이디어가 바이브 코딩의 출발점이었다.

과거 같았으면 이 아이디어는 머릿속에서 맴돌다 사라졌을 것이다. 개발자를 구하는 것도 어렵고, 직접 코딩을 배우기엔 시간이 너무 오래 걸리고 귀찮기도 했다. 하지만 그는 바이브 코딩이라는 새로운 무기를 내세워 도전에 나섰다. 그의 역할은 코드를 한 줄 한 줄 작성하는 것이 아니라 생각과 아이디어를 AI에게 대화를 통해 전달하는 것이었다.

"사용자가 '초급', '중급', '고급' 레벨과 '30분', '60분' 시간을 선택할 수 있는 메뉴를 만들어줘."

"선택이 끝나면 '시퀀스 생성하기' 버튼을 중앙에 배치해줘."

"생성된 동작들은 보기 좋게 카드 형태로 보여주고, 각 카드에는 요가 동작 이미지도 넣어줘."

이렇게 자연스러운 말로 요구사항을 전달할 때마다 AI는 숙련된 개발자처럼 즉시 코드를 생성하고 화면에 기능을 구현했다. 막히는 부분이 생겨도 "이 코드가 왜 작동하지 않는지 알려줘"라고 요청하면, AI가 오류의 원인을 분석하고 해결책까지 제시해주었다.

그 결과는 놀라웠다. 며칠은 족히 걸릴 웹 애플리케이션의 핵심 기능이, 커피를 마시고 아이디어를 구상하는 시간을 포함해 단 10시간 만에 완성된 것이다. 코딩 경험이 전무했던 한 개인의 아이디어가 온전히 작동하는 웹 서비스로 탄생하는 기적이 일어난 순간이다.

AI로 앱 3개를 만들어
18개월 만에 1,000만 달러를 번 23세 청년

이번엔 대학을 졸업하고도 직장을 구하지 못해 경제적으로 어려움을 겪던 한 청년의 이야기다. 23세의 블레이크 앤더슨(Blake Anderson)은 취업을 하지 못해 힘든 하루하루를 보내고 있었다. 어느 날 그는 친구들이 데이팅 앱에서 무슨 말을 해야 할지 어려워하는 모습을 보고, AI가 대화를 도와주는 아이디어를 떠올렸다. 그는 대학에서 금융과 컴퓨터과학을 공부했지만, 앱 개발 경험은 전혀 없었다. 하는 수 없이 챗GPT를 스승 삼아 코딩을 독학하기 시작했다. 그리고 몇 달 만에 데이팅 앱에서 대화를 돕는 앱 'Rizz GPT'의 최소기능제품을 출시했다. 첫 버전은 디자인도 엉망이고 알림 기능조차 없었지만, 핵심 아이디어만은 분명했다. 그리고 수중에 있던 단돈 100달러(약 13만 원)를 틱톡 인플루언서 마케팅에 투자했다.

결과는 폭발적이었다. 단 하룻밤 사이에 4만 5,000건의 다운로드가 발생한 것이다. 아이디어가 시장에서 통한다는 것을 확인한 그는 이후 'Umax'(외모 개선을 돕는 앱), 'Cal AI'(다이어트 시 식단 관리를 돕는 앱)를 연달아 개발했다. AI 미용 앱 Umax는 월 10만 달러의 수익을, 세 번째 앱은 출시 6개월 만에 월 100만 달러의 수익을 달성하면서 2년도 채 안 되어 1,000만 달러(약 130억 원) 이상을 벌어들였다. "절박함이 성공의 가장 큰 원동력"이었다고 말하는 블레이크 앤더슨은 AI 덕분에 코딩의 진입 장벽이 극적으로 낮아졌다는 것과 소셜 미디어의 파급력이라는 두 가지 거대한 흐름을 포착해 큰 부를 거머쥘 수 있었다. SNS 트렌드를 파악해 사람들이 원하는 걸 정확히 알아냈고 발 빠르게 그에 맞는 앱을 만들어낸 것이다. AI가 아니었다면 엄두도 못 냈을 일을 단 몇 개월 만에 구현했고, 그의 생각은 '돈'으로 탈바꿈하였다.

바이브 코딩으로 '생각'이 돈이 되는 시대

'코딩'이라는 단어를 들으면 어떤 생각이 드는가? 아마 많은 사람이

'복잡한 외국어', '전문가의 영역'이라며 나와는 상관없는 일이라고 선을 그을 것이다. 하지만 만약 당신의 머릿속에만 있던 번뜩이는 아이디어를 말 몇 마디로 뚝딱 현실의 프로그램으로 만들 수 있다면 어떨까? 이것이 바로 코딩을 전혀 모르는 일반 사용자도 바이브 코딩을 배워야 하는 이유이며, 이는 더 이상 선택이 아닌 생존의 문제가 되고 있다.

지금까지는 좋은 아이디어가 떠올라도 그것을 실현할 방법을 몰라 포기하는 경우가 많았다. 개발자를 찾거나, 수백 시간을 들여 코딩을 배워야 하는 거대한 벽이 존재했기 때문이다. 바이브 코딩은 이 벽을 허물어 버린다.

앞에서 소개한 두 사례는 바이브 코딩이 단순히 코드를 대신 써주는 것을 넘어, 기술 지식이 없는 개인에게 '생각과 아이디어'를 어떻게 '부'의 형태로 돌려주는지를 명확히 보여준다. 이제 더 이상 기술이 없다는 이유로 소중한 아이디어를 남에게 의존하거나 사장시킬 필요가 없다.

VIBE CODING

창의적인 생각과 빠른 속도로 미래를 코딩하다

**기술 장벽이 사라진 새로운 기회,
중요한 것은 '기술'이 아닌 '생각'**

과거에는 '얼마나 코딩을 기술적으로 잘하는가'가 중요했다. 하지만 이제 AI가 지루하고 반복적인 코딩 작업을 대부분 처리해준다. 앞으로 중요해지는 능력은 '이 기술로 어떤 문제를 해결할까?', '어떻게 하면 사용자에게 더 큰 가치를 줄 수 있을까?'를 고민하는 기획력과 문제 해결 능력이다. 바이브 코딩은 기술 구현의 부담을 덜어주고, 오롯이 이런 본질적인 고민에만 집중하게 해준다. 즉 바이브 코딩은 코딩 기술을 배우는 것이 아니라, '내 생각을 논리적으로 표현하고 구체화하는 훈련'이다. 이는 직업이나 역할에 상관없이 모든 현대인에게 필요한 핵심 역량이다.

지금까지 좋은 아이디어가 있어도 기술적 장벽 때문에 실현하지 못하는 경우가 많았다. 머릿속에 참신한 아이디어가 떠올라도 프로그래머를 찾아야 했고, 높은 개발 비용을 감당해야 하며, 복잡한 코딩을 직접 배워야 했다. 하지만 바이브 코딩은 복잡한 프로그래밍 언어 대신 평소 쓰는 언어로 AI에게 지시만 하면 된다. "파란색 버튼 하나 만들어줘"라고 말하면, AI가 이를 이해하고 필요한 코드를 자동으로 생성해준다.

바이브 코딩이 진화하면 앞으로 서비스 기획자, 창업 준비자, 디자이너, 경영 관리자 등 누구나 자신의 생각을 직접 소프트웨어로 구현할 수 있게 된다. 특히 기술이나 자금, 인력이 부족한 개인이나 소규모 팀에게는 완전히 새로운 가능성의 문이 열린 것이다.

속도가 곧 경쟁력

현대사회에서 아이디어의 가치는 얼마나 빨리 실현하느냐에 달려 있다. 바이브 코딩의 가장 큰 장점은 바로 이 속도다. 아이디어가 떠올랐을 때 며칠이 아닌 몇 시간, 심지어 몇 분 만에라도 기본적인 시제품(프로토타입)을 만들 수 있다.

자신의 아이디어가 실제로 작동하는 것을 빠르게 확인할 수 있으면, 더 큰 동기부여와 자신감을 얻게 된다. 또한 빠르게 만들고 사용자 피드백을 받아 개선하는 현대적인 개발 문화와도 완벽하게 맞아떨어진다.

또한 AI가 반복적이고 기술적인 부분을 처리해주면, 우리는 더 본질적인 문제에 집중할 수 있다. "이 도구로 어떤 문제를 해결할 수 있을까?", "어떻게 하면 더 창의적이고 사용자에게 도움이 되는 결과물을 만들까?" 같은 중요한 질문에 더 많은 시간을 쓸 수 있다. 개발의 무게중심이 '얼마나 코딩을 잘하느냐'에서 '얼마나 기발하고 가치 있는 아이디어를 표현하느냐'로 이동함에 따라 바이브 코딩은 일반 사용자에게도 큰 '부의 기회'를 제공한다.

필수 소양이 되어가는 코딩

이러한 변화 속에서 혼자서 1조 원 이상의 가치를 가진 유니콘 기업(기업가치 1조 원 이상의 스타트업)을 만드는 것도 더 이상 꿈같은 이야기가 아니다. 단 한 명의 개발자가 AI의 강력한 지원을 받아 복잡하고 규모가 큰 서비스나 게임을 빠른 속도로 개발하고 시장에 출시할 수도 있는 것이다. 이는 결코 먼 미래의 일이 아니다.

커서, 러버블과 같은 바이브 코딩 툴뿐만 아니라 챗GPT, 구글 제미나이(Gemini), 클로드 등의 생성형 AI는 이미 대화를 통해 실제 작동하는 코드를 만들어주고, 오류를 찾아 수정하는 것까지 도와주고 있다. 러버블 같은 바이브 코딩 툴은 코딩 경험이 전혀 없는 비개발자가 기획서 수준의 설명만으로도 실제 작동하는 시제품을 만들 수 있도록 특화되어 있다.

앞으로 코딩 능력은 전문가의 영역에서 벗어나 글쓰기나 외국어처럼 누구나 갖춰야 할 기본 소양이 될 가능성이 높다. 이는 마치 인터넷이 처음 보급될 때와 유사하다. 처음 인터넷이 등장했을 때는 어렵게만 보이는 인터넷에 쉽게 다가가지 못했다. 하지만 지금은 인터넷 없이는 경제 활동과 소통조차 불가능하다.

마찬가지로 AI와 대화하고 협업하여 무언가를 만들어내는 능력은 머지않아 글을 읽고 쓰는 것처럼 당연한 기본 소양이 될 것이다. 이 거대한 변화의 흐름에서 소외되지 않고 나의 경쟁력을 유지하기 위한 최소한의 준비가 바로 바이브 코딩을 익히는 것이다. 바이브 코딩을 이해하고 활용하는 것은 단순히 기술을 배우는 것이 아니다. 자신의 아이디어를 현실로 만들 수 있는 힘을 갖는 것이다. 기술의 벽에 막혀 포기했던 수많은 아이디어들이 바이브 코딩의 힘을 빌려 이제는 실현 가능해진 것이다.

개발자들도 마찬가지다. 개발자의 역할도 단순히 코드를 짜는 전문가를 넘어서서 좋은 아이디어를 내는 기획자, 만들어진 제품의 품질을 관리하는 역할까지 확장될 것이다. 앞으로 중요해질 역량은 기술 자체가 아니라, 기술을 활용해 어떤 가치를 만들고 문제를 해결할지 상상하는 능력이다. 그리고 AI라는 강력한 도구와 효과적으로 협업하는 능력이다.

바이브 코딩을 배워야 하는 당위성은 명확하다. 이러한 변화의 물결에 동참하지 않는다면, 우리는 엄청난 기회를 놓치게 될 것이다. 바이브 코딩은 어쩌면 단순한 기술 트렌드가 아니다. 이는 기술의 장벽에 막혀 있던 개인의 창의성과 잠재력이 해방되고, 아이디어를 가진 사람이 중심이 되는 미래 사회에서 나의 가치를 증명하는 가장 확실한 방법이다. 우리의 머릿속에는 아직 실현되지 못한 수많은 아이디어가 잠자고 있다. 바이브 코딩은 그 아이디어를 깨워 현실로 만드는 가장 빠르고 쉬운 열쇠다. 우리 모두가 창작자가 될 수 있는 새로운 시대의 혁명이 시작된다.

| VIBE CODING |

내 자녀에게
코딩 교육은 필요할까?

"AI가 대신 코드를 짜주는 시대에, 아이들이 코딩을 배우는 게 의미가 있을까?" 이는 코딩 교육의 필요성에 대한 가장 강력하고 도전적인 질문이다. 실제로 AI 기술의 발전은 소프트웨어 개발의 패러다임을 바꾸고 있으며, 교육의 목표와 방향에 대한 근본적인 재검토를 요구한다. 그러나 AI의 등장이 코딩 교육의 종말을 의미하는 것은 아니다. 오히려 코딩 교육의 중요성을 재정의하고 인간 고유의 역량이 무엇인지를 더욱 분명하게 만드는 계기가 된다.

코딩 교육은 시간 낭비다?

"코딩 교육은 시간 낭비다." 경제협력개발기구(OECD)의 교육 정책을 총괄하는 안드레아스 슐라이허(Andreas Schleicher) 국장의 이 발언은 전 세계 교육계에 큰 파장을 일으켰다. 그는 아이들이 코딩을 배우더라도 대학을 졸업할 때쯤이면 AI가 코딩을 쓸모없게 만들 것이라고 예측했다. AI가 코딩을 자동화하는 현실 앞에서 코딩 교육의 무용론은 설득력을 얻는다. 특정 프로그래밍 언어의 문법을 외우고 코드를 작성하는 능력이 마치 과거 타자기가 자동화되면서 타이피스트라는 직업이 사라진 것처럼 대체될 수 있는 기술로 보이기 때문이다.

그러나 이러한 주장은 코딩 교육의 본질을 오해한 데서 비롯된다. 코딩이라는 행위의 '도구적 측면(특정 언어 구사 능력)'과 '사고적 측면(컴퓨팅 사고력)'을 혼동하고 있기 때문이다. 아이들에게 글쓰기를 가르치는 이유는 모두를 소설가로 만들기 위함이 아니다. 자신의 생각을 논리적으로 구조화하고, 설득력 있게 주장하며, 타인과 명확하게 소통하는 능력을 길러주기 위함이다. 마찬가지로 코딩 교육의 핵심 목표는 아이들을 코딩 기계로 만드는 것이 아니라, 복잡한 문제를 분석하고, 해결 과정을 설계하며, 논리적으로 추론하는 컴퓨팅 사고력을 함양하는 데 있다. AI가 훌륭한 문장을 생성해낼 수 있다고 해서 우리가 글쓰기 자체를 포기하지 않는 것과 같은 이치다. AI 시대에 인간 '코더(coder)'의 역할은 바뀔지 몰라도, '생각하는 인간(thinker)'의 역량은 그 어느 때보다 중요해진다.

우리 아이, 코딩 교육 꼭 필요한가?

'남들 다 코딩 학원 보내는데 우리 아이만 뒤처지는 것 아닐까?' 많은 학부모가 이런 고민을 한다. 2018년부터 소프트웨어 교육이 의무화되고 일부 대학에 소프트웨어 특기자 전형까지 생긴다는 소식에, 특히 교육열이 높은 학부모들은 초등학교 입학 전에 코딩을 선행 학습시켜야 하나 불안해하기도 한다. 마치 코딩을 일찍 시작해야만 미래의 마크 저커버그나 스티브 잡스(Steve Jobs)로 키울 수 있을 것 같은 기대와 불안이 교차하는 것이다.

그러나 어린 나이에 코딩을 배운다고 해서 당장 복잡한 모바일 앱이나 게임 프로그램을 척척 만들어내는 개발자가 되는 것이 아니다. 코딩 교육은 아이를 천재 프로그래머로 만들기 위한 것이 아니라, 문제를 논리적으로 해결하는 사고력(컴퓨팅 사고)을 키워주기 위한 것이다. 다시 말해, 아이가 어떤 문제에 직면했을 때 그 문제를 정확히 이해하고, 이를 작은 단위로 쪼개어 가장 효율적인 해결 방법을 찾는 능력을 길러주는 것이 핵심이다. 이러한 능력은 비단 소프트웨어 분야뿐만 아니라 모든 학습과 삶의 과제 해결에 밑바탕이 된다. 따라서 학부모가 코딩 실력 자체에 집착하기보다는 코딩을 통해 배우는 사고 과정에 주목하는 것이 중요하다.

또 다른 걱정으로는 '우리 아이는 컴퓨터는 좋아하지만 코딩은 어려워하지 않을까?'라는 불안이다. 하지만 요즘의 코딩 교육은 놀이와 프로젝트 중심으로 이뤄져 아이들이 재미를 느끼며 참여할 수 있도록 설계되는 경우가 많다. 전 세계적으로 인기 있는 교육용 프로그래밍 언어 스크래치는 블록을 끼워 맞추는 형태로 되어 있어, 마치 레고 블록을 조립하듯이 코딩 논리를 구성할 수 있다. 아이들은 게임 만들기, 애니메이션 만들기 같은 프로젝트를 통해 자연스럽게 코딩 개념을 습득하게 된다.

요즘의 코딩은 디지털 환경에서 레고 놀이를 하는 것과 같다. 남들이 만들어놓은 완제품 소프트웨어를 구매해 쓰는 데 그치지 않고 스스로 무언가를 만들 때 얻는 즐거움과 능력이 중요하다. 실제로 코딩 수업을 받은 아이들은 "내가 직접 OX 퀴즈 게임을 만들었다"거나 "로봇에 춤추는 동작을 프로그래밍했다"면서 성취감을 드러내곤 한다. 이런 만들기의 즐거움을 느끼면 아이들은 코딩을 어려운 공부가 아닌 창작 활동으로 받아들이게 된다. 결과물의 완성도에 초점을 맞추기보다 과정을 통해 배우는 창의성과 논리를 칭찬해주는 것이 학부모의 역할이다.

'컴퓨터 활용은 학교에서 충분히 배우고 있는데 굳이 코딩까지 배워야 할까?'라는 의문도 있다. 요즘의 학생들은 학교에서 한글 워드프로세서 사용법, 인터넷으로 자료 찾기, 파워포인트로 발표 자료 만들기 등을 배우고 있고, 스마트폰이나 태블릿 조작에도 능숙하다. 그러나 디지털 리터러시(Digital Literacy) 교육과 컴퓨터과학 교육은 다르다. 아이들에게 두 가지 지식 모두 중요하나, 한국 교육에서는 그동안 디지털 활용 능력에 치중하느라 디지털 창조 능력을 가르치는 데는 소홀했다. 코딩 교육은 바로 이 빈틈을 채워준다. 모든 아이들이 프로그래머가 될 필요는 없지만, 필요할 때 작은 프로그램 하나쯤 뚝딱 만들 수 있는 기초 역량을 익혀두면 훗날 큰 자산이 될 수 있다. 또한 논리적 사고 훈련을 충분히 쌓은 아이는 새로운 소프트웨어나 기술도 금세 습득하는 학습력을 갖추게 된다.

마지막으로 '부모인 내가 코딩을 모르는데 우리 아이를 어떻게 도와줘야 할까?' 하는 걱정도 많을 것이다. 하지만 부모가 직접 코딩을 알 필요는 없다. 수학을 잘 모르는 부모라도 아이의 일상에서 숫자와 친해질 기회를 주고 호기심을 키워주면 아이는 충분히 수학적 사고를 발전시킬 수 있다. 코딩도 마찬가지다. 부모가 할 일은 아이가 무언가를 스스로 만들고자 하는 호기심과 창의성을 북돋워주는 것이다.

아이와 함께 간단한 코딩 책이나 온라인 학습 자료를 보면서 재미있는 예제를 따라 해보거나, 메이커 공간이나 과학관에서 하는 어린이 코딩 체험 행사에 참여해볼 수도 있다. 주변 도서관이나 학교에서 운영하는 기본적인 SW 교육 프로그램을 찾아보는 것도 좋다. 아이 스스로 동기를 갖고 즐길 수 있도록 옆에서 관심을 갖고 도와주면 된다. 아이가 작은 프로그램이라도 하나 만들어내면 그 성취감을 느낄 수 있도록 아낌없이 칭찬해주는 것이 좋다. 코딩에 대한 긍정적 경험이 쌓일수록 아이는 더욱 자신감을 가지고 깊이 배우려 할 것이기 때문이다.

AI 시대의 새로운 인재상

AI의 등장은 코딩 교육의 필요성을 약화시키는 것이 아니라 오히려 강화시킨다. AI라는 강력한 도구를 제대로 다루고 지휘할 수 있는 '생각하는 힘'을 기르기 위해 그 어느 때보다 컴퓨팅 사고력 중심의 진짜 코딩 교육에 집중해야 한다.

AI는 소프트웨어 전문가를 대체하는 것이 아니라 역할을 한 단계 격상시킨다. 단순 반복적인 코드 작성을 기계에 맡기는 대신 인간은 더 창의적이고 전략적인 역할에 집중하게 된다. 즉 기계처럼 코드를 짜는 '코더(coder)'에서, 문제의 본질을 정의하고, 시스템 전체를 설계하며, AI를 효과적으로 지휘하는 '설계자(architect)'로 진화해야 한다.

현재는 설계 경험이나 특정 분야의 지식 같은 전통적 전문성이 중요하게 여겨지지만, 향후 5년 뒤에는 문제 정의 능력, 맥락 파악 능력, 전략적 사고와 같은 상위인지 능력이 소프트웨어 전문가의 가장 핵심적인 자산이 될 것으로 예측된다. 미래의 경쟁력은 코딩 실력 그 자체가 아니라, 프로젝트의 방향성을 설정하고 사용자의 요구를 꿰뚫어 보며 AI라는 강력한 도구를 어떻게 활용할지 결정하는 능력에서 나온다.

따라서 AI 시대의 인재는 단순히 코딩을 잘하는 사람이 아니라, 비판적 사고와 창의적 발상을 통해 AI가 해결해야 할 '올바른 질문'을 던질 수 있는 사람이다. AI는 주어진 목표를 효율적으로 수행할 수는 있지만, 어떤 목표를 추구해야 하는지, 그 목표가 윤리적으로 옳은지 스스로 판단하지는 못한다. 이러한 판단과 결정은 여전히 인간의 몫이다.

자녀와 부모가 함께하는 코딩 교육

VIBE CODING

 자녀가 코딩에 몰두하는 모습은 대견하지만, 컴퓨터 앞을 떠나지 못하는 모습을 볼 때마다 부모의 마음은 복잡해진다. 자녀가 코딩에 빠져 컴퓨터 앞에 몇 시간이고 앉아 있다가 억지로 끊으려 하면 큰 싸움이 벌어지기도 한다. 스스로 알아서 끄기를 바라지만 현실은 그렇지 않다. 게다가 코딩 공부한다며 컴퓨터를 켜놓고는 게임 사이트를 돌아다니다 들키면 또 한바탕 소동이다. 강제로 막으면 아이와의 갈등이 불 보듯 뻔하고, 자율에 맡기자니 약속은 번번이 깨지기 일쑤이다.

 이러한 '스크린 타임 전쟁'은 단순히 아이의 의지력 문제가 아니다. 이는 디지털 시대를 살아가는 모든 가정이 마주한 보편적인 과제이며, 오히려 코딩 교육을 통해 자녀에게 진정한 자기 조절 능력과 책임감을 가르칠 수 있는 결정적인 기회이다.

왜 아이는 컴퓨터를 끄지 못할까? 뇌과학에서 찾는 해답

아이가 컴퓨터, 특히 게임을 멈추지 못하는 것을 단순히 '의지력 부족'으로 탓하기 전에, 그 이면에 숨겨진 뇌의 작동 원리를 이해할 필요가 있다. 문제의 핵심에는 뇌의 '보상 회로(reward circuit)'와 신경전달물질인 '도파민(dopamine)'이 있다.

보상 회로는 우리가 생존에 필요한 행동을 했을 때 즐거움을 느끼게 하여 그 행동을 반복하도록 만드는, 뇌의 강력한 동기부여 시스템이다. 게임은 예측 불가능한 보상(새로운 아이템 획득, 레벨 업 등)을 통해 이 보상 회로를 매우 강력하고 즉각적으로 자극하며, 이때 뇌에서는 쾌감을 느끼게 하는 도파민이 다량으로 분비된다.

문제는 이러한 강렬한 자극에 반복적으로 노출되면 뇌가 점차 둔감해져 같은 수준의 쾌감을 얻기 위해 더 강하고 잦은 자극을 원하는 '내성'이 생긴다는 점이다. 결국 아이는 더 큰 즐거움을 위해 게임을 멈추지 못하게 되고, 게임을 하지 않을 때는 불안감이나 우울감을 느끼는 '금단 현상'까지 겪을 수 있다. 특히 충동 조절과 이성적 판단을 담당하는 전두엽 기능이 아직 발달 중인 소아청소년은 이러한 자극에 더욱 취약하다. 즉 아이의 행동은 의지력의 문제가 아니라, 뇌의 생물학적 반응에 가깝다는 이해가 우선되어야 한다.

이러한 이해를 바탕으로 코딩 교육에 있어서 부모의 역할은 '감시자'에서 '협력자'로 전환해야 한다. 일방적인 통제와 금지는 아이의 반발심만 키울 뿐, 근본적인 해결책이 될 수 없다.

페어 프로그래밍에서 배우는 부모와 자녀의 파트너십

소프트웨어 개발 분야에는 두 명의 개발자가 한 컴퓨터에서 함께 작업하며 지식과 아이디어를 공유하는 '페어 프로그래밍'이라는 협업 방식이 있다. 한 명은 코드를 직접 작성하는 '운전자(driver)' 역할을, 다른 한 명은 옆에서 코드를 검토하고 방향을 제시하는 '항해사(navigator)' 역할을 맡는다.

이 개념은 자녀의 코딩 교육에도 매우 효과적으로 적용될 수 있다. 부모가 자녀의 코딩 활동에 '항해사'로 참여하는 것이다. 이는 코드를 대신 짜주거나 사사건건 지시하는 것이 아니다. 아이가 문제에 부딪혀 막막해할 때 "어떤 부분이 어려운지 같이 볼까?"라고 물어주거나, "이런 방법은 어떨까?"라며 아이디어를 제안하고, 아이가 스스로 해결책을 찾도록 격려하는 파트너가 되어주는 것이다. 이러한 상호작용은 코딩을 외로운 싸움이 아닌, 부모와 함께하는 즐거운 도전으로 만들어주며, 부모는 자녀가 학습 목표에서 벗어나지 않도록 자연스럽게 도울 수 있다.

딴짓의 유혹을 이기는 건강한 코딩 환경 설계

자녀와의 관계를 재정립했다면, 이제 코딩 활동 자체를 더욱 의미 있고 몰입도 높은 경험으로 만들어 '딴짓'의 유혹을 이겨낼 환경을 설계해야 한다.

아이가 코딩에 흥미를 잃고 게임으로 눈을 돌리는 가장 큰 이유 중 하나는 '목표의 부재'이다. 단순히 문법만 배우는 코딩은 지루할 수 있다. 이때 효과적인 대안이 바로 '프로젝트 기반 학습(Project-Based Learning, PBL)'이다.

PBL은 학생들이 실생활의 문제나 자신의 관심사를 주제로 직접 프로젝트를 기획하고 완성해나가는 학습 방식이다. 예를 들어 '나만의 게임 만들기', '가족을 위한 앱 개발하기', '좋아하는 캐릭터 애니메이션 제작하기' 등 자녀가 흥미를 느끼는 구체적인 목표를 설정하는 것이다.

이러한 프로젝트를 수행하는 과정에서 아이들은 스스로 문제를 분석하고 해결하며, 창의력을 발휘하게 된다. 목표가 명확하기 때문에 학습 동기가 강력하게 부여되며, 자신이 만든 결과물을 통해 큰 성취감을 느낄 수 있다. 이는 수동적으로 즐기는 게임과는 차원이 다른, 능동적이고 창의적인 즐거움을 제공하여 자연스럽게 게임의 유혹에서 멀어지게 만든다.

게임 중독에서 코딩 영재로

만약 자녀가 이미 게임에 깊이 빠져 있다면, 이를 무조건 금지하기보다 관심의 방향을 전환해주는 현명한 전략이 필요하다. 게임을 좋아하는 아이에게 "게임을 좋아하면, 직접 한번 만들어보는 건 어때?"라고 제안하는 식이다. 이러한 접근법은 아이의 관심사를 존중하면서, 수동적인 '소비자'에서 능동적인 '창조자'로 역할을 전환시키는 강력한 동기를 부여한다.

이 방법을 통해 아이들의 게임 시간이 줄어들고 디지털 역량이 향상되는 일석이조의 효과를 거둘 수 있다. 게임의 화려한 그래픽과 복잡한 규칙 뒤에 숨겨진 코딩의 원리를 이해하게 되면, 아이는 게임을 새로운 시각으로 바라보게 되고, 이는 건강한 게임 이용 습관으로 이어질 수 있다.

동기 유지의 비결

장기적으로 건전한 코딩 습관을 유지하려면 아이의 내재적 동기를 키워야 한다. 단순히 시간을 지켰다고 상을 주기보다는 "네가 만든 프로그램이 정말 창의적이네", "이 문제를 해결하는 방법을 스스로 찾아냈구나"처럼 과정과 노력을 인정해준다.

아이가 만든 작품을 가족이나 친구들에게 보여줄 기회를 만들어주는 것도 좋다. 성취감과 자부심은 건전한 학습 동기를 유지하는 데 중요한 역할을 한다.

또한 코딩이 단순한 기술이 아니라 창작 활동이라는 점을 강조한다. 아이가 자신만의 게임이나 애니메이션을 만들어나가는 과정에서 느끼는 즐거움이 가장 강력한 동기가 된다.

아이가 때로는 약속을 어기거나 시간 관리에 실패할 수 있다. 이럴 때 실망하거나 포기하지 말고 학습의 기회로 활용한다. '오늘은 계획대로 안 됐지만 내일은 어떻게 개선할 수 있을까?'라고 함께 고민한다.

실패 경험을 통해 아이는 자신의 한계를 알게 되고, 더 현실적인 계획을 세우는 법을 배운다. 부모의 역할은 실패를 비난하는 것이 아니라 다음번에는 더 잘할 수 있도록 돕는 것이다.

통제에서 신뢰로, 자율성을 키우는 부모의 지혜

자녀의 스크린 타임 문제는 부모와 자녀의 끝없는 전쟁이 되어서는 안 된다. 뇌과학에 기반한 이해를 바탕으로, 일방적인 통제가 아닌 '가족 미디어 계획'과 같은 협력적 약속을 만들어야 한다. 또한 '페어 프로그래밍'처럼 자녀의 학습 과정에 지지하는 파트너로 함께하고, '프로젝트 기반 학습'을 통해 코딩 자체를 의미 있고 즐거운 활동으로 만들어주어야 한다.

궁극적으로 부모가 자녀에게 가르쳐야 할 가장 중요한 디지털 능력은 '필요할 때 스스로 기기를 끌 수 있는 힘', 즉 자기 조절 능력이다. 이러한 능력은 통제와 금지를 통해서는 결코 길러질 수 없다. 부모의 신뢰와 지지, 그리고 현명한 안내를 통해 자녀가 스스로 자신의 디지털 생활을 책임감 있게 조절해나가는 주체로 성장할 때, 비로소 스크린 타임 전쟁은 끝을 맺고 건강한 디지털 인재로의 성장이 시작될 것이다.

컴퓨터 없이도 코딩 교육이 가능한 언플러그드 코딩

코딩 교육은 시키고 싶은데 아직 컴퓨터는 시기상조라고 생각하는 부모들을 위한 코딩 교육이 있다. 컴퓨터를 의도적으로 배제하는 '언플러그드 코딩(Unplugged Coding)' 교육이다. 언플러그드 코딩은 컴퓨터 없이 소프트웨어 교육을 가능하게 하는 대안을 넘어, 문제 해결 능력인 컴퓨팅 사고력(CT)을 함양하는 가장 근본적이고 효과적인 코딩 교육으로 부상하고 있다.

이는 코딩 교육의 본질이 특정 프로그래밍 언어의 구문(syntax)을 암기하는 기술 교육이 아니라, 문제를 논리적으로 분석하고 해결 절차를 설계하는 '사고 교육'에 있음을 명확히 보여준다.

뉴질랜드에서 시작된 코딩 교육 혁신, CS 언플러그드 프로젝트

컴퓨터 없이 컴퓨터과학의 원리를 가르치는 언플러그드 교육은 1990년대 초 뉴질랜드에서 시작되었다. 캔터베리대학교(University of Canterbury)의 컴퓨터과학 교수 팀 벨(Tim Bell)은 동료 교수인 이안 위튼(Ian Witten), 마이크 펠로우즈(Mike Fellows)와 함께 'CS 언플러그드(Computer Science Unplugged)' 프로젝트를 창안했다. 이 프로젝트의 동기는 매우 단순했다. 컴퓨터과학자들이 자신의 자녀가 다니는 초등학교에 방문하여 복잡한 프로그래밍 언어를 가르치지 않고도 컴퓨터과학이 무엇인지, 컴퓨터과학자들이 어떤 종류의 사고를 하는지를 쉽고 재미있게 보여주고자 했던 것이다.

대학의 지역사회 봉사 활동으로 시작된 이 프로젝트는 점차 전 세계 교육자들의 주목을 받기 시작했다. CS 언플러그드는 카드 게임, 퍼즐, 마술, 신체 활동 등 아이들에게 친숙한 놀이 방식을 통해 이진수, 알고리즘, 데이터 압축, 암호학 등 컴퓨터과학의 핵심 개념을 가르쳤다. 이 자료들은 공식 웹사이트(csunplugged.org)를 통해 무료로 배포되었으며, 교사들이 교실에서 바로 활용할 수 있도록 상세한 활동 안내서와 워크시트, 배경 설명 자료를 제공했다.

CS 언플러그드의 교육적 가치는 국제적으로도 인정받았다. 특히 세계 최대 컴퓨터과학 학회인 미국컴퓨터학회(Association for Computing Machinery, ACM)가 K-12(유치원부터 고등학교까지의 교육과정) 컴퓨터과학 교육과정에 CS 언플러그드를 공식적으로 추천하면서 그 교육적 위상이

♦ 컴퓨터 없이 코딩의 논리를 배우는 언플러그드 코딩

자료: 해외 언론 종합, https://carlyandadam.com

확고해졌다. 팀 벨 교수는 공로를 인정받아 2018년 ACM SIGCSE 컴퓨터과학 교육 공로상(Outstanding Contribution to Computer Science Education Award)을 수상하는 등 다수의 상을 받았다. CS 언플러그드는 소수의 학자들이 시작한 작은 아이디어에서 출발해 전 세계 코딩 교육의 패러다임을 바꾸는 중요한 교육 운동으로 발전했다.

컴퓨팅 사고력을 높이는 언플러그드 코딩 활동

컴퓨팅 사고력(CT)은 컴퓨터과학의 기본 개념과 원리를 활용하여 복잡한 문제를 이해하고, 해결책을 논리적이고 체계적으로 찾아내는 사고 과정이다. 이는 컴퓨터가 효과적으로 수행할 수 있도록 문제를 정의하고 해결 과정을 설계하는 인간 고유의 고차원적 문제 해결 능력이다.

카네기멜런대학교의 재닛 M. 윙(Jeannette M. Wing) 교수는 컴퓨팅 사고력이 읽기, 쓰기, 산수와 같이 모든 학문 분야와 일상생활에 적용될 수 있는 근본적인 기술이라고 주장했다. 실제로 과학, 수학뿐만 아니라 인문학, 예술, 경제 등 다양한 분야의 문제를 분석하고 해결하는 강력한 도구가 된다.

코딩이 특정 프로그래밍 언어로 해결책을 '구현'하는 기술적 행위라면, 컴퓨팅 사고력은 문제를 분석하고 해결 절차를 '설계'하는 개념적 사고 과정이다. 소프트웨어 교육의 목표는 단순한 코딩 기술자가 아닌, 논리적이고 효율적으로 해결책을 찾는 컴퓨팅 사고력을 갖춘 인재 양성에 있다.

이런 관점에서 언플러그드 코딩은 컴퓨팅 사고력의 핵심 요소들을 집중 훈련시키기 위해 정교하게 설계된 교육적 도구로, 즐거운 환경에서 문제 해결의 핵심 원리를 탐구하며 디지털 세상의 복잡한 문제들을 해결할 견고한 인지적 토대를 마련해준다.

컴퓨터 사고력의 핵심 역량을 높이는 언플러그드 활동

- 분해(Decomposition): 샌드위치 만들기 설명서 작성, 칠교놀이 및 도형 퍼즐, 학급 파티 계획하기 등의 활동을 통해 복잡한 문제를 작은 단위로 나누어 체계적으로 접근하는 사고 과정을 기를 수 있다.
- 패턴 인식(Pattern Recognition): 구슬 목걸이 패턴 만들기, 음악 리듬 분석하기, 숫자 규칙 찾기 게임을 통해 반복되는 패턴을 발견하고 이를 활용한 문제 해결 방법을 익힐 수 있다.

- 추상화(Abstraction): 교실 지도 그리기, 스마트폰 앱 아이콘 디자인, 이야기 핵심 요약하기 활동을 통해 복잡한 현실을 단순화하고 핵심 요소만을 추출하여 표현하는 사고력을 개발할 수 있다.
- 알고리즘 설계(Algorithm Design): 인간 로봇 길 찾기 게임, 일상 과업을 위한 레시피 작성, 신체 정렬 네트워크 활동을 통해 논리적이고 체계적인 절차를 설계하고 실행하는 능력을 기를 수 있다.

교실과 가정에서의 언플러그드 코딩 활동

'CS 언플러그드' 프로젝트는 컴퓨터과학의 핵심 개념을 체험할 수 있는 20여 개의 표준 활동을 제공하며, 이 중 다수는 전 세계 교실에서 널리 활용되고 있다. 언플러그드 활동은 위에서 설명한 컴퓨팅 사고력의 구성 요소를 바탕으로 컴퓨터과학의 근본적인 개념들을 자연스럽게 가르친다.

데이터 표현

'점 카드 게임' 활동이 대표적이다. 각 카드에는 점이 찍혀 있는데, 오른쪽 카드부터 1개, 2개, 4개, 8개, 16개로 점의 개수가 두 배씩 늘어난다. 카드를 보이게 놓으면 1, 보이지 않게 뒤집으면 0을 의미한다. 학생들은 이 카드들을 조합하여 0부터 31까지의 모든 숫자를 만들면서 컴퓨터가 이진법으로 숫자를 표현하는 원리를 직관적으로 이해한다.

알고리즘

'샌드위치 만들기' 활동을 통해 알고리즘의 개념을 학습한다. 학생들은 샌드위치를 만드는 과정을 단계별 명령어로 분해하면서 순차(Sequence), 조건(Conditional), 반복(Loop) 구조를 자연스럽게 체득한다.

데이터 압축

'시 압축하기' 활동에서 학생들은 시에서 반복적으로 나타나는 단어나 구절을 찾아 기호로 바꾸는 방법을 통해 압축의 기본 원리를 경험적으로 이해한다.

오류 검출 및 수정

'패리티 마술(Parity Magic)' 활동은 여러 장의 카드를 격자 모양으로 배열하고, 각 행과 열의 카드 개수가 짝수 또는 홀수가 되도록 패리티 카드를 추가한다. 한 장의 카드를 뒤집어 오류를 만들면, 학생들은 행과 열의 규칙이 깨진 지점을 찾아 어느 카드가 잘못되었는지 정확히 찾아낼 수 있다.

또한 언플러그드 코딩은 미술, 체육, 음악 등 다양한 교과와 융합하여 시너지를 창출한다. 미술의 경우 픽셀의 원리를 이용해 모눈종이에 그림을 그리는 '픽셀 아트'나, 정해진 알고리즘에 따라 반복적인 패턴이나 프랙탈(fractal, 자기 유사성을 갖는 기하학적 구조) 구조를 그리는 활동은 수학적·논리적 사고와 예술적 창의성을 동시에 자극한다.

체육 시간에는 학생들이 직접 프로그래머와 로봇이 되어 명령을 주고받는 '인간 로봇' 게임을 할 수 있다. 요리 수업에서는 레시피를 단계별 알고리즘으로 분석하고, 가장 효율적인 조리 순서를 토론해볼 수 있다. 이러한 활동들은 추상적인 개념을 신체적 경험과 실생활 문제에 연결시켜 학습 효과를 극대화한다.

스크래치와 파이썬으로의 자연스러운 연결

언플러그드 활동의 궁극적인 가치는 실제 컴퓨터 프로그래밍으로의 성공적인 이행을 돕는 징검다리 역할에 있다. 언플러그드 활동에서 사용하는 명령어 카드들은 스크래치의 블록들과 시각적·기능적으로 매우 유사하다. 이를 통해 순차, 반복, 조건과 같은 제어 구조의 개념을 몸으로 익힌 학생들은 스크래치의 블록 코딩 환경에 훨씬 쉽게 적응할 수 있다.

스크래치를 통해 다져진 논리적 사고력은 파이썬과 같은 텍스트 기반 프로그래밍 언어를 배우는 견고한 기초가 된다. 이처럼 '언플러그드 → 스크래치 → 파이썬'으로 이어지는 학습 경로는 효과적인 교육 모델을 제시한다.

생성형 AI의 등장은 코딩 교육의 패러다임을 근본적으로 바꾸고 있다. 이러한 관점에서 언플러그드 코딩 교육은 새로운 가능성을 제시한다. AI가 인간보다 더 빠르고 정확하게 코드를 작성할 수 있게 되면서, 단순히 코딩 구문을 작성하는 능력의 가치는 급격히 하락하고 있다. 이제 코딩 교육의 초점은 '어떻게 코딩하는가'에서 '무엇을, 왜, 그리고 어떤 가치를 담아 만들 것인가'로 이동해야 한다.

VIBE CODING
해외의 코딩 교육 사례 살펴보기

미국: 민간 주도의 자율적 코딩 교육

　미국은 연방 차원의 통일된 코딩 교육 정책이 없다. 그러나 각 주가 자율적으로 컴퓨터과학 교육을 강화하고 있다. 2015년 아칸소(Arkansas)주가 전국 최초로 모든 고등학교에 컴퓨터과학 과목 개설을 의무화한 후 다른 주들도 뒤따랐다. 2016년 당시 대통령 버락 오바마(Barack Obama)가 'CS for All(모두를 위한 컴퓨터과학)' 정책을 발표하면서 확산 속도가 더욱 빨라졌다.

　2024년 현재 43개 주가 K-12(유치원부터 고등학교까지) 컴퓨터과학 교육 기준을 채택했다. 미국 전체 공립 고등학교의 57.5%가 기본적인 컴퓨터과학 과정을 개설했으며, 아칸소, 네바다(Nevada), 노스캐롤라이나(North Carolina) 등 8개 주는 컴퓨터과학을 졸업 요건에 포함시켰다.

　미국 코딩 교육의 가장 큰 특징은 놀이와 프로젝트 중심 학습이다. 단순히 프로그래머를 양성하는 것이 아니라 논리적 사고력과 창의력 함양에 초점을 맞춘다. 초등학교에서는 블록 코딩을 활용한 게임형 학습이 널리 이루어진다. 비영리단체 코드닷오알지(Code.org)가 제공하는 '한 시간 코딩(Hour of Code)'은 엘사(Elsa), 마인크래프트(Minecraft) 등 인기 캐릭터가 등장하는 게임 형태의 튜토리얼로 구성되어 있어 아이들이 즐겁게 코딩을 배운다.

중고등학교에서는 로봇 공학, 앱 개발, 데이터과학 등 다양한 프로젝트 수업과 동아리가 활성화되어 있다. 학생들은 방과후 로봇 경진대회(FIRST Robotics 등)나 해커톤에 참여하면서 실습 경험을 쌓는다. 최근에는 AI에 대한 관심이 높아져 일부 고등학교에서 AI 기초과목을 개설하거나 기존 커리큘럼에 AI 개념을 추가하고 있다.

미국의 K-12 코딩 교육 콘텐츠는 민간 부문과 비영리단체가 주도적으로 개발한다. 코드닷오알지는 애플, 마이크로소프트 등이 후원하는 비영리단체로 유치원생부터 고등학생까지 사용할 수 있는 무료 온라인 코딩 교육 커리큘럼을 제공한다. 구글의 CS First, MIT의 스크래치, 칸 아카데미(Khan Academy)의 컴퓨팅 강좌 등 다양한 무료 콘텐츠가 개발되어 교사가 자유롭게 활용한다.

기업들도 교육 봉사 형태로 참여한다. 엔지니어 멘토링 프로그램을 운영하거나 학교에 직원들을 보내 코칭과 현장학습을 지원한다. 평가 방식은 주정부 차원의 표준화된 코딩 성취도 시험이 없어 지역이나 학교별로 다양하다. 고등학교에서는 AP 컴퓨터과학(대학 수준 과목)에 대한 공인 시험이 있어 많은 학생들이 응시한다.

영국: 세계 최초 5세부터 코딩 의무교육

영국은 전국 국가 교육과정을 통해 코딩 교육을 세계에서 선도적으로 도입한 국가다. 2014년 9월부터 기존의 ICT(정보통신기술) 과목을 폐지하고 새로운 '컴퓨팅(Computing)' 과목을 초등학교 1학년(만 5세)부터 중등 4학년(만 16세, GCSE 과정)까지 모든 학생의 필수과목으로 채택했다.

이는 영국이 유럽에서 처음으로 5~16세 모든 아동에게 컴퓨터과학 교육을 의무화한 사례다. 영국 교육부는 "학생들에게 단순 소프트웨어 사용법이 아닌 컴퓨터가 어떻게 동작하고 프로그래밍으로 어떻게 창조할 수 있는지를 가르쳐야 한다"는 목표를 제시했다. 알고리즘, 프로그래밍, 디지털 리터러시를 3대 요소로 한 새로운 교육과정을 수립했다.

영국의 컴퓨팅 과목은 Key Stage별로 학습 내용이 체계화되어 있다. Key Stage 1(초등 1~2학년)에서는 알고리즘 개념 이해와 간단한 프로그램 작성·디버깅을, Key Stage 2(초등 3~6학년)에서는 변수, 반복, 선택 구조 등 프로그래밍 기본 개념과 논리적 추론, 인터넷 활용을 배운다. Key Stage 3(중등 1~3학년)에서는 텍스트 기반 프로그래밍 언어(최소 1개 이상) 활용과 이진법 등 컴퓨터과학 이론을, Key Stage 4(중등 4~5학년)에서는 GCSE 선택과목으로 심화된 컴퓨터과학 또는 IT 관련 내용을 다룬다.

영국의 코딩 교육은 이론과 실습, 창의적 프로젝트를 균형 있게 접목한다. 초등학교에서는 주로 스크래치 등의 블록 기반 코딩을 활용하고, 알고리즘 개념은 언플러그드 활동(컴퓨터 없이 수행하는 활동)으로도 가르친다. 중등 단계부터는 파이썬, 자바스크립트 같은 문자 기반 코딩으로 넘어가며 최소 두 가지 프로그래밍 언어를 다루도록 권장한다.

영국은 컴퓨팅 교육을 도입하면서 교사 역량 강화를 위해 다각도의 노력을 기울였다. 2013년 영국 교육부(DfE)는 영국컴퓨터협회(British Computer Society, BCS)와 왕립공학원 등에 교과과정 개발을 위탁함과 동시에 교사 훈련을 지원하기 위해 200만 파운드의 예산을 투입했다. 'Network of Excellence'라는 교사 연수 허브를 만들고, '마스터 교사(Master Teacher)' 400명 양성을 목표로 현직 교사 중 컴퓨팅 선도교사를 선발하여 심화 연수를 제공했다.

핀란드: 통합 교과를 통한 놀이 중심 코딩 교육

핀란드는 2016년 개정 국가 교육과정에 프로그래밍 교육을 정식 포함하여 전면적인 코딩 교육 의무화를 시행했다. 흥미로운 점은 핀란드의 코딩 교육이 독립 교과가 아닌 통합적 형태라는 것이다. 코딩은 수학, 물리, 음악, 공작 등 여러 교과의 맥락에서 활용되며, 교과 간 융합 주제로 다루어진다.

초등 1~2학년에서는 정규 교과 시간에 컴퓨팅적 사고 기초를 배운다. 3~6학년에서는 그래픽 기반 프로그래밍 환경을 사용하여 컴퓨터로 코딩 실습을 본격화한다. 중등에 해당하는 7~9학년에서는 텍스트 기반 프로그래밍 언어를 익히고, 스스로 알고리즘을 설계하여 제품을 만든다.

교육과정 문서에서도 프로그래밍은 '모든 교과에 걸쳐 ICT 활용 역량을 함양'하는 포괄적 기술 영역으로 규정되어, 별도의 시간표상 과목이 아니라 교과 통합 주제로 운영된다. 이러한 접근은 코딩을 목적이 아닌

♦ 핀란드의 Code School은 K-12 학생 및 교사들에게 코딩 관련 다양한 교재와 커리큘럼을 제공

자료: 글로벌케리스

수단, 즉 다른 학문과 생활 문제 해결을 위한 도구로 인식하게 하는 효과를 노린다.

핀란드의 코딩 교육은 학생의 창의적 탐구와 놀이에 기반을 둔다. 저학년에서는 언플러그드 활동과 기초 로봇 교구를 활용해 논리적 사고와 순차 개념을 가르친다. 중고등 수준에서는 텍스트 언어로 작품이나 제품을 직접 설계·개발하는 프로젝트가 진행된다. 9학년쯤 되면 팀을 짜서 모바일 앱이나 간단한 사물인터넷(IoT) 장치를 제작해보는 과제가 주어진다.

핀란드는 세계적으로 유명한 교사 교육 강국으로, 코딩 교육 도입 과정에서도 비교적 원활한 교사 준비가 이루어졌다. 2016년 국가 교육과정 개편을 앞두고 2014~2015년 사이 시범학교 교사들을 중심으로 프로

그래밍 연수가 실시됐다. 핀란드 교육부는 민간 IT 기업과 협력하여 교사 연수를 준비했다.

이스라엘: 35년 전부터 시작한 컴퓨터과학 교육 선구자

　이스라엘은 세계적인 IT 스타트업 강국답게 35년 전부터 학교 교육에 고급 컴퓨터과학 개념을 도입해온 선구자적 사례다. 1980년대 후반 이미 고등학교 선택과정으로 AI 시스템, 컴퓨터 그래픽, 운영체제 등을 가르쳤으며, 1994년에는 컴퓨터과학을 정규 고교 과목으로 공식 채택했다.

　초등학교에서는 공식 컴퓨팅 교과는 없지만 수학·과학 시간에 기초 알고리즘 활동을 접목한다. 중학교(7~9학년)에서는 과학 교과 내 컴퓨터과학 단원을 필수로 이수한다. 고등학교(10~12학년)에서는 이과 트랙 학생에게 1단위의 컴퓨터과학 기초과정이 필수로 할당되어 있다.

　심화 선택과목으로 5단위 컴퓨터과학 과목이 개설되어 있는데, 이는 약 450시간 분량의 심화 교육으로 자료 구조, 알고리즘, 소프트웨어공학 등을 가르친다. 이 5단위 과목은 선택과목임에도 약 전체 학생의 10~15%가 이수할 정도로 인기가 높으며, 이수자는 졸업 시 국가 바그루트(Bagrut)에서 컴퓨터과학 과목으로 시험을 치러 대학 입학 자격을 얻는다.

　이스라엘의 코딩 교육은 이론 교육과 실습을 균형 있게 실시한다. 고등학교 심화과정에서는 대학 1학년 수준의 자료 구조, 알고리즘 분석을 가르치며, 문제 해결 능력을 중시하여 학생들에게 알고리즘 과제를 부여하고 효율성을 비교하거나 수학적 증명을 요구한다. 반면 초등·중등 단계에서는 코드몽키(CodeMonkey)와 같은 게임 기반 학습 플랫폼을 적극 도입하여 어린 학생들이 놀이하듯 코딩 기초를 배우게 한다.

이스라엘은 고교 졸업시험(바그루트)에 컴퓨터과학 과목이 포함되어 있는데, 이는 학습 성과를 객관적으로 측정하는 주요 수단이다. 바그루트 CS 시험은 3단위(기본)와 5단위(심화) 수준으로 나뉘는데, 난이도가 상당히 높기로 유명하다. 5단위 시험은 필기와 프로젝트 평가로 이뤄지며, 알고리즘 설계 능력과 프로그램 구현, 그리고 프로젝트 보고서 작성까지 평가한다.

바이브 코딩 시대의 새로운 문해력, 코딩 리터러시

코드를 직접 짜지 않고 AI가 코딩을 하는 바이브 코딩이 등장했다고 해서 코딩을 전혀 몰라도 된다는 것은 아니다. 오히려 바이브 코딩은 코딩에 더 친숙해지고 코딩을 더 쉽게 배울 수 있는 환경을 만든다. 컴퓨터와 스마트폰, 그리고 AI가 생활 깊숙이 자리 잡으면서 이제는 컴퓨터와 소통하는 능력, 즉 '코딩 리터러시(Coding Literacy)'가 새로운 기본 소양으로 떠오르고 있다.

코딩 리터러시의 개념과 정의

리터러시(literacy)란 '글을 읽고 쓸 줄 아는 능력', 즉 문해력(文解力)을 의미한다. 그런데 정보의 형태가 다양해지고 사회가 복잡해짐에 따라, 오늘날의 리터러시는 단순히 글자를 해독하는 능력을 넘어 다양한 매체와 정보를 이해하고, 비판적으로 분석하며, 이를 바탕으로 소통하고 새로운 가치를 창출하는 총체적인 능력을 의미하는 확장된 개념으로 사용되고 있다.

그러다 보니 리터러시는 특정 분야의 지식과 정보를 효과적으로 활용하는 능력을 지칭하며, 앞에 여러 수식어가 붙으면서 정보 리터러시(Information Literacy), 디지털 리터러시(Digital Literacy), 미디어 리터러시(Media Literacy), 금융 리터러시(Financial Literacy), 데이터 리터러시(Data Literacy) 등 다양한 리터러시가 등장하였다.

예를 들어 디지털 리터러시는 디지털 기술과 인터넷 플랫폼을 활용하여 정보를 찾고, 평가하고, 조합하고, 소통하며, 나아가 새로운 콘텐츠를 창작하는 복합적인 능력을 의미한다. 미디어 리터러시는 신문, 방송, 영화, 유튜브, 소셜 미디어 등 다양한 미디어가 전달하는 메시지를 비판적으로 이해하고 해석하며, 자신의 생각을 표현하기 위해 미디어를 활용하고 사회적 소통에 참여하는 능력이다.

그렇다면 코딩 리터러시라는 개념은 무엇일까? 일반적으로 코딩 리터러시는 디지털 시대의 새로운 문해력으로 전통적인 읽기와 쓰기 능력이 문자를 통한 의사소통의 기본이었다면, 코딩 리터러시는 컴퓨터와 소통하는 기본 능력이라 할 수 있다.

다만 아직 학계나 업계에서 코딩 리터러시를 명확하게 정의한 개념은 없다. 2017년 피츠버그대학교(University of Pittsburgh) 영어학과 부교수인 아네트 비(Annette Vee)가 출간한 《Coding Literacy: How Computer Programming is Changing Writing》가 코딩 리터러시에 대해 거의 유일하게 구체적이고 논리적으로 개념을 정리했다고 볼 수 있다.

◆ 아네트 비 교수가 출간한 《Coding Literacy: How Computer Programming is Changing Writing》

아네트 비 교수는 저서에서 코딩을 단순한 기술이 아닌 '리터러시'의 관점에서 바라봐야 한다고 주장한다. 프로그래밍을 단순한 기술적 능력이 아닌 사회적으로 구조화된 커뮤니케이션 능력으로 정의하였다. 즉 코드와 글쓰기는 모두 사회적 맥락 속에서 작동하는 상징 체계라는 것이다. 미국 법률에서도 프로그래밍은 법적으로 '문학적 작품'이자 '글쓰기의 한 형태'로 인정받았고, 이는 단순한 기능적 기술을 넘어선 창조적 표현 활동임을 의미한다.

그녀는 리터러시 자체를 "널리 보유되고, 사회적으로 유용하고 가치 있는, 기반 구조적 커뮤니케이션 기술을 활용한 실천들의 집합"이라고 정의하며, 코딩을 수학이나 공학의 좁은 틀을 넘어 더 넓은 인문학적 소양, 즉 '쓰기'의 한 형태로 바라볼 것을 제안하였다.

◆ **디지털 리터러시, 미디어 리터러시, 코딩 리터러시 비교**

리터러시 종류	주된 대상/매체	핵심 역량	특징
디지털 리터러시	디지털 기기, 온라인 환경	디지털 도구 활용, 정보 탐색·평가, 소통, 창작	디지털 환경의 활용에 초점, 코딩은 하위 개념
미디어 리터러시	신문, 방송, SNS 등 미디어	미디어 해석, 비판, 생산, 윤리적 소통	미디어 콘텐츠 중심, 알고리즘적 사고 미포함
코딩 리터러시	프로그래밍 언어, 코드, 디지털 플랫폼	컴퓨팅 사고력, 문제 해결, 창의적 산출, 기계와의 소통	기계와의 직접적 소통, 논리적·알고리즘적 사고, 디지털 환경 창조 중심

리터러시는 단순히 개인의 능력이 아니라, 사회의 기반이 되는 기술(과거의 인쇄술, 현대의 컴퓨터와 인터넷)과 깊이 연관되어 있다. 또한 특정 기술을 사용하는 것이 사회적으로 널리 퍼지고, 유용하며 가치 있다고 인정받을 때 비로소 리터러시가 된다. 그리고 리터러시는 단순히 기술을 배우는 것을 넘어, 그 기술 혹은 매체를 통해 사회와 소통하고 가치를 만들어내는 모든 활동을 포함한다. 따라서 사회의 지배적 커뮤니케이션 도구를 다룰 수 있는 능력이 리터러시라면, 네트워크 사회에서는 프로그래밍 능력이 포함되어야 한다는 것이다.

글쓰기와 코딩, 무엇이 같고 무엇이 다른가?

글쓰기와 코딩은 사회적으로 구조화된 상징 체계를 활용하여 의미를 만들고 전달한다는 점에서 공통점을 가진다. 우리가 문장을 읽고 의미를 파악하듯 코드를 읽으면 컴퓨터의 작업을 알 수 있으며, 글을 써서 생각을 표현하듯 코드를 작성해 컴퓨터에 명령을 내릴 수 있다. 글쓰기와 코딩 모두 정보를 기록하고, 확장하며, 창의적인 형태로 만들어낼 수 있다.

하지만 둘의 가장 결정적인 차이점은 코드가 '실행 가능(executable)' 하다는 점이다. 종이에 쓴 글은 무언가를 묘사하거나 주장할 뿐, 스스로 움직이지 않는다. 우리가 쓴 글은 다른 사람이 읽고 이해할 뿐이지만, 코드는 컴퓨터가 실제로 읽어서 명령을 수행한다. 아네트 비 교수는 철학자 존 오스틴(John Austin)의 화행론(speech acts theory, 말이 행동을 만들어낸다는 이론)을 빌려 이를 설명한다. 코드는 인간에게는 설명의 역할을 하는 '서술적'으로 읽히지만, 컴퓨터에게는 실제로 작동하는 '수행적(performative)' 역할을 한다. 이러한 실행 가능성은 기술이 세상을 드러내는 방식이라는 독일 철학자 하이데거(Heidegger)의 분석과도 연결된다.

그러면서 내세운 개념이 바로 컴퓨테이셔널 리터러시(Computational Literacy)다. 컴퓨테이셔널 리터러시란 단순히 '코딩을 할 줄 아는 것'이 아니라, '사회의 지배적 커뮤니케이션 도구를 다룰 수 있는 능력'을 의미한다.

아네트 비 교수는 '코딩 리터러시'란 용어를 직접적으로 언급하진 않았지만, 대신 '리터러시로서의 프로그래밍(Programming as Literacy)'이라는 통합적 관점으로 접근하였다. 프로그래밍을 21세기의 새로운 글쓰기로 보면서, 단순한 기술 습득을 넘어 사회적 커뮤니케이션과 비판적 사고를 포함하는 종합적 능력으로 이해해야 한다고 주장하였다.

결론적으로 아네트 비 교수는 (코딩) 리터러시를 "컴퓨터 프로그래밍 언어를 사용하여 복잡한 과정을 작은 절차로 나누고, 이를 컴퓨터가 읽고 실행할 수 있도록 표현하는 능력의 집합"으로 정의하면서, 프로그래밍을 단순한 기술(skill)이 아닌, 사회적으로 구조화된 상징 체계를 활용해 의미를 만들고 전달하는 새로운 형태의 '리터러시'로 개념 지었다.

다만 아네트 비 교수는 '코딩 리터러시'라는 용어가 단순히 프로그래밍 기술로 축소되는 것을 우려해, 사고방식과 사회문화적 실천까지 포함하는 '컴퓨테이셔널 리터러시'라는 용어를 이용했다. 코딩 리터러시가 '문법과 철자법을 아는 글쓰기'에 가깝다면, 컴퓨테이셔널 리터러시는 '생각을 조리 있게 표현하고 사회적 맥락에서 설득력 있게 글을 쓰는 능력'에 해당한다. 즉 코딩 리터러시는 컴퓨테이셔널 리터러시의 핵심적인 하위 집합이다.

AI 시대에도 코딩은 여전히 중요하다

생성형 AI의 등장은 코딩의 종말이 아니라, 오히려 코딩 교육의 필요성을 더욱 부각시킨다. 라즈베리 파이 재단(Raspberry Pi Foundation)의 연구에 따르면, AI 시대에도 숙련된 인간 프로그래머의 비판적 사고, 문제 해결, 윤리적 의사결정 능력은 필수적이다. 코딩 지식이 있어야 AI가 생성한 코드의 품질을 판별하고 수정할 수 있기 때문이다.

◆ **코딩 리터러시와 AI 리터러시의 차이**

구분	코딩 리터러시	AI 리터러시
주요 대상	프로그래밍 언어, 코드 작성	AI 시스템, AI 도구 활용
핵심 역량	논리적·알고리즘적 사고, 문제 해결	비판적 사고, 윤리적 판단, AI 이해
활동 방식	직접 코드 작성, 프로그램 개발	AI 도구 활용, 결과 평가, 윤리적 사용
중점 영역	창조적 생산, 시스템 구축	비판적 이해, 책임감 있는 활용

빌 게이츠는 "AI의 작동 원리를 온전히 이해하려면 수학과 코딩이 필수적"이라고 강조했으며, 실제 기업의 70%는 "AI 솔루션 커스터마이징을 위해 프로그래밍 역량이 필수"라고 응답했다. 깃허브 코파일럿이나 클로드 코드(Claude Code)와 같은 AI 코딩 도구를 효과적으로 활용하기 위해서도 기본적인 프로그래밍 지식은 필수적이다. 이러한 도구들이 개발 속도를 향상시키지만, 생성된 코드의 정확성과 보안성을 검증하고 디버깅(debugging, 오류 수정)하려면 결국 인간의 코딩 역량이 필요하다.

코드닷오알지의 'Coding with AI' 프로그램은 기존 프로그래밍 교육에 AI 리터러시(AI Literacy)를 통합하는 모델을 제시한다. 이 프로그램은 기초 코딩 역량을 먼저 쌓은 뒤, AI 개념과 윤리적 활용을 배우고, 최종적으로 AI와 협력하여 창의적인 문제 해결을 하도록 구성되어 있다. 미래의 디지털 교육은 코딩 리터러시가 제공하는 기술적 기초와 AI 리터러시가 추구하는 사회적 책임감이 조화롭게 통합된 형태로 발전해야 한다.

코딩 리터러시와 AI 리터러시는 함께 발전해야 할 상호 보완적 관계이다. 코딩 리터러시는 AI를 효과적으로 활용하기 위한 논리적 사고의 기반을 제공하는 기초 역량이며, AI 리터러시는 AI와 인간의 협력적 관계를 구축하는 데 필수적인 능력이다.

코딩 리터러시, 미래의 필수 역량

코딩 리터러시는 단순히 프로그래밍 언어를 다루는 기술이 아니다. 그것은 디지털 시민성, 컴퓨팅 사고력, 창의적 표현 능력을 아우르는

21세기의 핵심 역량이다. 전통적인 읽기·쓰기 능력이 디지털 시대에 맞게 확장된 형태로, 미래 사회를 살아갈 시민들의 기본 소양으로 자리 잡고 있다.

아네트 비 교수는 코딩 리터러시의 중요성을 인정하면서도, 코딩 기술과 함께 이를 비판적으로 분석할 수 있는 능력, 즉 '비판적 리터러시'도 함께 길러야 한다고 강조한다. AI가 아무리 발전하더라도, AI가 생성한 코드를 비판적으로 검토하고 수정하기 위해서는 코딩 지식이 필수적이다. 결국 코딩 리터러시의 진정한 목표는 단순히 코드를 작성하는 기술 습득을 넘어, 논리적으로 사고하고 문제를 해결하며 창의적으로 표현하는 종합적인 역량을 기르는 것이다. 디지털 세계를 단순히 소비하는 사용자가 아니라, 직접 만들고 변화시킬 수 있는 능력, 그것이 바로 코딩 리터러시다.

코딩 리터러시는 21세기를 살아가는 모든 사람에게 필요한 기본 소양이 될 것이다. 읽기와 쓰기가 문명 사회의 기본 요건이었듯이, 코딩 리터러시는 디지털 문명의 기본 요건이 되어가고 있다. 중요한 것은 단순히 코드를 작성하는 기술이 아니라, 논리적으로 사고하고 문제를 해결하며 창의적으로 표현하는 종합적 역량을 기르는 것이다. AI 시대가 도래했다고 해서 코딩이 필요 없어지는 것이 아니라, 오히려 AI와 협력하고 AI를 올바르게 활용하기 위한 기초 역량으로서 코딩은 더욱 중요해지고 있다.

VIBE CODING
전 세계가 기다린 GPT-5, 마침내 출시되다

2025년 8월 7일(한국 시간 8월 8일), 오픈AI는 라이브 스트리밍 행사를 통해 전 세계가 그토록 기다려온 차세대 AI 모델 GPT-5를 공개했다. 오픈AI의 최고경영자 샘 올트먼은 GPT-5에 대해 '박사급 전문가(PhD-level expert)' 수준의 지능을 갖추었다고 소개하며, "우리가 만든 모델 중 가장 똑똑하다"고 평가했다.

GPT-5의 핵심 비전은 단순히 최고의 성능을 추구하는 데 그치지 않는다. 샘 올트먼은 '실질적인 유용성과 대중적인 접근성 및 경제성'을 확보하는 것이 주된 목표임을 분명히 했다. GPT-5를 출시 첫날부터 무료 사용자에게도 개방했다는 점은 7억 명에 달하는 방대한 이용자층에게 최첨단 AI 기술을 제공하려는 전략의 일환임을 잘 보여주고 있다.

GPT-5 씽킹과 지능형 라우터

GPT-5의 가장 핵심적인 변화는 'GPT-5 씽킹(Thinking)' 기능과 이를 제어하는 지능형 라우터(Intelligent Router)의 도입이다. 기존에는 사용자가 GPT-4o, GPT-4.1, GPT-4.5, GPT-4.1-mini, o4-mini, o4-mini-high, o3, o3-pro 등 복잡하고 다양한 모델들 중에서 직접 선택해야 했지만, GPT-5는 실시간 라우터(Real-time Router)를 통해 질문의 복잡성과 맥락을 자동으로 분석하여 최적의 모델을 선택한다. 사용자가 직접 모델을 선택하지 않아도 되는 '통합 시스템(Unified System)'은 질문의 난이도와 복잡성을 실시간으로 판단해 최적의 처리 방식을 자동으로 선택함으로써 사용자는 더 이상 어떤 모델을 사용할지 고민할 필요가 없어졌다.

챗GPT 유료 사용자의 경우, GPT-5의 모델 선택 창을 열면 오토(Auto), 패스트(Fast), 씽킹(Thinking), 프로(Pro), 그리고 레거시 모델(GPT-4o)이 나온다. 이 중 월 20달러의 플러스(Plus) 사용자는 오토, 패스트, 씽

◆ GPT-4o에서 변경된 GPT-5 메뉴

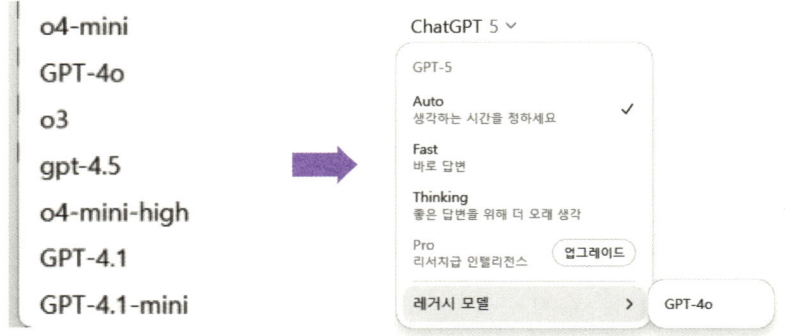

◆ 챗GPT 무료 버전 사용자는 기본으로 GPT-5가 제공되고, 별도의 모델 선택은 없다.

킹, 레거시 모델을 선택할 수 있고, 월 200달러의 프로(Pro) 사용자는 프로 모델까지 모두 사용할 수 있다.

통합 시스템은 사용자가 질문을 입력하면 복잡성을 자동으로 분석한다. 간단한 정보 검색이나 일상적인 질문에는 빠르고 효율적인 모델이 즉각적으로 답변한다. 반면 다단계 논리가 필요하거나 깊이 있는 분석을 요구하는 문제에 대해서는 'GPT-5 씽킹'이라는 고도의 추론 모델을 활성화한다. 이 추론 모델은 더 많은 시간을 들여 문제에 접근하고, 그 결과로 훨씬 정확하고 종합적인 답변을 제공한다.

무료 플랜은 GPT-5 사용이 가능하지만 사용량 제한이 있으며, 씽킹 모델은 하루 1회만 이용할 수 있다. 플러스 플랜은 사용 한도가 확대되고 GPT-5 씽킹을 주간 제한 내에서 수동 선택할 수 있다. 프로 플랜은 GPT-5를 무제한 사용할 수 있으며, GPT-5 프로와 고급 보이스 모드까지 제공한다.

한편 개발자를 위한 API(Application Programming Interface, 소프트웨어 간 소통 규약) 가격은 GPT-5 기본 모델이 100만 토큰당 입력 1.25달러,

출력 10달러다. GPT-5 미니(Mini)는 입력 0.25달러, 출력 2달러이며, GPT-5 나노(Nano)는 입력 0.05달러, 출력 0.40달러로 경량 작업에 적합하다.

- **GPT-5 오토** 알아서 처리 모델을 고르는 기본 모드. 사용자의 프롬프트와 대화 맥락을 읽고, 빠른 대화형과 깊은 추론형 중 어느 쪽이 더 적절한지를 판단해 자동으로 전환한다. 간단한 질문에는 즉시 답변하고, 복잡한 문제에는 씽킹 모드로 전환해 더 깊이 있는 분석을 제공한다. 무엇을 써야 할지 모르겠으면 오토를 선택하면 된다.

- **GPT-5 패스트** 속도를 최우선시하는 즉시 응답 모드. 지연 시간(latency)을 최소화하여 즉각적인 답변을 제공한다. 메모 작성, 아이디어 브레인스토밍, 단순 질의응답, 초안 작성 등 빠른 피드백 작업에 적합하다.

- **GPT-5 씽킹** 높은 정확도를 위해 더 오래 '생각'해야 하는 문제에 최적화된 모드이다. 주당 3,000개의 메시지 제한이 있으며, 초과하면 씽킹 미니(Thinking mini)로 전환된다. 복잡한 수학적 계산, 코드 설계, 다단계 추론, 다문서 분석 등을 처리할 때 적합하다. (설정 메뉴에서 '추가 모델 보기'를 활성화하면 씽킹 미니 모드가 추가된다. 추론은 유지하되 빠르게 결과를 얻도록 조정된 씽킹 모드의 경량 버전이다. 계산·검토 단계가 많지 않은 문제, 짧은 코드 수정을 다룰 때 유용하다.)

- **GPT-5 프로** 월 200달러의 프로 구독자만 사용할 수 있는 최고 성능 모드이다. GPT-5 씽킹보다 오류율이 22% 낮다. 대규모 리서치 분석, 사내 업무 자동화, 긴 문맥 분석, 체계적 연구 등에 적합하다.

- **레거시** 과거 모델에 대한 선호가 있으면 레거시 GPT-4o를 선택하면 된다.

◆ 모델별 성능 비교표

벤치마크	GPT-5 오토	GPT-5 씽킹	GPT-5 프로
GPQA Diamond (PhD 수준 과학 문제)	77.8%	85.7%	89.4%
AIME 2025 (수학 올림피아드)	94.6%	94.6%	100%(도구 사용)
SWE-bench	52.8%	74.9%	74.9%
환각률	11.6%	4.8%	1.6%

자료: 오픈AI

GPT-5, 아는 것은 정확히 말하고 모르면 모른다고 답변하다

2025년 8월 7일 오픈AI가 공개한 GPT-5는 기존 AI 모델의 가장 큰 문제점으로 지적됐던 환각 현상(할루시네이션, AI가 사실이 아닌 정보를 마치 사실인 것처럼 생성하는 현상)의 대폭 감소를 주요 개선점으로 내세웠다. GPT-5의 환각 현상 개선 효과는 구체적인 수치로 입증됐다. 웹 검색이 활성화된 상태에서 GPT-5는 이전 모델인 GPT-4o 대비 사실 오류가 45% 감소했다.

더욱 주목할 만한 성과는 추론 모드에서 나타났다. GPT-5 씽킹 모드를 사용할 경우 오픈AI o3 모델 대비 80% 적은 오류를 보였다. 개방형 사실성 테스트인 LongFact 및 FActScore 벤치마크(AI가 긴 문장으로 답할 때와 사실 정확도를 측정하는 평가 도구)에서는 GPT-5 씽킹이 o3 대비 6배 적은 환각률을 기록했다.

실제 챗GPT 프로덕션 트래픽(실제 사용자들이 챗GPT를 사용하며 주고

받는 모든 대화 데이터)에서 기만율(사용자를 속이는 비율)도 o3의 4.8%에서 GPT-5 추론 응답의 2.1%로 절반 이상 감소했다.

특히 GPT-5의 가장 큰 변화는 "모르는 것은 모른다"고 답하는 기능이 강화된 점이다. '인식론적 겸손(epistemic humility)'의 향상으로 이는 자신이 모르는 것을 솔직히 인정하는 능력을 뜻한다. 실제 대화 데이터에서 GPT-5가 사용자를 기만하려는 시도는 이전 모델 대비 절반 이하로 줄었다. CharXiv 테스트(존재하지 않는 가짜 논문이나 이미지에 대해 질문해서 AI가 거짓 정보를 만들어내는지 확인하는 실험)에서 아는 척하며 답변을 지어내는 비율이 86.7%에서 9.0%로 극적으로 감소했다. 이러한 변화로 사용자들 사이에서는 "AI가 모르겠다고 답해서 놀랐다"는 반응이 나오고 있다. 확신에 찬 거짓말 대신 솔직한 무지를 인정하는 것은 AI 신뢰성 구축의 핵심 요소로 평가된다.

이처럼 GPT-5는 작업을 완료할 수 없을 때를 인식하고 추측을 피하며 한계를 더 명확히 설명하도록 훈련받았다. 기존의 단순한 거부 방식 대신 '안전한 완성(Safe Completions)' 기능을 도입했는데, 이는 위험할 수 있는 질문에 대해서도 안전한 범위 내에서 최대한 도움이 되는 답변을 제공하는 방식이다. 예를 들어 '특정 물질을 점화하는 데 필요한 에너지량'에 대한 질문이 들어왔을 때, 기존에는 폭탄 제조 등을 우려하여 무조건 거부했지만 GPT-5는 악용될 수 없는 수준의 물리학적 원리만을 설명해준다. GPT-5는 총 5,000시간에 이르는 안전성 검증을 거쳤으며, 생물학이나 화학 분야의 고위험 질문에 대해서는 다중 방어 체계가 작동한다.

이러한 변화에 대해 영국 《텔레그래프(Telegraph)》는 GPT-5가 '훨씬

♦ **GPT-4o 대비 환각 현상 대폭 감소**

벤치마크	GPT-4o	GPT-5 오토	GPT-5 씽킹	개선폭
LongFact-Concepts	4.5%	1.0%	0.7%	84% 감소
HealthBench Hard	15.8%	3.6%	1.6%	90% 감소
실제 사용 환경	22.0%	11.6%	4.8%	78% 감소

자료: 오픈AI

적게' 답변을 지어내며, 의료 질문 테스트에서 이전 가장 진보된 AI보다 8배, 무료 버전보다 50배 적은 실수를 보인다고 보도했다. 와튼스쿨(Wharton)의 이든 몰릭(Ethan Mollick) 교수는 "GPT-5는 그야말로 '그냥 해준다.' 적합한 모델을 선택해 문제 해결에 적정한 '노력'까지 알아서 해주는 느낌"이라며 "진정한 Next Level"이라고 평가했다. 의료 분야 사용자도 "의학 문헌을 읽을 때 환각이 눈에 띄게 감소했다"며 "부정확한 정보의 빈도가 줄었다"고 평가했다.

하지만 모든 평가가 긍정적인 것은 아니다. 왓츠앱(WhatsApp) 에이전트에 GPT-5를 적용한 한 개발자는 "매우 똑똑하지만 깊은 토끼굴에 빠지는 경향이 있다"고 우려를 표했다. 일부 레딧(Reddit) 사용자들은 "이전 버전과 비슷한 수준의 환각을 본다"며 여전한 한계를 지적했다. 《뉴스위크(Newsweek)》는 GPT-5가 자신의 출시 사실도 모른다고 보도하기도 했다. 《포춘》지는 GPT-5가 여전히 10번 중 1번은 일반적인 작업에서 환각을 일으킨다고 지적하며, 완전한 해결은 아니라고 평가했다.

바이브 코딩,
글쓰기, 의료 전문성, 맞춤형 응답 등에서 비약적 발전

GPT-5에서 가장 화제가 된 기능은 바이브 코딩이다. 사용자가 자연어로 간단히 설명만 하면 완전한 웹사이트, 앱, 게임을 즉석에서 제작해준다. 실제 시연에서는 "프랑스어 학습용 앱을 만들어줘. 퀴즈 기능과 캐릭터를 이용한 단어 공부 기능을 포함해서"라는 7문장 정도의 요청으로 22분 만에 완성된 애플리케이션이 생성되었다. 바이브 코딩 기능에 대해서는 개발자들의 반응도 긍정적이다. 커서의 마이클 트루엘(Michael Truel) 최고경영자는 "복잡한 문제를 단계별로 해결하고, 사람의 개입 없이도 스스로 일을 계속 진행할 수 있다"고 평가했다. (GPT-5의 바이브 코딩에 대해서는 뒤에서 좀 더 자세히 설명한다.)

GPT-5에서는 글쓰기 능력도 크게 향상되었다. 단순히 문법적으로 올바른 문장을 만드는 수준을 넘어 문학적 깊이와 리듬감을 갖춘 글을 작성한다. 특히 시나 소설 같은 창작 영역에서 이전 모델들이 어색하게 처리했던 운율이나 문체를 자연스럽게 구현한다. 실제 사용자들은 "GPT-5의 문장은 이야기 설명에서 경험으로 전환되었고, 운율과 리듬, 감정선을 세밀하게 다듬는다"고 평가했다. 감성적이고 섬세한 느낌의 보고서 작성도 가능해져 비즈니스 환경에서의 활용도가 크게 높아졌다.

GPT-5는 의료 분야에서도 눈에 띄는 발전을 보였다. 건강 관련 질문에 대한 이해도와 설명 능력이 향상되어 검사 결과 해석, 진료 전 질문 준비, 치료 옵션 비교 등의 기능이 강화되었다. 다만 오픈AI는 GPT-5가 의료 전문가를 대체하지 않는다는 점을 분명히 했다. 사용자가 건강 관련 정보를 질문하면 안전한 범위 내에서 상세한 설명을 제공하며, 추가 질문이 필요한 경우 의료진에게 문의할 내용까지 정리해준다. 이는 환자와 의료진 간의 소통을 보다 효율적으로 만드는 역할을 한다.

복잡한 의학 용어 해석, 조직 검사나 혈액 검사 같은 실험실 결과 설명, 그리고 사용자가 묘사하는 증상을 기반으로 암과 같은 심각한 질병의 '위험 신호(red flags)'를 감지하는 능력 등이 포함된다. 예를 들어 한 암환자는 GPT-5를 통해 자신의 복잡한 조직 검사 보고서를 쉽게 이해하고 의사와의 상담을 미리 준비할 수 있었다. 다만 오픈AI는 GPT-5가 전문적인 의료 상담이나 진단을 대체할 수 없다는 점을 명확히 하고 있다. 이 기능은 어디까지나 건강 교육 및 정보 제공, 응급 상황 판단을 돕는 보조 도구로서의 역할을 한다.

GPT-5에서는 사용자 맞춤형 응답 기능도 크게 개선되었다. 사용자는 냉소적(Cynic), 로봇(Robot), 청취자(Listener), 괴짜(Nerd) 등 네 가지 성격 중에서 선택할 수 있으며, 응답의 깊이와 길이도 직접 조절할 수 있다. "한 문장으로 요약해달라"고 하면 간결하게, "5분 스피치 길이로 설명해달라"고 하면 예시와 비유를 포함한 상세한 설명을 제공한다. 이러한 맞춤화 기능은 AI와의 대화를 단순한 정보 검색을 넘어 진정한 협업 파트너로 만들어준다. 사용자의 상황과 필요에 따라 AI의 역할을 능동적으로 조절할 수 있게 된 것이다.

질문에 대한 답변이 끝나면, 거기서 끝나는 것이 아니라 더 심화된 질문이나 실행을 제안하는 기능도 추가되어 인상적이다. "도쿄의 관광 명소를 알려줘"라고 하면, 답변 후에 "제가 코스를 맞춤 설계해드릴 수 있다"라고 추가 제안을 하는 식으로 AI 에이전트의 기능이 강화되었다.

◆ **GPT-5 요금제(2025년 8월)**

요금제	월 요금	GPT-5 사용	GPT-5 프로	에이전트	딥 리서치	API 사용
프리	무료	제한적(초과 시 mini로 변경)	X	X	X	X
플러스	20달러	무료의 5배 이상	X	O	O	X
프로	200달러	무제한	O	O	O	O

월 200달러 GPT-5 프로를 쓰면 더 좋아질까

월 20달러의 챗GPT 플러스 사용자는 GPT-5 플래그십과 씽킹 모드를 사용할 수 있지만, 프로 모드를 사용하려면 월 200달러의 챗GPT 프로를 구독해야 한다. 그러면 챗GPT 5 프로는 어떤 작업에 적합하고, 과연 월 200달러를 지불하고 쓸 만한 가치가 있을까?

여러 테스트를 보면 GPT-5 프로가 가장 높은 점수를 보이며 최고 성능을 자랑하지만, GPT-5 기본 모델도 점수 차이는 그렇게 크지 않음을 알 수 있다. 특히 GPT-5의 씽킹 모드를 사용하면 정답률이 크게 올라간다. 다만 GPT-5 프로는 가장 어려운 작업들을 위해 더 길고 깊은 추론을 제공하는데, GPT-5 씽킹 모드보다 중요한 실수를 22% 덜하는 것으로 나타났다.

GPQA(Graduate-Level Science Questions, 대학원 수준 과학 문제): 박사과정 학생들이 받는 수준의 고난도 과학 문제들로 구성된 시험

- GPT-5 프로(프로그래밍 도구 포함): 89.4% 정답률
- GPT-5(프로그래밍 도구 포함): 87.3% 정답률
- 오픈AI o3: 83.3% 정답률 / GPT-4o: 70.1% 정답률

매일 하는 질문, 간단한 연구, 일반적인 도움을 위해서는 기본적인 GPT-5로도 훌륭한 가치를 제공한다. 무료 버전도 빠른 질문과 설명, 기본적인 코딩 도움, 간단한 글 작성, 일반적인 조사 작업으로는 충분하다. 학생, 일반 사용자, AI 기능을 처음 써보는 사람이라면 무료나 GPT-5 플러스로도 충분하다. 업무 자동화를 원한다면 챗GPT 에이전트 기능을 활용하면 좋다. 챗GPT 에이전트 기능은 고객 서비스 자동화, 데이터 처리 파이프라인, 보고서 자동 생성, 여러 도구 통합 조정에 뛰어나다.

만약 소프트웨어 개발이나 복잡한 문제 해결을 원한다면 한 번쯤 월 200달러를 지불해볼 것을 추천한다. 전문 개발자와 기술팀은 GPT-5 프로로 큰 도움을 받는다. GPT-5 프로는 대규모 소프트웨어 설계, 복잡한 버그 찾기, 성능 최적화, 코드 검토와 개선에 최적이다. 전문 개발자, 엔지니어링 팀, 기술 컨설턴트라면 제 값을 하고도 남을 것이다. 학술 연구나 시장조사에 많이 활용하는 심층 리서치(Deep Research) 기능에 있어서도 좀 더 깊은 추론과 조사를 원한다면 월 200달러의 프로 사용을 추천한다.

GPT-5 프로를 써보고 싶지만 비싼 요금 때문에 엄두도 내지 못하는 분들을 위해 한 가지 팁을 드리자면, 젠스파크(Genspark)라는 AI 에이전트 서비스로 GPT-5 프로를 이용해볼 수 있다. 젠스파크의 AI 채팅 서비스로 들어가면 MoA(Mixture of Agents) 시스템이라고 하여 GPT, 클로드, 제미나이(Gemini) 등 다양한 대규모 언어 모델(LLM)을 도입하였는데, 여기서 GPT-5 프로 모델을 선택해 사용할 수 있다. 젠스파크는 무료로 사용이 가능하고, 유료인 플러스는 월 25달러이다.

◆ 젠스파크의 AI 채팅에서 원하는 AI 모델을 선택할 수 있다. GPT-5와 GPT-5 프로도 있다.

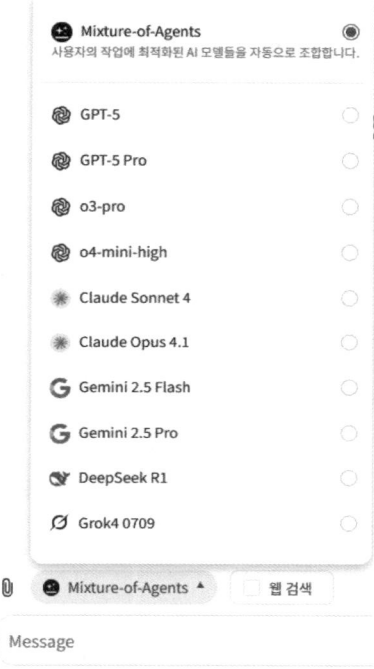

VIBE CODING

실망과 기대가 교차하는 GPT-5의 미래

▎내가 알던 GPT가 아니야! 나의 챗GPT를 돌려줘!

GPT-5의 놀라운 성능에도 불구하고, GPT-5의 출시를 기다려온 전문가들은 물론 일반 대중들도 GPT-5에 그다지 큰 반응을 보이고 있지는 않은 듯하다. 오히려 기대에 못 미친다며 실망스럽다는 반응도 적지 않다. 사람들은 영화 〈아이언맨〉에 등장한 인공지능 비서 '자비스'와 같은 AI를 기대했지만 GPT-5는 아직 그 정도 레벨은 아니었다. 레딧, X 등 소셜 미디어에는 기대가 실망으로 바뀐 사용자들의 생생한 목소리가 넘쳐났다.

- 선호 모델의 폐지: 가장 큰 반발은 아이러니하게도 아무런 예고 없이 GPT-4o, o3 등 이전 버전의 모델에 대한 접근을 차단한 결정이었다. 특정 모델에 맞춰 작업 흐름을 구축했거나, 심지어 정서적 유대감을 형성했

던 사용자들은 하루아침에 자신의 도구를 빼앗겼다고 느꼈다.
- '개성 없는' 성격: 사용자들은 GPT-5가 '무미건조하고', '형식적이며', '퉁명스럽다'고 평가했다. GPT-4o가 가졌던 '따뜻함', '창의성', '독특한 개성'이 사라졌다는 비판이 쏟아졌고, 일부는 새 모델을 '개성 없는 기업용 좀비'에 비유했다.
- 체감 성능 저하: 뛰어난 벤치마크 점수에도 불구하고, 많은 사용자는 자신의 일상적인 작업에서 GPT-5의 성능이 오히려 떨어졌다고 보고했다. 답변이 더 짧고 덜 유용해졌으며, 이전 모델들이 쉽게 처리하던 기본적인 지시사항도 제대로 수행하지 못한다는 불만이 제기되었다.
- 슈링크플레이션 의혹: 상당수 사용자는 통합 시스템의 도입이 실제 성능 개선이 아니라, 오픈AI가 운영 비용을 절감하기 위한 꼼수, 즉 '슈링크플레이션(Shrinkflation, 제품의 양을 줄이고 가격은 그대로 두는 것)'일 것이라고 비판했다.

사용자들의 반발은 즉각적이고 격렬했다. 사용자 입장에서는 엔진이 하나로 통합되니까 오히려 질문을 더 잘해야 한다는 부담이 생겨버렸다. 예전에는 목적에 따라 수동으로 모델을 선택할 수 있었지만, 이제는 "생각해서 답변해" 또는 "검색해서 답변해"라고 명시하거나 AI가 더 잘 알아들을 수 있도록 질문을 다시 바꿔서 해야 한다. 선택하는 모델 수는 단순해졌지만 사용하는 사람 입장에서는 조금 더 생각해야 하는 형태로 바뀐 것이다.

또한 GPT-5가 환각 현상을 줄이는 과정에서 말투나 내용들이 다소 딱딱하게 변해버리고 말았다. 예전에는 친절하게 나오던 말투의 느

◆ 설정에서 '추가 모델 보기'를 활성화하면, 씽킹 미니와 레거시 모델의 GPT-4.1, o3, o4-mini가 나타난다.

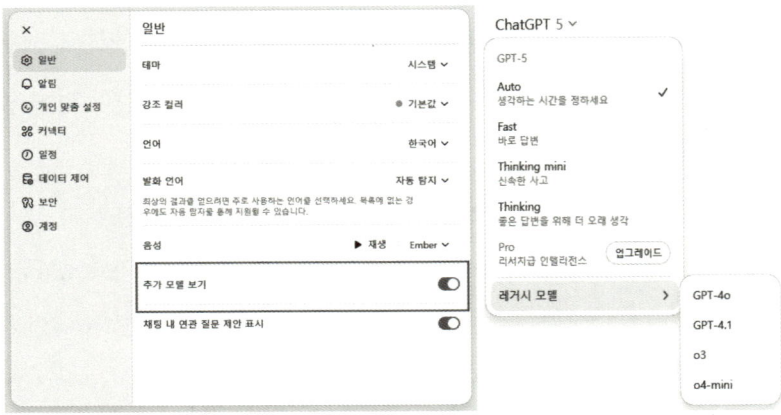

낌이 달라지자, 사용자들은 이전 버전도 사용할 수 있게 해달라고 요청했다. 결국 샘 올트먼은 사용자들의 요청을 받아들여 기존 GPT-4o 모델에 대한 접근을 다시 허용하겠다고 발표했다. 이는 오픈AI의 초기 출시 전략이 사용자의 기대를 충족시키는 데 실패했음을 명백히 인정한 조치였다.

GPT-5의 노림수는 B2B 기업 시장

이런 논란이 불거진 이유는 오픈AI의 전략적 판단 때문이다. 오픈AI는 GPT-5를 개발함에 있어서 안전성, 정확성, 아첨하지 않는 태도를 더 중요시했다. 하지만 사용자들은 GPT-4o의 창의적인 면모나 o3의 논리적인 성격 등 각 모델의 개성을 자신의 삶에 통합했다. 오픈AI의 관점에서 AI 모델의 개성은 통제되지 않는 '버그'이자 '위험'이었다. 오픈AI는 이전 모델들을 폐지하면서 낡고 불안정한 시스템을 제거했다고 생각했지만, 사용자들의 입장에서는 가장 유용하던 기능을 빼앗기고 '정제된' 대체품을 강요받는 것과 같았고, 결국 회사가 정의한 '개선'이 사용자의 기대와 어긋나면서 반발이 거세진 것이다.

또한 GPT-5로 노린 타깃 층도 일반 사용자가 아닌 개발자와 기업용(B2B) 시장이었다. GPT-5는 API 비용을 상당히 낮췄는데, 이는 오픈AI가 기존 개인 사용자 외에 B2B 비즈니스 사용자들에게 적극적으로 어필하고 있음을 의미한다. 오픈AI는 GPT-5 엔진 가격을 클로드보다 조금 더 낮게 책정함으로써 기업들이 GPT-5 엔진을 여러 서비스에 붙여 쓸 수 있도록 유도하였다.

이미 기업용 코딩 시장에서는 챗GPT보다 클로드를 많이 사용하고 있어, 오픈AI 입장에서는 API로 돈을 더 많이 벌 수 있는 기업용 시장을 공략하고자 클로드보다 더 싼 요금으로 제공하였다. GPT-5를 서둘러 출시한 것도 세상을 깜짝 놀라게 하는 혁신보다는 모든 서비스에 GPT가 녹아들어 가게 하겠다는 의지가 더 크게 작용했다고 볼 수 있다. (2024년 오픈AI는 약 50억 달러(약 6조 9,400억 원)의 적자를 기록해 수익성 창출이 그 어느 때보다 절실하다. 그럼에도 불구하고 샘 올트먼은 "성장을 위해 상당 기간 적자를 감수하겠다"고 밝혔다….)

기다리던 AGI는 아니었지만, 가능성을 보여주다

GPT-5는 코딩, 수학, 글쓰기 등 특정 분야에서 높은 수준의 성능을 보여주면서, 단일 작업을 넘어 여러 분야에서 복합적인 문제를 해결할 수 있음을 선언하였다. 샘 올트먼은 GPT-5를 "범용 인공지능(Artificial General Intelligence, AGI)을 향한 중요한 진전"이라고 평가하였고, 실제로 GPT-5는 단순한 질의응답을 넘어 복잡한 추론, 창작, 문제 해결, 도구 활용 등 인간의 지적 활동 전반에서 전문가 수준의 성능을 보여준다.

다만 샘 올트먼도 "GPT-5는 배포 후 새로운 경험으로부터 지속적으로 학습하지 못한다"며 진정한 AGI에는 아직 부족한 면이 있다고 인정했다. AGI는 모든 지적 작업을 인간 수준으로 수행하는 것을 목표로 하는데, 엄밀히 말하면 GPT-5는 이 목표를 향한 첫 시작점에 불과하다. GPT-5는 도구에서 파트너로, 보조자에서 협력자로 발전하는 새로운 시대의 문을 열었다. GPT-5 자체는 AGI라고 볼 수 없지만, AGI를 향한 발판을 마련했다는 데 그 의미가 있다. GPT-5 씽킹 모델의 경우, 복잡한 문제를 논리적으로 분해하고 해결하는 추론 능력을 강화함으로써 단순한 패턴 인식을 넘어 인간처럼 사고하는 능력에 근접했다는 점에서 AGI로 진입하는 물꼬를 텄다고 볼 수 있다. 이미지, 코드 등 다양한 데이터를 이해하고 처리하는 멀티모달(multimodal) 능력도 크게 향상되었고, 복잡한 다단계 요청을 처리하고 여러 도구를 조율하는 에이전트 기능도 강화됐다.

AGI는 단순히 결과만을 출력하는 것이 아니라, 다양한 정보와 도구를 활용해 구체적인 결과물이 나오도록 실행할 수 있어야 한다. GPT-5

는 이러한 실행 능력을 기존 대비 한 차원 더 높게 향상시켰다.

　어쩌면 GPT-5는 두 개의 얼굴을 가진 AI로 IT 역사에 기록될지도 모른다. 벤치마크 기록을 갈아치운 경이로운 기술적 도약이자, 다른 한편으로는 사용자들의 거센 저항에 부딪힌 AI. 이는 AI의 능력이 한 단계 진보했음을 의미하는 동시에, 사용자 경험 설계에 있어서 중대한 과제를 남겼음을 의미한다. GPT-5의 앞으로의 과제는 기술적 한계를 뛰어넘는 것만큼이나 인간과 AI의 관계에서 나타나는 질적인 측면을 이해하는 것이다. 성공적인 AI란 단순히 더 똑똑한 모델을 개발하는 것을 넘어, 사람들이 기꺼이 사용하고 자신의 삶의 일부로 받아들이고 싶어 하는 과정임을 오픈AI는 뼈저리게 느꼈을 것이다.

　찬반 양론이 거세지만 GPT-5의 출시는 AI 산업에 있어 AGI로 가는 길에 놓인 중요한 이정표다. 샘 올트먼은 GPT-5를 "AGI로 가는 길의 중요한 단계"라고 하면서도, 동시에 AI의 능력에 "두려움을 느꼈다"고 고백하며 제2차 세계대전 당시 원자폭탄 개발 계획이었던 '맨해튼 프로젝트'에 비유했다. 이러한 발언은 단순한 개인적 소회를 넘어, AI 기술의 미래를 둘러싼 하나의 전략적 서사로 기능한다. 오픈AI가 세계를 바꿀 기술의 최전선에 있다는 인식을 심어줌으로써 경쟁사들이 따라오기 힘든 신비감과 권위를 구축한다. 또한 AGI는 인류에게 엄청난 이점을 줄 수 있지만, 예상치 못한 위험도 내포하고 있기 때문에 GPT-5와 같은 강력한 모델의 등장은 AGI 거버넌스에 대한 논의를 더욱 촉발시킬 것이다.

VIBE CODING

바이브 코딩 툴로서의 GPT-5

코드 문외한이 1시간 동안 4개의 프로그램을 만들다

새벽에 GPT-5 발표를 실시간으로 시청한 필자는 시연 영상을 참고 삼아 GPT-5의 코딩 기능을 이용하여 프로그램을 만들어보기로 하였다. 간단한 퀴즈 프로그램과 일본어 학습 프로그램, 게임 프로그램과 별자리 찾기 프로그램을 만들어보았다. (GPT-5를 이용해 프로그램을 만든 과정은 4장에서 좀 더 자세히 설명하였다.)

필자가 4개의 프로그램을 GPT-5로 만드는 데 소요된 시간은 대략 1시간 10분 정도였다. 더욱 중요한 사실은 필자는 코딩으로 프로그램을 만들어본 적이 없는 코드 문외한이라는 점이다. 코드의 기초를 배우기도 모자란 시간에 GPT-5의 힘을 빌려 프로그램을 4개나 만든 것이다.

물론 완성도나 디자인, UX/UI 측면에서 보면 시중에 출시된 프로그램들과 비할 바가 안 되는 매우 기초적이고 단순한 콘텐츠이다. 하지만

◆ **GPT-5로 대화하며 만든 'Running Rabbit' 게임**

나의 생각과 의도가 거의 그대로 반영된 '나만의' 프로그램이 눈앞에 구현되었다는 점에서 그 어떤 프로그램보다 애정과 친숙도가 높았다. 특히 내가 의도한 결과물의 코드가 어떤 식으로 작성되었는지를 직접 들여다보고 관심을 갖게 되었다는 점에서 코딩 학습의 허들을 크게 낮추었다. 이전의 작업 방식이 '선코딩 후결과'로 코드를 하나하나 수정해가면서 결과물을 확인했다면, GPT-5를 이용한 코딩은 결과물을 먼저 머릿속에서 그린 뒤 결과물에 따라 AI와 함께 코드를 수정하는 '선결과 후코딩' 과정이라 할 수 있다.

GPT-5가 클로드에게 던진 '바이브 코딩' 도전장

GPT-5가 AGI로서는 그 기대에 못 미쳤지만, 그래도 시장에서 기대와 관심을 모으고 있는 이유는 바로 '바이브 코딩' 능력 때문이다. GPT-5는 오픈AI 역사상 가장 강력한 코딩 모델로 평가받으며, '바이브 코딩'이라는 새로운 코딩 개발 패러다임을 전면에 내세웠다. 샘 올트먼 CEO는 GPT-5의 강력한 코딩 능력이 개인화된 소프트웨어 시대를 열 것이라고 전망하며 "이제 사람은 능력이 아닌 아이디어로만 한계를 맞이할 것"이라고 말했다. 사용자가 필요할 때마다 자신에게 맞는 앱을 AI로 즉석에서 만들어 쓰는 시대가 온다는 것이다.

GPT-5의 향상된 코딩 능력은 구체적인 사례들을 통해 명확히 드러난다. 예를 들어 "프랑스어 학습 앱을 만들어줘"라는 명령어만으로 몇 분 만에 음성 기능과 게임까지 포함된 완전한 웹 애플리케이션을 코딩하였고, 더 나아가 레스토랑 웹사이트를 만들어달라는 요청에는 단순히 코드를 생성하는 것을 넘어, 앱의 기본 구조를 짜고(scaffolding), 필요한 프로그램을 설치하며(dependencies), 콘텐츠를 채우고, 컴파일 오류가 없는지 빌드 테스트까지 수행한 후, 작업 내용을 요약하고 다음 단계를 제안하는 등 개발의 전 과정을 자율적으로 처리하는 모습을 보여주었다.

복잡한 버그 수정이나 기존 코드베이스를 다루는 능력 또한 크게 향상되었다. 한 개발자는 다른 모델들이 해결하지 못했던 스트라이프(Stripe, 온라인 결제 처리 플랫폼) 결제 시스템의 지연 시간 최적화 문제를 GPT-5가 해결했다고 밝혔다.

이러한 발전은 GPT-5가 단순히 지시를 따르는 것을 넘어, 진정한 '코딩 협업가'로 진화했음을 보여준다. 데이터베이스 스키마를 설계할 때 미래의 확장성이나 일반적인 쿼리 패턴, 보안 취약점까지 고려하고, 코드 변경이 성능에 미칠 영향을 설명하거나 더 나은 코드 구조를 제안하는 등 한 차원 높은 수준의 '이해'를 바탕으로 작업한다.

이런 강력한 성능을 내세워 GPT-5는 바이브 코딩 시장의 강자로 군림 중인 앤트로픽의 클로드에게 도전장을 내밀었다. 훨씬 저렴한 API 비용과 더불어, 구체적이고 실질적인 성능 향상을 통해 GPT-5는 바이브 코딩 시장의 판도를 바꾸는 게임 체인저가 되고자 하는 것이다.

코드와 미학의 융합

GPT-5의 코딩 능력 중 가장 찬사를 받는 부분은 프론트엔드 개발 분야이다. 이전 모델들이 기능적 코드를 생성하는 데 중점을 두었다면, GPT-5는 디자인 원칙과 미적 감각까지 이해하는 모습을 보여준다.

GPT-5는 단순히 작동하는 코드를 넘어 시각적으로 완성도 높은 인터페이스를 생성한다. 레이아웃, 타이포그래피, 여백 활용 등 디자인의 핵심 요소에 대한 깊은 이해를 바탕으로 깔끔하고 미학적으로 우수한 결과물을 만들어내는데, 이는 개발자가 초기 디자인 단계에 들이는 시간을 획기적으로 줄여줄 수 있다.

이러한 성능 향상으로 GPT-5는 단순한 웹 게임 제작뿐만 아니라 반응형 웹사이트, 모바일 앱, 간단한 게임 등을 즉석에서 제작할 수 있으며, 레이아웃과 타이포그래피 등 디자인 요소까지 고려한다.

AI 에이전트로서의 역량 향상

복잡하고 다단계에 걸친 코딩 작업에서도 GPT-5는 상당한 발전을 이루었는데, 특히 독립적으로 작업을 수행하는 '에이전트'로서의 잠재력이 크게 향상되었다. GPT-5는 복잡한 작업을 완수하기 위해 장시간 동안 여러 단계의 작업을 백그라운드에서 자율적으로 수행할 수 있다. 또한 수십 개의 도구 호출을 순차적 또는 병렬적으로 안정적으로 연결하여 전체적인 목표를 잃지 않고 작업을 완수하는 능력이 크게 향상되었다. 이는 단순한 코드 생성을 넘어 AI가 개발 워크플로 전체를 관리할 수 있는 가능성을 보여준다. GPT-5는 버그 수정, 기존 코드 편집, 그리고 크

◆ 바이브 코딩 툴 커서의 모델 메뉴에 GPT-5가 출시되자마자 탑재되어 있다.

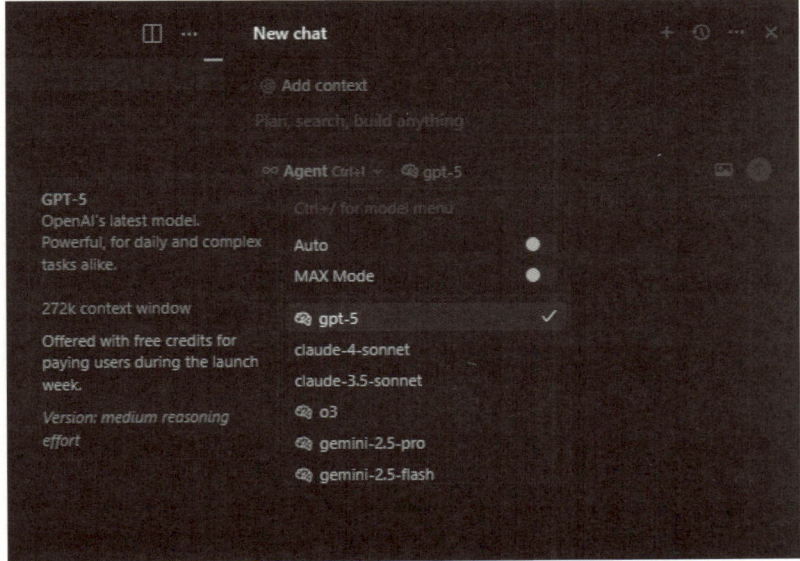

고 복잡한 코드베이스에 대한 질문에 답변하는 등의 핵심적인 개발자 업무에서 뛰어난 성능을 보인다.

초기 테스트에 참여한 개발자들도 GPT-5의 에이전트 역량을 높이 평가했다. AI 기반 바이브 코딩 툴인 커서는 GPT-5를 "우리가 사용해본 가장 똑똑한 코딩 모델"이라 칭하며, 지능과 조종성뿐만 아니라 장시간 백그라운드 에이전트를 실행하여 복잡한 문제를 해결하는 능력에 깊은 인상을 받았다고 밝혔다. 마이크로소프트는 깃허브 코파일럿과 VS 코드 전반에 GPT-5를 통합하고 있으며, 정교한 리팩토링과 대규모 코드베이스 탐색 능력을 핵심적인 장점으로 꼽았다.

GPT-5의 코딩 능력에 대해 코딩 개발자들은 '혁명'이 아닌 '업그레이드'로 평가하고 있다. 현재 시점에서 대부분의 개발자들은 클로드를 선호한다. GPT-5를 선호하는 소수 의견도 있었지만, 대부분 특정 상황에서만 더 나은 성능을 보인다고 인정했다.

그럼에도 GPT-5의 바이브 코딩 기능은 '제로 수정 코딩'이 가능한 수준에 도달했다는 평가를 받고 있다. 아직은 클로드가 더 믿을 만하고 실용적이지만, GPT-5가 앞으로 개선될 가능성은 충분히 존재한다.

GPT-5가 보여준 바이브 코딩의 미래

GPT-5를 둘러싼 다양한 평가를 종합해보면, GPT-5의 바이브 코딩 능력은 소프트웨어 개발 분야에 중요한 변화를 예고한다.

하나는 개발자들의 코드 작업이 '에이전트 기반 작업 수행'으로 이동한다는 점이다. 전문 개발자들에게 가장 큰 생산성 향상은 더 나은 코드 조각을 얻는 것이 아니라, 복잡하고 긴 작업을 관리하는 능력에서 비롯된다. 커서 사용자들이 GPT-5의 '복잡한 작업을 완수하기 위해 장시간 멀티턴 백그라운드 에이전트를 실행하는' 능력을 높이 평가하는 것이 이를 방증한다. 이는 모델의 향상된 도구 사용 및 컨텍스트 관리 능력과 직결된다. 앞으로의 생산성 향상은 한 줄 한 줄 코드 작성이 아닌, 전체 워크플로를 처리할 수 있는 AI 에이전트로부터 나온다는 의미다. 소프트웨어 가치의 중심이 '코드'에서 '워크플로'로 이동하고 있는 것이다.

동시에 GPT-5의 '바이브 코딩' 기능은 비전문가들도 기본적인 소프트웨어를 개발할 수 있는 길을 열어주었다. 이는 맞춤형 마이크로 애플리케이션의 새로운 물결을 촉발할 잠재력을 가지고 있다. 과거 소프트웨어 개발은 프로그래밍 언어와 프레임워크에 대한 전문 지식을 요구하는 높은 진입 장벽을 가졌다. 하지만 GPT-5가 바이브 코딩을 통해 즉각적인 시각화를 제공함으로써 수많은 챗GPT 사용자에게 프롬프트 기반 개발이라는 새로운 패러다임을 제시하였다. 이는 향후 개인화된 맞춤형 애플리케이션의 폭발적인 증가와 '사용자'와 '개발자' 사이의 경계가 모호해지는 미래로 이어지게 될 것이다.

> 참고

오픈AI가 공개한
공식 GPT-5 프롬프트 가이드

　GPT-5는 사람처럼 스스로 계획을 세우고 필요한 도구(Tool, 특정 기능을 수행하는 프로그램)를 사용하여 문제를 해결하는 역할에 특화되어 있다. 올바른 프롬프트 작성법만 알면 강력한 AI 도구로 활용할 수 있고 도구 호출 능력, 지시 준수, 장문 컨텍스트 이해력이 향상되어 복잡한 작업도 효율적으로 처리한다.

　이러한 배경에서 오픈AI는 전문가들이 GPT-5를 실제 업무에 적용하면서 찾아낸 프롬프트 작성법을 정리해 'GPT-5 프롬프트 가이드'를 공개했다. 가이드에서는 AI를 똑똑한 비서처럼 부리고, 코딩 실력을 극대화하며, GPT-5의 지능을 200% 활용하는 방법을 친절하게 설명하고 있다.

◆ 오픈AI의 공식 프롬프트 가이드(영문판)

제 3 장

바이브 코딩과 AI 에이전트, 그리고 에이전틱 AI

VIBE CODING

AI 에이전트 + 코딩
= 바이브 코딩

▌ 어느 날 갑자기 코딩을 할 수 있게 되었어요!

2025년 3월, 서울에서 열린 'AWS 유니콘 데이 2025'에 생성형 AI 클로드를 개발한 앤트로픽의 최고제품책임자(Chief Product Officer, CPO) 마이크 크리거(Mike Krieger)가 기조연설자로 참석해 눈길을 끌었다. 그도 그럴 것이 현재 오픈AI에 위협이 될 거의 유일한 스타트업이라고 평가받는 AI 회사인 앤트로픽의 임원이 국내에 와서 발표를 한 경우는 처음이기 때문이었다.

크리거 CPO는 AI 업계에서 가장 주목받는 트렌드인 'AI 에이전트'에 대해 발표했는데, AI 에이전트로 발전해나가는 것이 앤트로픽의 미션이라며 "클로드의 역할이 2024년에는 개인 업무 생산성을 높이는 보조자로, 2025년에는 전문가 수준의 독립적인 작업을 수행하는 협업자로, 2027년에는 팀이 해결하지 못했던 문제를 해결하는 혁신자로 발전한다"

고 강조했다.

앤트로픽은 이러한 비전을 현실로 만들기 위한 첫 번째 도구로 '클로드 코드(Claude Code)'를 공개했다. 원래는 회사 내부에서만 사용하던 개발 도구였지만, 클로드 3.7 소넷(Claude 3.7 Sonnet) 모델과 함께 일반에 공개되었다. 크리거 CPO는 자신이 직접 클로드 코드를 사용해 매우 복잡한 작업을 단 몇 분 만에 처리하며, 그 결과를 확인하고 AI와 추가적인 대화도 나눈다고 강조했다.

그러면서 AI 에이전트가 불러온 가장 큰 변화로 실리콘밸리에서 유행하고 있는 '바이브 코딩'을 언급했다. 사람과 대화하듯 AI 에이전트와 대화하며 "이런 느낌(vibe)으로 만들어줘"라고 말하면 AI가 알아서 코드를 짜주는 새로운 코딩 경향이라며 요즘 실리콘밸리에서 인기라고 밝혔다. AI를 통해 세부적인 코드 작성보다 프로젝트의 전체적인 방향과 핵심 아이디어에만 집중할 수 있도록 지원하는 이런 방식이 개발자들 사이에서 트렌드가 되어 확산되고 있다고 하였다. 크리거 CPO는 "최근 소셜 미디어에서 사용자들이 '클로드를 써보니 갑자기 내가 코딩을 할 수 있게 됐다!'와 같은 경험을 공유하고 있다"라며, 코딩을 전혀 모르던 사람도 아이디어만 있으면 무엇이든 만들 수 있는 시대가 열리고 있음을 시사했다.

실리콘밸리에서 뜨고 있는 두 개의 핫트렌드

크리거 CPO의 말처럼 AI 업계에서는 두 개의 키워드, 바로 '바이브 코딩'과 'AI 에이전트'가 폭발적인 관심을 끌고 있다.

　2024년 11월부터 2025년 6월까지 구글 트렌드 분석 결과, '바이브 코딩(Vibe Coding)' 키워드의 검색량은 폭발적으로 증가했다. 2025년 2월에 안드레이 카르파티가 '바이브 코딩'이라는 용어를 사용하면서, 2025년 3~5월 사이 '바이브 코딩' 검색량은 3개월 만에 6,700%나 급증했다. 그러면서 바이브 코딩은 AI 개발자 커뮤니티와 스타트업, 그리고 일반 사용자에게까지 빠르게 확산되었다. 《포춘》지는 바이브 코딩 현상을 조명하며 2025년 5월에 "기술자들이 생산성 향상을 위해 더 많은 AI 지원 도구를 배포하면서 '바이브 코딩'을 수용하고 있다"고 보도하기도 했다.

　또 하나의 트렌드인 'AI 에이전트(AI Agent)'의 구글 검색량도 엄청나게 늘어났다. 파인볼드(Finbold)의 조사에 따르면, 2024년 초부터 2025년 3월까지 'AI 에이전트'에 대한 검색량이 900% 폭등했으며, 2025년 3월에는 구글 트렌드 점수 100(최고치)에 도달했다. 특히 중국, 싱가포르, 홍콩, 한국, 대만 등 동아시아 국가에서 검색량이 집중적으로 증가했다. 구글, 마이크로소프트, 오픈AI, 세일즈포스 등 빅테크 기업들은 미래 핵심 비즈니스 트렌드로 'AI 에이전트'를 꼽았다.

　두 개의 빅트렌드, 바이브 코딩과 AI 에이전트는 모두 AI라는 공통 기술을 바탕으로 한다. 바이브 코딩이 '사용자의 자연어 명령을 코드로 변환하는 단계'라면, AI 에이전트는 '그 코드를 실행하고 지속적으로 개선하며 자율적으로 작업하는 단계'라고 볼 수 있다. 이 두 분야에 대한 전 세계적인 관심은 AI 기술의 발전 방향이 어디로 향하고 있는지를 명확히 보여주고 있다.

바이브 코딩은 AI 에이전트가 불러온 자연스러운 결과

바이브 코딩은 AI 에이전트가 가져온 가장 직관적이고 혁신적인 변화 중 하나다. 복잡한 기술적 지식 없이도 '느낌'만으로 원하는 결과를 얻을 수 있다는 것은 AI가 인간의 창의성과 기술을 연결하는 새로운 다리 역할을 하고 있음을 보여준다. 이제 코딩은 더 이상 소수 전문가들만의 영역이 아니라, 누구나 접근할 수 있는 창작 도구가 되어가고 있다.

이러한 현상은 AI 에이전트가 기존의 단순한 AI 어시스턴트(사용자 입력에만 반응)와 달리, 스스로 목표를 설정하고 복잡한 과업을 자율적으로 수행하는 새로운 패러다임을 제시했기 때문이다. AI 에이전트는 단순히 명령을 수행하는 도구가 아니라, 특정 목표를 부여받으면 스스로 계획을 세우고, 필요한 정보를 수집하며, 과업을 실행하는 자율적인 주체이다. 예를 들어 "고객 문의에 답변하는 웹사이트용 챗봇을 만들어줘"라는 목표를 주면, AI 에이전트는 스스로 어떤 기술이 필요한지 판단하고, 코드를 작성하며, 테스트를 거쳐 최종 결과물을 만들어내는 전 과정을 책임진다. 이는 지시받은 일만 처리하는 비서가 아니라, 문제 해결을 위임받은 전문 해결사에 가깝다.

어찌 보면 바이브 코딩은 AI 에이전트가 불러온 필연적인 결과다. 개발자의 모호한 의도를 명확한 코드로 바꾸는 과정에서 AI는 인간의 생각과 문제 해결 방식을 학습한다. '무엇을 원하는지'를 정확히 이해하는 능력이 고도화될수록 '어떻게 해결할지'를 스스로 판단하고 실행하는 능력으로 발전하기 때문이다. 즉 코드 생성을 돕던 AI 조수가 점차 복잡한 프로젝트 전체를 위임받는 AI 에이전트로 진화하는 것은 지극히 자연스러

◆ 바이브 코딩은 AI 에이전트의 응용 분야 중 코딩에 특화된 기능이다.

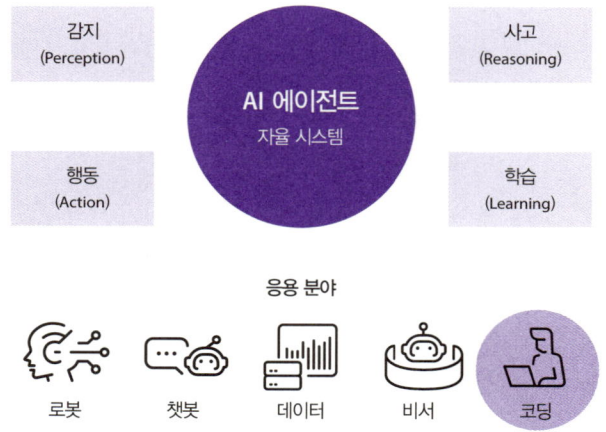

자료: https://blog.opsoai.com/posts/aiagent/

운 기술의 흐름이다. 바이브 코딩을 통해 다져진 인간과 AI의 상호작용 능력은 결국 AI가 독립적인 문제 해결사로 거듭나는 핵심 밑거름이 되는 것이다.

바이브 코딩은 단순히 새로운 코딩 방법이 아니라, AI 에이전트 시대로 가는 자연스러운 전환점이다. 개발자들이 AI와 협업하는 방식을 배우고, AI가 점점 더 자율적으로 작업하는 능력을 키워가는 과정에서 바이브 코딩은 AI 에이전트라는 더 발전된 형태로 진화하고 있다.

VIBE CODING

나만의 AI 비서, AI 에이전트

영화 속 AI 비서가 현실이 되었다

영화 〈그녀(Her)〉에서 주인공의 이메일을 대신 정리하고 예약을 잡아 주던 AI 비서 '사만다'를 기억하는가? 공상 과학 영화 속 이야기로만 여겨졌던 일이 이제 현실이 되었다. 오픈AI가 '오퍼레이터(Operator)'라는 이름의 새로운 AI 에이전트를 공개하며 산업계에 큰 충격을 주었다.

오픈AI는 이 기술을 컴퓨터 사용 에이전트(Computer Use Agent, CUA)라고 소개한다. 마치 자율주행차가 스스로 운전하듯, 오퍼레이터는 사용자의 명령 한마디에 스스로 컴퓨터를 조작해 복잡한 업무를 처리한다. 이로 인해 산업계 패러다임이 뒤바뀔 수 있다는 전망까지 나올 정도다. AI가 스마트폰이나 PC를 직접 조작해 업무를 도맡으며 상품·서비스 이용 방식이 변화할 가능성이 있기 때문이다. 다양한 CUA가 출시되면 산업계의 새로운 기회가 될 수 있다는 예상도 나온다.

말만 하면 알아서 다 해주는 AI 비서

오퍼레이터의 능력은 놀랍다. 사용자가 "LA 다저스 모자를 구매해줘"라고 말하자, AI는 스스로 인터넷 창을 열고 카카오톡 선물하기 사이트에 접속해 상품을 찾아 구매 직전 단계까지 진행한다. "내가 이 서비스를 처음 써서 흥미롭고 기대된다고 페이스북에 글 좀 올려줘"라고 하자, 사용자의 말을 요약해 페이스북(Facebook)에 게시물까지 작성한다.

이처럼 "다저스 모자를 사줘" 또는 "모레 저녁 서울 시내 호텔을 예약해줘"와 같은 간단한 명령만으로 AI가 직접 웹사이트를 돌아다니며 상품을 찾고, 호텔 객실을 검색해 적절한 선택지를 골라준다.

다만 아직은 오퍼레이터가 초기 단계인 만큼 로그인이나 결제 같은 민감한 정보가 필요한 과정에서는 사용자의 직접 확인이 필요하다. 예를 들어 AI가 선택한 상품을 결제하려면 이용자는 다시 한번 카드 정보를 넣거나 로그인 절차를 거쳐야 한다. 업계에서는 AI 에이전트가 단순 IP(Internet Protocol, 인터넷 주소) 접근권을 넘어 API 연동이 시작되면 이러한 과정도 보안 문제 없이 수월하게 가능할 것으로 보고 있다.

이러한 작업이 가능한 비밀은 AI의 '비전(Vision)' 기능에 있다. AI가 사람의 눈처럼 컴퓨터 화면을 픽셀 단위로 스캔하여 검색창, 버튼, 메뉴 등이 어디에 있는지 정확히 인식하는 기술이다. 이 능력을 활용하면 특정 키워드가 포함된 네이버 뉴스를 찾아 정리하거나, 메일을 대신 보내고, 구글 시트(Google Sheets) 같은 문서 작업을 하는 등 응용 가능성은 무궁무진하다. 다만 아직은 초기 단계이므로 로그인이나 결제처럼 민감한 정보가 필요한 과정에서는 사용자의 직접적인 확인 절차를 거친다. 업계에서는 향후 API 연동이 활성화되면 이러한 과정도 더욱 편리하고 안전해질 것으로 보고 있다.

AI 에이전트가 무엇인가?

AI 에이전트를 한마디로 말하면 '혼자서 일을 척척 해내는 똑똑한 컴퓨터 프로그램'이다. 우리가 "이걸 해줘"라고 목표만 알려주면, 스스로 계획을 세우고 정보를 찾아 목표를 달성해내는 자율적인 존재다. 사용자의 개입 없이 자율적으로 작동하며, 환경을 인지하고 학습하여 주어진 목표를 달성하거나 문제를 해결하는 지능형 소프트웨어 시스템이다. 스스로 복잡한 문제를 해결하고, 상황에 맞는 판단을 내릴 뿐만 아니라 목표 달성을 위해 지식 데이터베이스나 웹 검색, 코딩 등의 도구를 자유자재로 활용할 수 있는 능력을 갖춘 소프트웨어다.

그럼 AI 에이전트는 챗GPT와는 뭐가 다를까? 가장 큰 차이점은 바로 '자율성'에 있다. 챗GPT가 우리의 질문에 답하는 수동적인 역할에 머문다면, AI 에이전트는 한 걸음 더 나아가 우리의 의도를 먼저 파악하고 독립적으로 행동한다. 이러한 자율성은 LLM을 두뇌로 사용하면서도, CoT(Chain-of-Thought, 사고 연쇄)나 리액트(ReAct) 같은 고도의 추론 방식을 통해 복잡한 문제 해결 능력을 갖추었기에 가능하다. 또한 웹 검색이나 다른 프로그램을 도구처럼 활용해 훈련 데이터에 없는 최신 정보까지 스스로 습득하며 똑똑해진다.

챗봇이 단순히 질문에 답하거나 정적인 정보를 제공하는 데 그친다면, AI 에이전트는 대화의 맥락을 파악하고 맞춤형 솔루션을 제시한다. 가상 어시스턴트와의 차별성은 더욱 명확하다. 가상 어시스턴트가 알람 설정이나 단순 작업에 머문다면, AI 에이전트는 데이터를 통합 분석해 복합적인 의사결정을 지원한다.

로봇 청소기를 생각해보자. 센서로 집 안을 파악하고, 어디가 더러운지 확인하고, 가장 효율적인 청소 경로를 스스로 정한다. 자율주행차도 마찬가지다. 카메라와 센서로 도로 상황을 보고, 장애물을 피해서 안전하게 목적지까지 가는 방법을 스스로 찾는다. 단순한 답변을 넘어, 주어진 목표를 달성하기 위해 스스로 계획을 세우고, 여러 도구(Tool)를 활용해 실제 업무를 수행하는 것이다. "파리로 가는 가장 저렴한 항공편을 찾아줘"라는 요청에 항공편 정보를 나열하는 것이 챗봇이라면, 사용자를 대신해 직접 항공권을 검색하고 예약까지 완료하는 것이 AI 에이전트의 역할이다.

AI 에이전트의 기원

1966년 MIT의 조셉 와이젠바움(Joseph Weizenbaum)이 개발한 ELIZA는 최초의 챗봇으로, 심리치료사 역할을 흉내 내며 초기 AI 에이전트의 가능성을 보여줬다. 이후 1970~1980년대에는 전문가 시스템 시대가 도래했는데, 스탠퍼드대학교의 DENDRAL(1965)과 MYCIN(1972)은 각각 화학구조 분석과 의료 진단에 특화된 초기 형태의 AI 에이전트였다.

오늘날의 AI 에이전트 개념은 인공지능 분야의 세계적인 표준 교과

서로 인정받는 스튜어트 러셀(Stuart J. Russell)과 피터 노빅(Peter Norvig)의 저서 《인공지능: 현대적 접근법(Artificial Intelligence: A Modern Approach, AIMA)》에서 처음 제시되었다. 1995년에 발행된 이 책에서 '지능형 에이전트'라는 개념이 등장한다.

이 책에 따르면, 에이전트(Agent)란 '주어진 환경에서 목표를 달성하려는 존재'를 의미하며, 인공지능은 "환경으로부터 인식을 받아들여(percepts) 행동을 수행하는(actions) 에이전트에 대한 연구"로 정의된다. 이 정의는 매우 포괄적이어서, 단순히 복잡한 로봇뿐만 아니라 서머타임에 맞춰 스스로 시간을 재설정하는 시계와 같은 단순한 시스템도 에이전트로 간주할 수 있다. 즉 에이전트라는 개념은 세상을 '에이전트'와 '비(非)에이전트'로 나누는 절대적 기준이 아니라, 시스템을 분석하기 위한 유용한 도구인 것이다.

AI 에이전트는 어떻게 바이브 코딩을 하는 걸까?

AI 에이전트는 대규모 언어 모델(LLM)을 기반으로 일상 언어를 코드로 바꿔준다. 먼저 AI는 입력한 문장에서 중요한 단어들을 찾아낸다. 예를 들어 "사용자 인증 시스템을 만들어줘"라고 말하면, '사용자', '인증', '시스템'이라는 핵심 단어들을 찾고 이를 login(), authenticate(), User 클래스 같은 프로그래밍 요소와 연결한다.

동시에 AI는 입력받은 문장을 작은 조각들로 나누고, 각 조각의 의미를 숫자로 변환해서 기억한다. 이렇게 해서 '로그인'이라는 일상 언어가

username, password, session 같은 프로그래밍 용어와 자연스럽게 연결된다.

최신 AI 모델들은 매우 긴 대화나 문서를 한 번에 이해할 수 있어서 복잡한 프로젝트 전체를 파악하고 일관성 있는 코드를 만들어낸다.

2025년 AI 에이전트의 원년

2025년은 AI 에이전트의 원년으로 불린다. 단순히 질문에 답하는 것을 넘어 스스로 계획하고 실행하며 학습하는 인공지능 시스템이 현실이 되었다. 시장 규모는 2024년 54억 달러에서 2030년 526억 달러로 폭발적 성장이 예상되며, 주요 기업들이 이미 상용화 단계에 진입했다. 가트너는 2028년까지 일상적인 업무 결정의 15%가 AI 에이전트에 의해 자율적으로 이뤄질 것이라고 전망했다. 이는 단순한 기술 발전이 아니라 인간과 기계의 협업 방식을 근본적으로 바꾸는 패러다임 전환을 의미한다.

AI 에이전트는 더 이상 공상 과학 영화 속 이야기가 아니다. 이미 우리 삶 곳곳에 스며들어 조용히, 그러나 강력하게 영향력을 발휘하고 있다. 아침에 날씨를 알려주는 스마트 스피커, 취향에 맞는 영화를 추천하는 알고리즘, 복잡한 질문에 답을 찾아주는 챗봇 등은 모두 AI 에이전트 기술의 초기 형태이다. 하지만 기술의 발전은 여기서 멈추지 않는다. AI 에이전트는 단순한 정보 제공자를 넘어, 사용자를 대신해 스스로 목표를 설정하고, 계획을 세우며, 실제 행동까지 수행하는 '자율적 주체'로 진화하고 있다.

이러한 변화의 중심에는 생성형 AI 기술의 폭발적인 성장이 자리한다. 특히 LLM의 등장은 AI 에이전트라는 오래된 개념에 새로운 생명을 불어넣었다. AI 에이전트라는 개념 자체는 수십 년 전부터 학계에 존재했지만, LLM이라는 강력한 '두뇌'를 만나 비로소 그 잠재력을 현실 세계에서 펼치기 시작한 것이다. 이는 오랫동안 이론으로만 머물던 기술이 마침내 실용적인 엔진을 장착하고 우리 앞에 나타난 것과 같다.

세계적인 기술 리더들의 발언은 이러한 변화를 명확히 보여준다. 젠슨 황 엔비디아(NVIDIA) 최고경영자는 AI 에이전트를 사람 대신 일을 해주는 디지털 노동력이라고 정의하며 그 중요성을 강조했다. 오픈AI의 샘 올트먼 역시 AI 에이전트가 '가상 직원(virtual employee)'으로서 회사의 노동자로 합류하게 되었다는 전망을 제시했다. 이처럼 AI 에이전트는 반복적인 업무를 자동화하려는 기업의 수요와 개인에게 최적화된 서비스를 제공해야 하는 사용자 중심 시대의 흐름이 맞물리며 기술계의 가장 뜨거운 화두로 떠올랐다. 'AI 에이전트'라는, 조금은 생소하지만 우리 삶을 송두리째 바꿀지 모를 강력한 이 기술은 더 이상 먼 미래의 이야기가 아니다.

VIBE CODING

AI 에이전트를 똑똑하게 만드는 여섯 가지 특징

AI 에이전트의 특징은 자율성, 추론과 계획, 기억과 학습, 도구 활용, 목표 지향 행동, 환경 인식 등 여섯 가지로 요약된다. 사용자의 최소한의 개입으로 환경을 인식하고 데이터를 분석하며, 목표 달성을 위해 합리적인 결정을 내리는 지능형 시스템이다. 마치 유능한 개인 비서가 당신의 목표를 이해하고 과거 경험을 기억하며, 다양한 도구를 활용해 문제를 해결하는 것과 같다.

기존 AI는 시키는 일만 하고 정해진 규칙에 따라 질문에만 답했다. 반면 AI 에이전트는 스스로 생각해서 먼저 행동하며, 상황을 전체적으로 살펴보고 가장 적절한 행동을 결정한다. 예를 들어 기존 AI가 "오늘 날씨가 어때?"라는 질문에만 답했다면, AI 에이전트는 내일 비가 온다는 예보를 보고 먼저 회의 일정을 실내로 바꾸자고 제안한다.

스스로 판단하고 실행하는 자율성

AI 에이전트의 자율성은 숙련된 비서가 상사의 전반적인 지시만 받고도 세부사항을 스스로 처리하는 것과 같다. 기존 AI가 각 단계마다 명확한 지시를 필요로 했다면, 에이전트는 고차원적 목표를 받고 스스로 세부 실행 계획을 수립하여 자율적으로 실행한다.

사용자가 "다음 주 제품팀과 45분 회의 일정을 잡아줘"라고 요청하면 참석자 가능 시간을 확인하고, 시간대 차이를 고려하며, 회의실을 예약하고 알림을 보내는 모든 과정을 자동으로 처리한다. 2024년 연구에 따르면, 복잡한 소프트웨어 작업의 30.4%를 인간 개입 없이 자율적으로 완료할 수 있는 수준에 도달했다.

복잡한 문제를 단계별로 해결하는 추론과 계획

AI 에이전트의 추론과 계획 능력은 건축가가 건물을 설계할 때 전체 구조를 파악하고 각 층별로 세부 계획을 수립하는 것과 유사하다. 체인-오브-쏘트(Chain-of-Thought, 사고의 연쇄) 프롬프팅을 통해 단계별 추론을 수행하고, 트리-오브-쏘트(Tree-of-Thought, 사고의 나무)로 여러 가능한 해결 경로를 탐색하여 최적의 방안을 선택한다.

오픈AI의 o1/o3 모델은 2024년 ARC-AGI 벤치마크에서 87.5점을 달성하여 인간 수준(85점)을 초과했다. 실제로 법률 연구 에이전트는 '새로운 데이터 프라이버시 법률하에서 기업이 직면하는 법적 문제'에 대한 질문을 받으면, 법률 데이터베이스 검색 → 역사적 기준 설정 → 법률 문서 요약 → 패턴 기반 미래 예측의 단계별 계획을 수립하여 실행한다.

경험을 기억하고 학습하는 능력

AI 에이전트의 기억과 학습 시스템은 숙련된 의사가 환자의 병력을 기억하고 유사한 사례들을 참고하여 진단하는 것과 같다. 그래서 새로운 치료 경험을 통해 의술을 향상시킨다.

메모리 시스템은 에피소드 메모리(특정 상호작용 기록 저장), 시맨틱 메모리(개념적 지식의 구조화), 작업 메모리(진행 중인 작업 정보 임시 저장)로 구성된다.

외부 도구를 활용하는 능력

도구 활용 능력은 숙련된 요리사가 다양한 조리 도구를 상황에 맞게 선택하고 각 도구의 특성을 이해하여 최적의 요리를 완성하는 것과 같다. 펑션 콜링(Function Calling, 함수 호출) 메커니즘을 통해 외부 API, 소프트웨어, 데이터베이스를 적절히 선택하고 활용한다.

클로드 3.5는 컴퓨터 인터페이스를 직접 조작하여 버튼 클릭, 텍스트 입력 등 인간과 같은 방식으로 컴퓨터를 사용할 수 있다. 따라서 마케팅 캠페인 에이전트는 이메일 자동화 소프트웨어 설정, 소셜 미디어 예약 도구 활용, 분석 도구로 성과 측정하는 모든 과정을 통합하여 수행한다.

목표를 향해 일관되게 행동하는 능력

목표 지향 행동은 등산가가 정상 등반이라는 목표를 설정하고 날씨와 체력 상태에 따라 경로를 조정하면서도 궁극적인 목표를 향해 나아가는 것과 같다. 복잡한 목표를 달성 가능한 하위 목표로 분해하고, 진행 상황을 지속적으로 모니터링하며, 상황 변화에 따라 전략을 조정한다.

세일즈포스 에이전트포스(Agentforce)는 고객 지원 워크플로를 자율적으로 관리하며, 복잡한 문제는 에스컬레이션하고 피드백 루프를 통해 개선한다.

상황을 파악하고 적응하는 환경 인식

환경 인식은 숙련된 운전자가 도로 상황, 날씨, 교통 흐름을 종합적으로 파악하여 안전하게 운전하는 것과 같다. 멀티모달 인식(다중 양식 인식)을 통해 텍스트, 이미지, 오디오 등 다양한 형태의 환경 정보를 처리하고 실시간으로 환경 변화를 감지한다.

스마트홈 에이전트는 날씨 예보, 일정 정보, 에너지 가격을 통합 분석하여 자동으로 난방과 냉방을 조절하고 에너지 효율을 최적화한다.

> VIBE CODING

복잡한 임무를 수행하는
AI 에이전트의 세 가지 핵심 기술

AI 에이전트가 단순한 챗봇을 넘어 자율적으로 기능하기 위해서는 인간의 문제 해결 방식과 유사한 고도의 인지 능력이 필요하다. 이는 크게 '목표 분해', '도구 선택', '자기 수정'이라는 세 가지 핵심 기술로 구현된다.

복잡한 목표를 잘게 쪼개는 기술: 목표 분해

사용자가 "여름휴가로 갈 만한 동남아 여행지를 추천하고, 가장 저렴한 항공권과 숙소를 예약해줘"와 같이 크고 모호한 목표를 제시하면, AI 에이전트는 이를 한 번에 해결하려 하지 않는다. 거대한 목표를 구체적이고 실행 가능한 작은 하위 작업(sub-task)들로 체계적으로 분해한다.

- 1단계: '동남아 인기 휴양지' 검색
- 2단계: 각 휴양지의 특징 및 예산 정보 비교 분석
- 3단계: 사용자의 과거 여행 기록 및 선호도 분석(예: 휴양 vs. 관광)
- 4단계: 최종 목적지 3곳 선정 및 사용자에게 보고
- 5단계: 사용자가 선택한 목적지의 항공권 최저가 검색
- 6단계: 평점 높은 숙소 리스트업 및 가격 비교
- 7단계: 최종 항공권 및 숙소 예약 진행
- 8단계: 예약 내역을 사용자의 캘린더에 추가

이처럼 복잡한 문제를 관리 가능한 단위로 나누는 '목표 분해(Task Decomposition)' 능력은 에이전트가 체계적으로 일의 순서를 정하고, 각 단계에 집중하여 전체 과업을 효율적으로 완수하게 하는 핵심적인 계획 (Planning) 능력이다.

상황에 맞는 도구를 꺼내 쓰는 지혜: 도구 선택

일단 작업 계획이 세워지면, 에이전트는 각 하위 작업을 수행하는 데 가장 적합한 '도구'를 자신의 공구함에서 꺼내 사용한다. 여기서 도구란 웹 검색 기능, 계산기, 번역기 같은 단순한 기능부터 항공권 예약 API, 사내 데이터베이스 접속, 코드 실행기 등 전문적인 프로그램까지 모두 포함한다.

예를 들어 앞선 여행 계획 작업에서 에이전트는 다음과 같이 각기 다

른 도구를 활용한다.

- '휴양지 검색' 작업: 웹 검색(Web Search) 도구를 사용해 최신 정보를 수집한다.
- '항공권 예약' 작업: 항공사 예약 API를 호출하여 실시간으로 좌석을 확인하고 예약한다.
- '예산 계산' 작업: 계산기(Calculator) 도구를 사용해 총경비를 정확히 산출한다.
- '일정 등록' 작업: 구글 캘린더(Google Calendar) API를 이용해 사용자의 일정에 자동으로 추가한다.

AI 에이전트는 주어진 과업의 맥락을 이해하고, 수많은 도구 중에서 지금 가장 필요한 것이 무엇인지 판단하여 사용하는 '도구 선택(Tool Selection)' 능력을 통해 자신의 지식만으로는 해결할 수 없는 현실 세계의 문제를 해결하고 실제적인 행동을 수행할 수 있다.

스스로를 교정하며 성장하는 능력: 자기 수정

인간도 일을 하다 보면 실수를 하거나 예상치 못한 문제에 부딪히는 것처럼, AI 에이전트 역시 완벽하지 않다. 웹사이트 구조가 바뀌어 정보 수집에 실패하거나, 예약 API에서 오류 메시지를 받을 수도 있다. 이때 평범한 프로그램은 작동을 멈추지만, 뛰어난 AI 에이전트는 '자기 수정(Self-Correction)' 능력을 발휘한다.

이 과정은 '오류 감지 → 성찰 → 재시도'의 순환 구조로 이루어진다.

- 오류 감지(Error Detection): 에이전트는 자신의 행동 결과가 예상과 다른지, 오류 코드를 받았는지 등을 지속적으로 확인한다.

- 성찰(Reflection): 오류가 발생하면, 에이전트는 "무엇이 잘못되었을까?", "왜 실패했을까?"라고 스스로에게 질문하며 원인을 분석한다. 예를 들어 '항공권 예약 실패'라는 결과를 받으면, '입력한 날짜 형식이 잘못되었나?', '해당 항공편이 매진되었나?' 등을 추론한다.

- 재시도(Retry Logic): 성찰을 통해 얻은 결론을 바탕으로 계획을 수정하여 다시 시도한다. 날짜 형식을 바꿔보거나, 다른 항공사를 검색하는 등 대안적인 방법을 모색하는 것이다.

VIBE CODING

AI 에이전트 전쟁의 서막

AI 에이전트 기술이 상용화 단계에 접어들면서 전 세계 기술 시장은 새로운 전쟁터로 변모하고 있다. 시장조사기관 마켓츠앤마켓츠(Markets and Markets)의 예측에 따르면, 글로벌 AI 에이전트 시장 규모는 2024년 약 51억 달러(약 7조 원)에서 2030년에는 471억 달러(약 65조 원)에 이를 것으로 전망된다. 이러한 거대한 시장을 선점하기 위해 글로벌 빅테크 기업들과 국내 대표 IT 기업들은 각자의 강점을 무기로 치열한 경쟁을 벌이고 있다.

이들의 경쟁은 단순히 더 뛰어난 기능을 선보이는 것을 넘어, 자사의 핵심 플랫폼과 생태계에 사용자를 묶어두려는 '생태계 전쟁'의 양상을 띤다. 구글은 검색과 안드로이드(Android), 마이크로소프트는 윈도우(Windows)와 오피스(Office), 애플은 iOS와 하드웨어, 메타는 소셜 네트워크, 그리고 네이버와 카카오는 각각 검색 포털과 국민 메신저를 기반으로 AI 에이전트를 개발하고 있다. 이는 AI 에이전트가 독립적인 제품이라기보다는 기존 생태계를 강화하고 사용자의 이탈을 막는 '록인(Lock-in)' 효과를 극대화하는 전략적 수단임을 보여준다. 결국 이 전쟁의 본질은 '누가 더 똑똑한 비서를 만드느가'를 넘어, '누가 미래 디지털 생활의 중심 플랫폼이 되는가'에 대한 패권 다툼이라 할 수 있다.

미래 패권을 둘러싼 AI 에이전트 전쟁

글로벌 빅테크 기업들은 막대한 자금력과 기술력을 바탕으로 2024년 하반기부터 2025년 초에 걸쳐 본격적으로 AI 에이전트 서비스를 출시하며 시장 주도권 경쟁을 심화시키고 있다.

오픈AI는 곧 출시할 통합 모델 GPT-5에 오퍼레이터 기능을 일부 탑재할 것으로 예상된다. 경쟁사들도 발 빠르게 움직이고 있다. 구글은 '프로젝트 마리너(Project Mariner)'라는 이름으로 유사한 기술을 개발 중이며, 앤트로픽 역시 자사의 AI 모델 '클로드 소넷(Claude Sonnet)'에 '컴퓨터 활용' 기능을 베타 버전으로 추가한 바 있다. 바야흐로 세상을 바꿀 AI 비서 시장의 본격적인 경쟁이 시작된 것이다.

이는 AI 에이전트 시장이 단순히 오픈AI만의 전유물이 아니라, 글로벌 AI 기업들이 모두 주목하고 있는 차세대 핵심 기술임을 보여준다. 클로드의 컴퓨터 유즈 기능은 오퍼레이터와 마찬가지로 컴퓨터 화면을 직접 조작할 수 있는 능력을 갖추고 있어, 앞으로 AI 에이전트 분야에서 치열한 경쟁이 예상된다. 사용자들은 더 다양하고 발전된 AI 비서 서비스를 경험할 수 있게 되었으며, 기업들은 새로운 비즈니스 모델과 고객 서비스 방식을 고민해야 하는 시점에 서 있다.

어떤 기업의 AI 비서가 가장 똑똑할까?

오픈AI는 2025년 7월에 챗GPT 에이전트를 선보였다(8월에는 에이전트 모드가 탑재된 GPT-5가 출시되었다). 이는 기존 오퍼레이터(Operator)와 심층 리서치(Deep Research) 두 도구를 합친 혁신적인 AI 에이전트 서비스다. 챗GPT 에이전트는 자체 가상 컴퓨터를 사용해 비주얼 브라우저, 텍스트 브라우저, API 등 세 가지 웹 도구를 상황에 맞게 선택하여 복잡한 업무를 처음부터 끝까지 자동 처리한다. 성능 평가에서도 Humanity's Last Exam('인류 최후의 시험'이라는 뜻으로, AI가 인간 전문가 수준에 도달했는지를 평가하는 시험) 43.1점 신기록을 포함해 데이터 분석(89.9%), 투자은행 업무(71.3%) 등에서 인간을 뛰어넘는 결과를 보였다.

챗GPT 프롬프트 창에서 '에이전트 모드'를 선택한 후 자연어로 작업을 요청하면, 경쟁사 분석 후 슬라이드쇼 제작이나 일정 확인 후 미팅 준비 등이 가능하다. 오픈AI는 챗GPT 에이전트가 단순한 정보 제공을 넘어 실제 업무를 수행하는 파트너 역할을 해나갈 것으로 기대하고 있다.

오픈AI의 대항마로 꼽히는 앤트로픽은 '컴퓨터 유즈(Computer Use)'라는 혁신적인 기능으로 AI 에이전트 경쟁에 불을 지폈다. 이 기능은 자사 AI 모델인 '클로드 소넷'을 기반으로, AI가 단순히 API를 통해 다른 서비스와 연동하는 것을 넘어, 인간처럼 컴퓨터 화면을 직접 '보고' 마우스 커서를 움직이고 키보드를 입력하여 PC를 통째로 제어한다. 예를 들어 사용자 대신 엑셀 파일을 열어 특정 조건의 데이터를 찾고, 그 결과를 바탕으로 보고서를 작성하는 등의 복잡한 작업을 자율적으로 수행할 수 있다. 다만 이 기능은 아직 일반 소비자용이 아닌 API를 통한 개발자용 베타 버전이며, 실험적 단계이기에 오류가 발생할 수 있다.

구글은 멀티모달 AI 모델 '제미나이'를 기반으로 한 '프로젝트 아스트라(Project Astra)'를 통해 차세대 AI 에이전트의 비전을 제시한다. 공개된 연구 프로토타입(Research Prototype) 데모 영상에서 아스트라는 스마트폰 카메라로 고장 난 자전거를 비추자 스스로 매뉴얼 PDF를 찾아 열고, 관련 유튜브 영상을 재생하는 등 여러 앱을 넘나들며 문제를 해결하는 모습을 보여주었다. 이는 단순한 음성 비서를 넘어, 사용자의 상황을 실시간으로 이해하고 기기를 직접 제어하여 행동하는 진정한 '범용 AI 비서'를 목표로 함을 보여주나, 아직 상용화된 서비스는 아니다(2025년 7월 기준).

마이크로소프트는 자사의 클라우드 플랫폼 '애저(Azure)'와 '마이크로소프트 365(Microsoft 365)' 생태계를 중심으로 AI 에이전트 '코파일럿'을 깊숙이 통합하고 있다. 코파일럿은 워드(Word)에서 문서 초안을 작성하고, 엑셀(Excel)에서 데이터를 분석하며, 팀즈(Teams)에서 회의 내용을 요약하는 등 사용자의 업무 생산성을 극대화하는 '디지털 동료' 역할을 수행한다. 또한 '코파일럿 스튜디오(Copilot Studio)'를 통해 기업들이 코딩 지식 없이도 자신들의 필요에 맞는 맞춤형 에이전트를 제작할 수 있도록 지원한다.

애플은 '애플 인텔리전스(Apple Intelligence)'를 통해 '개인정보 보호'를 최우선 가치로 내세우며 시장 차별화를 꾀한다. 가능한 범위 내의 주요

◆ 글로벌 빅테크 AI 에이전트 비교

기업	AI 에이전트	기반 모델
구글	프로젝트 아스트라	제미나이
마이크로소프트	코파일럿, 코파일럿 스튜디오	GPT-4, 오픈AI 모델
오픈AI	챗GPT 에이전트	GPT-5(오퍼레이터 + 심층 리서치)
앤트로픽	컴퓨터 유즈	클로드 소넷
애플	애플 인텔리전스	자체 개발 모델
메타	메타 AI	라마 4

개인정보 연산은 기기 내에서 처리하는 '온디바이스(On-device) AI'를 중심으로 하되, 더 복잡하고 고사양의 작업이 필요할 경우 암호화된 '프라이빗 클라우드 컴퓨트(Private Cloud Compute)'로 전송하여 처리하는 하이브리드 방식을 채택했다. 이를 통해 민감한 개인 데이터가 외부로 유출될 위험을 최소화하면서 기존 음성 비서 '시리(Siri)'의 기능을 대폭 강화하고 고도로 개인화된 AI 경험을 제공하는 것을 목표로 한다.

메타는 페이스북, 인스타그램(Instagram), 왓츠앱 등 자사의 막강한 소셜 네트워크 플랫폼에 AI 비서 '메타 AI(Meta AI)'를 통합하는 전략을 사용한다. 멀티모달 기능을 갖춘 차세대 모델 '라마 4(LLaMA 4)'(내부적으로 스카우트(Scout), 매버릭(Maverick) 등으로 구성)를 기반으로, 사용자들은 이미 익숙한 앱 내에서 메타 AI와 대화하고, 게시물 아이디어를 얻거나, AI 이미지를 생성할 수 있다. 또한 레이밴 메타(Ray-Ban Meta) 스마트 안경과 연동하여 길을 걸으면서 주변 사물에 대해 질문하는 등 핸즈프리 AI 경험을 제공하며 일상 속으로 파고들고 있다.

한국형 AI 에이전트의 도전

글로벌 빅테크의 공세 속에서 국내 IT 기업인 네이버와 카카오는 자사의 핵심 플랫폼을 무기로 AI 에이전트 시장에 출사표를 던졌다. 이들의 전략은 글로벌 플랫폼에 국내 사용자를 빼앗기지 않으려는 위기감에서 비롯된 것이기도 하다.

네이버는 자체 개발한 초거대 AI 모델 '하이퍼클로바X(HyperCLOVA X)'를 기반으로, 자사의 모든 서비스에 AI를 내재화하는 '온서비스 AI(On-service AI)' 전략을 추진한다. 검색창에 질문을 입력하면 AI가 웹 문서를 요약해 답변과 출처를 함께 제공하는 'AI 브리핑' 서비스가 대표적인 예다. 나아가 네이버는 검색, 쇼핑, 지도, 금융 등 특정 분야에 고도로 특화된 '버티컬 에이전트(Vertical Agent)'를 순차적으로 선보이고, 최종적으로는 이들을 통합 관리하는 '통합 에이전트'를 구축한다는 청사진을 공개했다.

카카오는 4,870만 명(2024년 1분기 기준)의 월간 활성 사용자를 보유한 국민 메신저 '카카오톡'을 AI 에이전트 전략의 핵심 거점으로 삼고 있다. 이를 위해 AI 개발을 총괄하는 전담 조직 '카나나(Kanana)'를 신설했으며, 연내에 카카오톡에 접목할 수 있는 전문가 상담 챗봇, 상품 추천 AI 등 사용자 맞춤형 AI 서비스를 출시할 계획이다. 카카오는 이용자들이 가장 친숙한 대화형 인터페이스를 통해 AI를 자연스럽게 경험하게 함으로써 시장 경쟁력을 확보하려 한다.

국내 통신 3사인 KT, SK텔레콤(SKT), LG유플러스(LGU+) 역시 AI를 미래 성장 동력의 핵심으로 삼고 있다. 2025년은 이들의 경쟁이 단순한 기술력 과시를 넘어, 각 사가 보유한 방대한 통신 데이터와 고객 기반을 활용해 실질적인 수익을 창출하는 '돈 버는 AI'를 구현하는 원년이 되고 있다. 특히 안정적인 수익 확보가 용이한 기업용(B2B) 시장을 중심으로 치열한 전략 싸움이 벌어지고 있다.

KT는 자체 개발한 초거대 AI '믿음(Mi:dm)'을 중심으로 기업용 시장에 집중하는 전략을 펼치고 있다. 글로벌 AI 모델과 차별화하기 위해 한국의 역사, 문화, 법률 등 방대한 한국어 데이터를 학습시킨 '한국적 AI'를 전면에 내세웠다. 2025년에는 성능을 대폭 개선한 '믿음 2.0'을 오픈소스로 공개하며, 한국형 AI 생태계 확산에 나서고 있다.

SK텔레콤은 개인용 AI 비서 서비스 '에이닷(A.)'을 통해 AI 에이전트 시장을 선도하고 있다. SK텔레콤의 가장 큰 특징은 자체 개발한 LLM '에이닷엑스(A.X)'에만 머무르지 않고, 오픈AI의 GPT, 구글의 제미나이, 앤트로픽의 클로드 등 총 12종에 달하는 글로벌 대표 AI 모델들을 모두 탑재한 '멀티 LLM' 전략을 구사한다는 점이다. 이를 통해 사용자는 하나의 앱에서 여러 AI 모델의 답변을 비교하며 자신에게 가장 적합한 결과를 선택할 수 있다.

LG유플러스는 AI 기술 자체보다 고객이 체감할 수 있는 실용적인 서비스에 집중하고 있다. 그 중심에는 통신사의 가장 본질적인 서비스인 '통화' 경험을 혁신한 AI 통화 에이전트 '익시오(ixi-O)'가 있다. 익시오는 스마트폰 기기 자체에서 작동하는 온디바이스 AI 기술을 기반으로 빠르고 안정적인 서비스를 제공하는 것이 특징이다.

한국형 AI 에이전트의 경쟁력은 한국 시장과 산업을 가장 잘 이해하는 한국 기업이 개발한 AI에 기반하고 있다는 점이다. 막대한 자본력과 기술력으로 무장한 글로벌 AI 에이전트에 한국형 AI 에이전트가 어떻게 차별화하면서 생태계를 만들어나갈지가 관건이다.

VIBE CODING

2025년에 주목할 만한 AI 에이전트

2025년, IT 업계가 주목하는 5대 AI 에이전트 서비스—오픈AI 챗GPT 에이전트, 앤트로픽 컴퓨터 유즈, 젠스파크, 펠로 AI, 애플 인텔리전스를 소개한다. 각 서비스는 고유한 강점과 특화 분야를 가지고 있어, 사용자의 필요에 따라 선택하여 활용할 수 있다.

AI 어시스턴트 시장은 현재 두 가지 큰 흐름 속에서 전개되고 있다. 하나는 챗GPT 에이전트나 젠스파크처럼 일상과 업무의 광범위한 영역을 포괄하려는 '만능 슈퍼 AI 에이전트'를 향한 경쟁이다. 이들은 하나의 플랫폼이나 생태계 안에서 사용자의 모든 필요를 해결하고자 한다.

또 다른 흐름은 특정 사용자의 명확한 요구를 깊이 파고드는 '전문 분야를 강조한 AI 에이전트'의 부상이다. 펠로 AI는 '빠른 보고서 작성'이라는 가치를 제공하며 자신만의 영역을 구축하고 있고, 앤트로픽 컴퓨터 유즈 역시 '자동화'라는 특정 목적에 집중한다.

이러한 시장 구도는 사용자들이 더 이상 하나의 AI 서비스에 모든 것을 의존하지 않게 될 것임을 시사한다. 미래의 사용자들은 마치 스마트폰에다 목적에 따라 여러 앱을 설치해 사용하듯, 자신의 필요에 맞춰 여러 AI 서비스를 조합하여 사용하는 'AI 포트폴리오' 시대로 진입하게 될 것이다. 일상생활이나 간단한 정보 검색은 애플 인텔리전스에 맡기고, 심층적인 업무 리서치는 챗GPT 에이전트를 활용하며, 반복적인 온라인 행정 업무는 컴퓨터 유즈에게 위임하는 방식이 보편화될 수 있다.

AI 시대의 최종적인 승자는 단 하나의 AI가 아닐 가능성이 높다. 대신 각자의 전문 영역에서 최고의 가치를 제공하고 다른 서비스와 원활하게 연동될 수 있는 AI들이 공존하는 거대한 생태계가 형성될 것이다. 이러한 환경에서 사용자에게 가장 중요해지는 역량은 단일 AI의 성능을 평가하는 것을 넘어, 각 AI의 장단점을 명확히 파악하고 자신의 목적에 맞게 최적의 조합을 구성하여 활용하는 역량일 것이다.

◆ **5대 AI 에이전트 서비스 비교**

	AI 에이전트 서비스	개발사(국가)	핵심 콘셉트	요금 모델 (2025년 6월 30일 기준)	주요 타깃 유저
전문가용	앤트로픽 클로드 컴퓨터 유즈	앤트로픽(미국)	클로드 AI용 GUI 조작 도구	클로드 API 요금제에 포함	클로드 AI 기반 에이전트 시스템을 구축하는 개발자
일반 사용자용	챗GPT 에이전트	오픈AI(미국)	업무 효율 지원 에이전트	프로, 플러스, 팀 구독	다양한 업무 수행을 하는 챗GPT 사용자
	젠스파크	메인펑크 (미국/중국)	올인원 '슈퍼 에이전트'	프리미엄 (플러스 플랜 월 24.99달러)	무료로 다양한 최신 AI 기능을 사용해보고 싶은 일반 사용자
	펠로 AI	펠로(일본)	다국어 검색 및 콘텐츠 생성	크레딧 기반 프리미엄 (프로 플랜 월 14.99달러)	다국어 리서치 및 콘텐츠 생성이 필요한 글로벌 사용자
	애플 인텔리전스	애플(미국)	프라이버시 중심 온디바이스 AI	무료(향후 유료화 가능성)	개인정보 보호를 최우선으로 하는 애플 생태계 사용자

> VIBE CODING

챗GPT 에이전트 ChatGPT Agent

▎오픈AI, 마침내 혁신적인 AI 에이전트를 선보이다

2025년 7월 17일, 오픈AI가 챗GPT 에이전트를 출시했다. 이번 서비스는 단순한 기능 업데이트가 아니라 AI가 사용자를 대신해 실제 업무를 처리하는 새로운 시대의 시작을 알리는 신호탄이다. 묻는 말에만 답변을 하고 그치는 것이 아니라 스스로 생각해 실행까지 한다는 점에서 AI 시장에는 엄청난 충격파라 할 수 있다.

챗GPT 에이전트는 프로(Pro), 플러스(Plus), 팀(Team) 사용자들에게 제공되며, 엔터프라이즈(Enterprise)와 에듀케이션(Education) 사용자들도 이용할 수 있다. 이제 챗GPT 사용자들은 AI에게 단순히 질문을 던지는 것을 넘어, 복잡한 업무를 맡기고 결과를 받아볼 수 있게 되었다.

두 개의 강력한 도구가 하나로 합쳐지다

챗GPT 에이전트의 탄생 배경을 이해하려면 먼저 오픈AI가 2024년에 선보인 두 가지 혁신적인 도구를 알아야 한다. 하나는 '오퍼레이터'라는 리서치 프리뷰 에이전트이고, 다른 하나는 '심층 리서치'라는 다단계 웹 추론 도구이다.

오퍼레이터는 원격 브라우저를 사용해 웹사이트와 직접 상호작용할 수 있었다. 마치 사람처럼 웹사이트에서 스크롤하고 클릭하며 정보를 찾을 수 있었지만, 깊이 있는 분석이나 상세한 보고서 작성에는 한계가 있었다. 반면 심층 리서치는 복잡한 정보를 분석하고 요약하는 데 탁월한 성능을 보였지만, 웹사이트와 직접 상호작용하거나 사용자 인증이 필요한 콘텐츠에는 접근할 수 없었다.

흥미롭게도 오픈AI는 사용자들이 실제로 오퍼레이터에 시도한 많은 작업들이 사실 심층 리서치에 더 적합하다는 것을 발견했다. 이런 깨달음이 두 도구의 보완적인 강점을 하나로 합치는 아이디어로 이어졌고, 그 결과가 바로 챗GPT 에이전트다.

세 가지 도구를 자유자재로 활용하는 똑똑한 AI

챗GPT 에이전트는 자체 가상 컴퓨터를 사용하여 사용자를 대신해 복잡한 작업을 처음부터 끝까지 처리한다. 이 시스템의 핵심은 세 가지 웹 도구를 상황에 맞게 선택해서 사용한다는 점이다.

첫 번째는 GUI(그래픽 사용자 인터페이스)를 통해 웹과 상호작용하는 비주얼 브라우저다. 이는 사람이 웹사이트를 사용하는 것처럼 시각적으로 상호작용할 수 있게 해준다. 두 번째는 복잡한 그래픽이 없는 간단한 웹 검색을 위한 텍스트 기반 브라우저로, 텍스트 정보만 빠르게 가져올 때 사용한다. 세 번째는 웹사이트의 데이터베이스에 직접 연결해서 정보를 가져오는 API 접근 방식이다. 이는 주식 가격이나 날씨 정보처럼 실시간으로 변하는 데이터를 빠르게 가져올 때 유용하다.

예를 들어 재무 데이터나 스포츠 경기 결과 같은 정보는 API를 통해 빠르게 가져오지만, 인간을 위해 디자인된 복잡한 웹사이트에서는 시각적으로 상호작용한다. 마치 경험 많은 비서가 상황에 맞는 최적의 방법을 선택하는 것과 같다.

더욱 놀라운 점은 이 AI가 고정된 방법을 고수하는 대신 결과를 평가하면서 단계마다 각 작업에 가장 효과적인 도구를 찾아 활용한다는 것이다. 작업을 수행하는 과정에서 동적으로 학습하면서 속도, 정확성, 효율성을 높이기 위해 접근법을 최적화한다.

얼마나 똑똑할까?

숫자로 보는 챗GPT 에이전트의 성능은 놀라울 정도다(2025년 7월 기준). 다양한 주제에서 전문가 수준의 질문에 답하게 함으로써 AI의 성능을 측정하는 평가인 Humanity's Last Exam에서 챗GPT 에이전트를 구동하는 모델이 43.1점으로 신기록을 달성했다. 이는 도구 없이 작동한 오픈AI o3의 20.3점이나 파이썬과 브라우징을 사용한 심층 리서치의 26.6점을 크게 뛰어넘는 수치다.

특히 데이터 분석 분야에서는 인간을 크게 뛰어넘는 성과를 보였다. 실제 데이터과학자들이 하는 일을 모방한 평가에서 데이터 분석 작업은 89.9%, 데이터 모델링은 85.5%의 정확도를 기록했다. 이는 같은 작업을 수행한 인간의 64.1%와 65.0%를 크게 앞선 수치다.

더욱 인상적인 것은 투자은행 업무 평가 결과다. 1년에서 3년 차 투자은행 분석가가 수행하는 작업들을 측정하는 내부 벤치마크에서 챗GPT 에이전트는 71.3%의 정확도를 기록했다. 이는 심층 리서치의 55.9%와 오픈AI o3의 48.6%를 크게 앞선 성과다. 《포춘》 500대 기업을 위해 올바른 형식과 인용으로 3종 재무 모델을 종합하거나, 상장 기업 비공개화를 위해 기업 담보 차입 매수 모델을 개발하는 등의 복잡한 업무를 수행할 수 있다는 의미다.

스프레드시트(spreadsheet) 편집 능력도 탁월하다. 실제 회사에서 사용하는 스프레드시트 편집 작업을 평가하는 SpreadsheetBench(스프레드시트 성능 측정 시험)에서 기존 최고 성능을 보였던 GPT-4o의 18.4%를 크게 뛰어넘어 35.3%를 기록했고, 엑셀 파일에 직접 접근할 수 있을 때는 45.5%까지 올라갔다. 이는 마이크로소프트 엑셀의 코파일럿 20.0%보다 두 배 이상 높은 수치다.

웹 브라우징 능력을 측정하는 웹아레나(WebArena)에서는 78.2%의 정확도로 인간의 성능에 근접했고, 웹에서 찾기 힘든 정보를 찾는 능력을 측정하는 브라우즈컴프(BrowseComp)에서는 68.9%로 신기록을 세웠다.

어떻게 사용하면 될까?

챗GPT 에이전트 사용법은 간단하다. 프롬프트 창에서 '에이전트 모드'를 선택하면 나타나는 선택 메뉴를 통해 직접 활성화할 수 있다. 이후엔 평소처럼 원하는 작업을 자연스러운 언어로 설명하기만 하면 된다.

"경쟁사 3곳을 분석하고 슬라이드쇼를 만들어줘"라고 요청하면, AI가 알아서 관련 정보를 찾고, 분석하고, 프레젠테이션을 만들어준다. "내 달력을 보고 최근 뉴스를 바탕으로 다가오는 클라이언트 미팅에 대해 요약해줘"라고 하면, 일정을 확인하고 관련 뉴스를 찾아 유용한 정보를 정리해준다.

작업이 진행되는 동안에는 화면의 내레이션을 통해 AI가 무엇을 하고 있는지 정확히 볼 수 있다. 마치 동료가 작업하는 모습을 어깨너머로 지켜보는 것과 같다. 중간에 방향을 바꾸고 싶거나 추가 지시를 하고 싶다면 언제든 개입하여 브라우저를 직접 제어할 수 있다.

특히 유용한 기능은 작업 자동화 예약이다. 매주 월요일 아침에 주간 지표 보고서를 생성하도록 하는 등 완료된 작업이 자동적이고 반복적으로 발생하도록 예약할 수 있다.

월 20달러에 슈퍼 비서 Super Agent 를 고용하다

챗GPT 에이전트는 유료 서비스로 제공된다. 프로 사용자는 매월 거의 무제한에 가까운 작업을 할 수 있고, 플러스나 팀 사용자는 월 50건의 작업이 가능하다. 추가 작업이 필요하면 유연한 크레딧 기반 옵션을 사용할 수 있다.

기존 서비스들에도 변화가 생겼다. 오퍼레이터 리서치 프리뷰는 서비스가 종료된다. 심층 리서치 기능은 챗GPT 에이전트에 통합되었지만, 기존의 더 상세하고 깊이 있는 심층 리서치를 원한다면 프롬프트 창의 선택 메뉴에서 따로 선택할 수 있다.

챗GPT 에이전트는 사용자가 이미 사용하고 있는 다른 앱들과 연결할 수 있다. 예를 들어 구글 캘린더나 지메일(Gmail) 같은 서비스에 연결하면, 챗GPT가 사용자의 일정을 확인하거나 받은 편지함을 요약해주는 등의 개인화된 작업을 할 수 있다. 물론 이런 연결은 사용자가 직접 허가한 경우에만 이루어지며, 챗GPT는 정보를 읽기만 할 수 있고 임의로 수정하거나 삭제할 수는 없다.

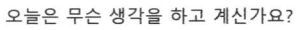

◆ **프롬프트 창의 '+'를 클릭하고 '에이전트 모드'를 선택**

"추석 연휴에 일본 도쿄 여행을 가려고 하는데 4성급 호텔 중에서 시부야에 위치한 평점이 가장 좋은 호텔을 예약해줘"라고 입력하면 에이전트가 직접 호텔 사이트를 열고 예약을 진행한다.

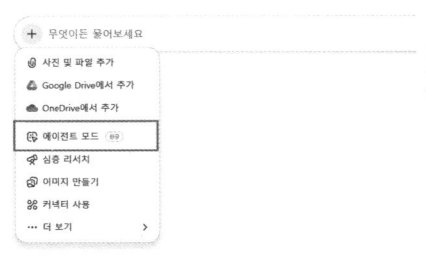
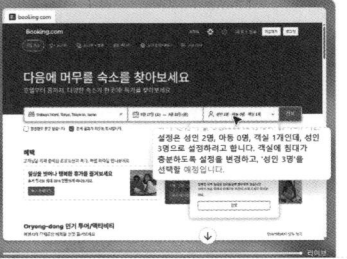

자료: 오픈AI

일상과 업무에서 활용하기

업무 환경에서 챗GPT 에이전트는 진정한 생산성 혁명을 가져올 수 있다. 스크린샷이나 대시보드를 편집 가능한 벡터 요소로 구성된 프레젠테이션으로 변환하거나, 미팅 일정을 조정하고, 외부 이벤트를 계획 및 예약하고, 형식은 동일하게 유지하면서 스프레드시트를 새로운 재무 데이터로 업데이트하는 등의 반복적인 작업을 자동화할 수 있다.

더 구체적인 예시들을 살펴보면, AI가 날짜를 선택하고 결과를 필터링하며, 안전하게 로그인하도록 안내하고, 코드를 실행하여 결과를 요약한 후 슬라이드쇼와 스프레드시트처럼 정제되고 편집 가능한 출력을 제공한다. 웹사이트를 지능적으로 탐색하면서 사용자가 원하는 정확한 정보를 찾아낸다.

개인 생활에서도 매우 유용하다. 여행 일정을 계획하고 예약하거나, 저녁 파티를 디자인하고 예약하거나, 전문가를 찾아 상담을 예약하는 등의 복잡한 일들을 AI에게 맡길 수 있다. 손쉽게 이런 작업들을 처리할 수 있어 개인 시간을 더 의미 있는 일에 활용할 수 있다.

철저한 안전장치로 신뢰성 확보

AI가 실제 행동을 취할 수 있게 되면서 안전성에 대한 우려도 커졌다. 오픈AI는 이런 우려를 해결하기 위해 처음부터 안전을 시스템의 내재적인 부분으로 우선시하며 여러 단계의 안전장치를 마련했다.

가장 중요한 것은 명시적 사용자 확인 시스템이다. AI는 양식을 제출하거나 예약을 하거나 구매를 하거나 개인 데이터를 사용해 웹사이트와 상호작용하는 등 민감하거나 영향이 있는 작업을 수행하기 전에 반드시 사용자에게 권한을 요청한다.

이메일 초안을 작성하고 전송하거나 민감한 애플리케이션과 상호작용하는 등의 중요한 작업의 경우에는 '보기 모드'라는 적극적인 감독 시스템이 작동한다. 각 단계마다 사용자의 적극적인 감독과 승인이 필요하다.

또한 AI는 금융 거래나 민감한 법적 상호작용과 같은 위험도가 큰 작업을 선제적으로 거절하도록 설계되었다. 악의적인 지침을 통해 AI의 행동을 조작하려는 제삼자의 시도(프롬프트 인젝션)를 식별하고 저항하도록 신중하게 학습되고 테스트되었다.

특히 주목할 점은 신뢰할 수 있는 지침을 우선시하고 신뢰할 수 없는 지침은 무시하는 엄격한 지침 계층 구조를 따른다는 것이다. 모호성이 있을 때는 사용자에게 잠재적인 위험에 대해 명확하게 알리고 진행 방법에 대한 옵션을 제공한다.

새로운 미래의 시작

챗GPT 에이전트의 등장은 단순히 새로운 AI 도구의 출시가 아니라, 인간과 AI가 협력하는 방식의 근본적인 변화를 의미한다. 이제 AI는 정보를 제공하는 역할을 넘어 실제 업무를 수행하는 파트너가 되었다.

이 통합된 에이전틱 기능은 일상 컨텍스트와 업무 컨텍스트 모두에서 챗GPT의 유용성을 크게 향상시킨다. 사용자는 여유로워진 시간에 다른 일에 집중할 수 있게 되었고, AI는 사용자의 지침에 따라 작업을 맡아 출력을 가속화한다.

이런 변화는 일하는 방식을 크게 바꿀 것이다. 반복적이고 시간이 많이 드는 업무는 AI에게 맡기고, 인간은 더 창의적이고 전략적인 업무에 집중할 수 있게 된다.

물론 이런 변화에는 새로운 도전과 책임도 따른다. AI를 효과적으로 활용하는 방법을 배워야 하고, 안전하게 사용하는 습관도 길러야 한다. 하지만 분명한 것은 챗GPT 에이전트가 열어놓은 이 새로운 가능성이 생산성과 창의성을 한 단계 끌어올릴 수 있다는 점이다.

이제 AI에게 "이런 일을 해줘"라고 말하면 AI는 "알겠습니다, 지금 처리해드리겠습니다"라고 답하며 실제로 그 일을 해낸다. 이것이 바로 챗GPT 에이전트가 가져온 혁신의 본질이다.

VIBE CODING

앤트로픽 컴퓨터 유즈 Anthropic Computer Use

'클로드 컴퓨터 유즈'는 AI 연구 기업 앤트로픽이 자사의 AI 모델 클로드에 탑재한 혁신적인 기능이다. 컴퓨터 유즈는 오픈AI 오퍼레이터와는 근본적으로 다른 접근 방식을 취한다. 이는 일반 사용자를 위한 완성된 형태의 독립 애플리케이션이 아니라, 소프트웨어 개발자들이 자신들의 제품이나 서비스에 AI 에이전트 기능을 통합할 수 있도록 제공하는 API 기반의 도구이다. 즉 앤트로픽은 AI 에이전트라는 '완성된 자동차'를 파는 대신 개발자들이 자신만의 자동차를 만들 수 있는 강력한 '엔진'을 제공하는 셈이다.

이 도구를 통해 개발자들은 앤트로픽의 AI 모델인 클로드가 스크린샷으로 화면을 '보고' 마우스와 키보드를 원격으로 제어하여 컴퓨터를 조작하게 만들 수 있다. 즉 AI가 단순히 텍스트를 생성하는 것을 넘어, 컴퓨터 환경에서 실제 작업을 자율적으로 수행하는 '행위자'가 되도록 만드는 핵심 기술이다.

핵심 기능

컴퓨터 유즈는 개발자가 자신의 애플리케이션과 클로드 모델 사이에서 중개자 역할을 하도록 설계되었다.

API 기반 작동(API-based Operation)

개발자는 API를 호출하여 클로드에게 "이 웹사이트에서 데이터를 추출해줘"와 같은 명령을 내린다. 그러면 클로드는 화면을 보고 어떤 도구(예: 마우스 클릭, 텍스트 입력)를 사용해야 할지 결정하여 '도구 사용 요청(tool use request)'을 개발자의 애플리케이션에 보낸다. 애플리케이션은 이 요청을 받아 실제 컴퓨터에서 작업을 수행하고, 그 결과(예: 클릭 후 바뀐 화면의 스크린샷)를 다시 클로드에게 전달한다. 이 과정은 작업이 완료될 때까지 반복된다.

가상 환경 권장(Recommended Virtual Environment)

AI가 직접 사용자의 컴퓨터를 제어하는 것은 잠재적인 보안 위험을 내포한다. 따라서 앤트로픽은 이 기능을 사용할 때, 실제 운영체제와 격리된 가상의 컴퓨터 환경, 즉 가상 머신(Virtual Machine)이나 도커(Docker) 컨테이너 내에서 실행할 것을 강력히 권고한다. 이를 통해 시스템에 대한 직접적인 공격이나 예상치 못한 사고를 방지할 수 있다.

모델 지원(Model Support)

컴퓨터 유즈 기능은 앤트로픽의 최신 AI 모델인 클로드 4와 클로드 소넷 3.5/3.7 등에서 지원된다. 이 모델들은 컴퓨터 화면을 이해하고 복잡한 작업을 계획하고 실행하는 데 최적화되어 있다.

앤트로픽이 완성된 소비자 제품 대신 개발자용 API를 제공하는 전략은 AI 에이전트 시장의 미래에 대한 다른 관점을 제시한다. 이는 시장이 하나의 거대한 만능 AI 플랫폼에 의해 지배되는 것이 아니라, 특정 목적에 고도로 특화된 수많은 전문 AI 앱들이 공존하는 다채로운 생태계로 발전할 가능성을 열어준다. 마치 애플이 아이폰이라는 플랫폼을 제공하고 수많은 개발자가 그 위에서 혁신적인 앱을 만들어낸 것처럼, 앤트로픽은 AI 에이전트의 '운영체제' 또는 '개발 키트' 역할을 자처하는 것이다. 이 전략이 성공한다면, 미래의 사용자들은 하나의 비서에게 모든 것을 맡기는 대신 의료, 금융, 디자인, 회계 등 자신의 필요에 맞는 여러 '전문 비서 앱'을 다운로드하여 사용하는 시대가 올 수 있다.

사용 방법

컴퓨터 유즈는 개발자를 위한 도구이므로 일반 사용자를 위한 별도의 가입 절차나 애플리케이션은 존재하지 않는다. 컴퓨터 유즈 기능을 사용하기 위해서는 두 가지가 반드시 필요하다.

앤트로픽 API 키(Anthropic API Key)

앤트로픽 콘솔(Anthropic Console) 웹사이트에 가입하여 고유의 API

키를 발급받는다. 이 키는 API 호출 시 인증에 사용된다. 계정 생성 후, API를 호출하는 데 필요한 고유한 'API 키'를 발급받고, API 사용량에 따른 요금을 지불하기 위한 결제 정보를 등록해야 한다.

도커 데스크톱(Docker Desktop)

앤트로픽은 보안을 위해 실제 운영체제와 격리된 가상 환경에서 컴퓨터 유즈 기능을 실행할 것을 강력히 권장한다. 이를 위해 컨테이너 기술인 도커를 컴퓨터에 설치해야 한다. 개발자는 자신의 컴퓨터에 도커와 같은 가상화 도구를 설치하고, 앤트로픽이 깃허브를 통해 제공하는 예제 코드와 참조 구현(reference implementation)을 다운로드하여 자신의 개발 환경에 컴퓨터 유즈 기능을 설정하고 테스트해볼 수 있다.

◆ 컴퓨터 유즈 사용 화면

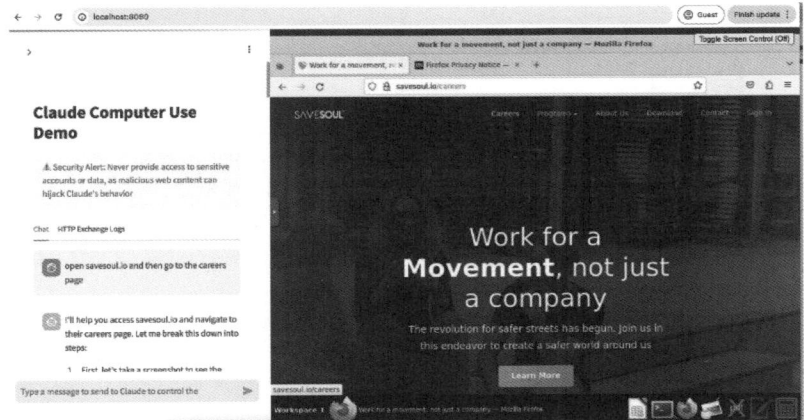

자료: 해외 언론 종합

사용 예시

1. 데이터 입력 및 앱 간 자동화

가장 대표적인 예시는 여러 애플리케이션을 오가며 데이터를 처리하는 작업이다. 한 데모에서는 "공급업체 요청 양식을 작성하라"는 명령에 따라, 클로드가 먼저 주어진 스프레드시트에서 업체 정보를 확인한다. 정보가 없자, 자동으로 CRM(고객 관계 관리) 앱으로 전환하여 해당 업체를 검색하고, 필요한 연락처와 주소 정보를 찾아낸 뒤, 다시 원래의 웹 양식으로 돌아와 해당 정보를 정확히 복사하여 붙여넣고 최종적으로 양식을 제출하는 전 과정을 자율적으로 수행했다.

2. 웹 브라우징 및 복합 정보 검색

단순 검색을 넘어 여러 단계의 웹 탐색과 작업이 가능하다. "뉴델리에서 뭄바이로 가는 12월 1일 항공편을 예약하라"는 명령에, 클로드는 실제로 파이어폭스(Firefox) 브라우저를 열고 인도의 유명 여행 사이트인 '메이크마이트립(makemytrip.com)'에 접속했다. 비록 로그인 팝업창 처리에 다소 어려움을 겪었지만, 결국 출발지와 도착지를 입력하고 달력에서 날짜를 선택하는 데 성공했다. 또 다른 시연에서는 "금문교에서 일출을 보기 좋은 장소를 찾아달라"는 요청에 웹 검색으로 장소를 찾고, 지도 앱으로 경로를 확인한 뒤, 일출 시간을 검색하여 사용자의 캘린더에 알림 이벤트를 생성하는 복합적인 작업을 처리했다.

3. 웹 스크레이핑 및 데이터 추출

웹사이트에서 특정 정보를 수집하고 가공하는 데 사용될 수 있다. 예를 들어 "테크크런치(TechCrunch) 웹사이트에서 오늘의 주요 기술 뉴스 헤드라인을 요약해달라"고 요청하면, 클로드가 해당 사이트로 이동하여 헤드라인들을 식별하고 추출한 뒤, 그 내용을 요약하여 제공한다. 이와 유사하게 아마존 같은 쇼핑 사이트에서 특정 상품의 정보를 추출하여 구조화된 JSON 형식으로 정리하는 작업도 가능하다.

4. 스프레드시트 작업 자동화

스프레드시트 애플리케이션을 열고 데이터를 생성하거나 분석하는 작업도 시연되었다. "샘플 경비 지출 내역을 스프레드시트에 생성해달라"는 요청에 따라 항목, 날짜, 금액 등의 데이터를 표 형식으로 입력하는 모습을 보여주었다.

5. 개발 작업 보조

개발 환경에서의 활용 가능성도 보여주었다. 한 데모에서는 클로드가 특정 파일을 다운로드하고, VS 코드라는 코드 편집기를 실행하여 해당 파일을 연 다음, 터미널에서 발생하는 오류를 직접 수정하는 작업을 수행했다.

젠스파크 Genspark

    젠스파크는 단순한 AI 챗봇을 넘어, 사용자의 업무와 일상에 필요한 거의 모든 작업을 처리하는 '올인원 AI 워크스페이스(All-in-one AI Workspace)'를 지향한다. 젠스파크의 핵심은 '슈퍼 에이전트'로, 사용자가 코딩 지식 없이 간단한 자연어 프롬프트만으로 전화를 걸거나, 전문가 수준의 프레젠테이션을 제작하고, 짧은 동영상을 만드는 등 현실 세계의 복잡한 작업을 자동화할 수 있게 해준다.

    조심할 점은 '젠스파크'라는 이름을 사용하는 두 개의 다른 회사가 존재하여 혼동을 일으킬 수 있다는 것이다. 여기서 소개하는 AI 에이전트 서비스는 genspark.ai라는 웹사이트를 사용하고, genspark.net은 기술 인력 교육 및 채용 서비스를 제공하는 별개의 회사이므로 구분해야 한다.

메인펑크와 창업자 에릭 징

젠스파크를 개발한 회사는 미국에 기반을 둔 AI 스타트업 메인펑크(MainFunc)이다. 메인펑크는 중국 최대 검색엔진 기업인 바이두(Baidu)의 부사장 출신인 에릭 징(Eric Jing)과 또 다른 바이두 임원 출신인 카이화 주(Kaihua Zhu)가 공동으로 창업하여 업계의 큰 주목을 받았다.

CEO 에릭 징은 마이크로소프트 재직 시절, 검색엔진 빙(Bing)의 아시아 시장 개발과 대화형 AI 챗봇 샤오이스(Xiaoice, 小冰) 프로젝트를 성공적으로 이끌며 '샤오이스의 아버지'라는 별칭을 얻은 AI 분야의 저명한 전문가다.

젠스파크는 오픈AI의 기반 모델을 적극적으로 활용하면서도, 사용자 경험과 기능 통합 면에서 차별화된 가치를 제공하는 '애플리케이션 계층' 전략을 성공적으로 구사하고 있다. 오픈AI의 GPT-4.1, 실시간 API 등을 기반으로 하면서 오픈AI의 오퍼레이터가 제공하지 않는 독자적인 기능들을 구현하여 더 접근하기 쉬운 가격에 제공한다. 이는 거대 플랫폼 기업의 핵심 기술을 활용해 더 사용자 친화적이고 기능이 풍부한 제품을 만들어 경쟁하는 영리한 전략이다. 오픈AI가 자사 웹사이트에서 젠스파크를 성공 사례로 소개하는 것도 젠스파크의 성공이 곧 오픈AI API의 강력함을 입증하는 상호 보완적인 관계임을 보여준다.

젠스파크의 성공은 AI 시장의 중요한 변화를 시사한다. 젠스파크는 초기 AI 검색엔진으로 출발했으나, 사용자들이 단순한 정보나 답변을 넘어 실질적인 '결과물(outcomes)'을 원한다는 것을 간파하고 슈퍼 에이전트로 과감하게 방향을 전환했다.

◆ 젠스파크에서 제공되는 다양한 에이전트 서비스

서비스명	주요 기능·특징	대표 활용 예시
슈퍼 에이전트 (Super Agent)	젠스파크의 모든 도구를 혼합(Mixture-of-Agents)하여 한 문장 명령으로 다단계 워크플로 자동 실행	주간 리포트 작성하고 PPT로 보내고 팀 채널에 공유
AI 슬라이드 (AI Slides)	검색·문서·업로드 파일을 자동 요약해 PPTX·구글 슬라이드(Google Slides) 완성본 생성, 템플릿·톤·언어 즉시 변경 가능	신제품 설명 자료, 학술 발표 슬라이드
AI 시트 (AI Sheets)	자연어-질문으로 웹·CSV·DB 데이터 수집 → 정리 → 그래프 시각화, 수식 자동 작성	시장 규모 추정, KPI 대시보드 작성
AI 문서 (AI Docs)	'한 줄 프롬프트'로 계약서·보고서·서식 등 전문 문서 템플릿을 자동 작성·서식 지정	NDA, 제안서, 이력서
AI 팟캐스트 (AI Pods)	주제 입력 → 스크립트 작성 → 음성 합성 → BGM 삽입까지 완전 자동 팟캐스트 제작	사내 뉴스, 브랜디드 콘텐츠
AI 챗 (AI Chat)	GPT4·클로드 3·제미나이 등 다중 LLM을 실시간 스위칭, 팀 협업용 스레드 지원	기획 회의 아이디어, 코드 디버깅
AI 전화대행 (AI Call For Me)	AI가 실제 음성으로 전화를 걸어 예약·안내·상담 수행, 대화 로그 실시간 자막·요약 제공	레스토랑 예약, 고객 지원
AI 다운로드 (AI Download For Me + AI Drive)	URL·키워드 지정 후 AI가 파일·이미지·압축 데이터 일괄 다운로드 → 클라우드 정리, 중복·악성 파일 필터링	논문 PDF 모으기, 디자인 리소스 수집
AI 심층 리서치 (AI Deep Research)	GPT4·제미나이 2·클로드 3.5 등 최상위 모델 68종을 '팀'으로 묶어 다각도 검증·장문 보고서 생성	경쟁사 분석, 논문 관련 연구 (Related Work) 작성
AI 브라우저 (AI Browser)	크로미움 기반 자체 브라우저에 광고 차단, 오토파일럿, MCP 스토어 내장. 700+ SaaS 를 플러그인으로 연동	자동 로그인·데이터 스크래핑, 멀티탭 작업
오토파일럿 에이전트 (Autopilot Agent)	비동기(Asynchronous) 방식으로 장기 과업을 백그라운드에서 지속 실행, 완료 시 알림	대규모 데이터 크롤링, 24시간 가격 모니터링
AI 동영상 (AI Video)	• 정적 이미지 → 짧은 애니메이션(5~10초) 변환 • 텍스트만으로 모델 자동 선택 → 픽스버스(Pixverse)·루마랩스(LumaLabs)·비오(Veo) 등 4개 이상 비디오 모델 혼합 사용 • 세로(9:16)×가로(16:9) 등 해상도·비율 지정 가능 • 한 편 생성 시 평균 20 크레딧 소모	유튜브 쇼츠(YouTube Shorts), 틱톡(TikTok)·릴스(Reels) 광고, 짧은 브랜드 로고 모션
AI 이미지 스튜디오 (AI Image Studio)	• 프롬프트 기반 이미지 생성 • 배경 제거(Background Remover), 매직 지우개(Magic Eraser), 사진 흔들림 복원(Photo Unblur), 매직 리드로우(Magic Redraw), 고해상도 업스케일(Image Upscale) 등 전용 툴 6종 탑재 • 캐릭터 의상·포즈 수정, 로고 투명 배경 변환 등 세밀 편집 지원	포스터·썸네일 디자인, 제품 목업(mockup) 제작, SNS 카드뉴스

◆ 젠스파크 메인 페이지 화면

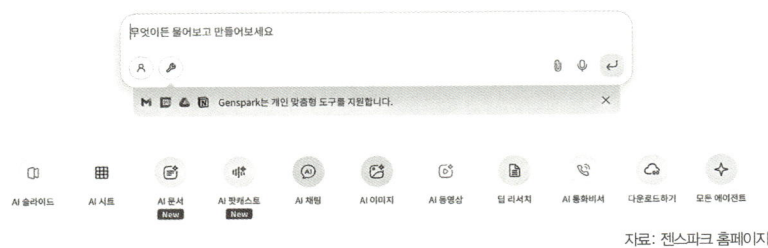

자료: 젠스파크 홈페이지

이 '결과 중심' 접근법은 시장의 폭발적인 반응을 이끌어냈고, 별도의 유료 마케팅 없이 출시 45일 만에 연간 반복 매출(ARR) 3,600만 달러라는 기록적인 성장을 달성했다. 이는 현대 사용자들이 AI에게 기대하는 가치의 기준이 '얼마나 똑똑하게 대답하는가'에서 '나를 위해 무엇을 해줄 수 있는가'로 이동하고 있음을 명확히 보여준다. AI는 이제 지식 파트너를 넘어, 시간을 절약해주고 생산성을 극대화하는 실질적인 '문제 해결사'가 되어야 한다.

주요 기능

젠스파크의 강력함은 여러 AI 모델과 도구를 유기적으로 결합하여 최적의 결과물을 만들어내는 능력에 있다.

멀티모달 및 다중 모델 오케스트레이션(Multimodal and Multi-Model Orchestration)

젠스파크는 내부적으로 9개의 특화된 LLM과 80개 이상의 통합 도구를 갖추고 있다. 사용자의 요청이 들어오면, 시스템은 해당 작업의 성격(예: 분석, 이미지 생성, 음성 대화)을 파악하여 가장 적합한 모델과 도구를 동적으로 할당하고 조율(orchestration)한다. 이 시스템의 중심에는 오픈AI의 GPT-4.1, 이미지 생성 모델, 실시간 음성 API 등이 핵심적인 역할을 하고 있다.

콜 포 미(Call For Me)

가장 주목받는 기능 중 하나로, AI가 사용자를 대신하여 실제 전화 통화를 수행한다. 단순히 정해진 스크립트를 읽는 수준이 아니라, 오픈AI의 실시간 API를 활용하여 상대방의 말을 듣고 자연스럽게 대화를 이어간다. 식당 예약, 배달 일정 변경, 고객센터 문의 등 다양한 상황에서 활용될 수 있다.

AI 슬라이드(AI Slides) 및 AI 시트(AI Sheets)

사용자가 PDF 보고서나 워드 문서를 업로드하며 "이 내용으로 발표 자료 만들어줘"라고 지시하면, AI가 핵심 내용을 자동으로 분석하고 요약하여 전문가 수준의 디자인을 갖춘 프레젠테이션 슬라이드를 즉시 생성한다. 또한 복잡한 데이터가 담긴 스프레드시트에 대해 자연어로 질문하면 데이터 분석, 시각화, 보고서 작성을 수행하는 AI 시트 기능도 제공한다.

AI 비디오 생성(AI Video Generation)

"이 레시피로 인스타그램 릴스 영상 만들어줘"와 같은 명령을 내리면, AI가 장면별 스크립트를 작성하고, 각 장면에 어울리는 이미지를 생성한 뒤, 이를 조합하여 소셜 미디어에 바로 올릴 수 있는 짧은 동영상을 완성한다.

사용 방법

젠스파크는 웹과 모바일 앱을 통해 서비스를 제공하며, 가입 절차는 비교적 간단하다.

가입 절차

공식 웹사이트인 genspark.ai에 방문하여 이메일 주소를 사용해 계정을 생성할 수 있다. 구글 계정 연동과 같은 간편 가입 옵션도 제공될 가능성이 있다.

사용법

젠스파크는 코딩이 필요 없는 노코드 플랫폼이므로 사용법이 직관적이다. 웹 기반 인터페이스나 모바일 앱에 접속한 후, 채팅창에 원하는 작업을 자연어로 입력하기만 하면 된다. 예를 들어 "내일 오후 2시에 스마일 치과에 전화해서 스케일링 예약 좀 해줘" 또는 "첨부한 신제품 기획안 PDF 문서를 요약해서 투자자 대상 발표 자료 10장으로 만들어줘"와 같이 구체적으로 지시하면 슈퍼 에이전트가 나머지 과정을 자동으로 처리한다.

크레딧 절약
슬라이드·문서·시트처럼 복합 작업은 슈퍼 에이전트로 한 번에 실행하면 중복 호출이 줄어든다.

다국어 자료
AI 시트, 심층 리서치는 자동 번역 처리를 포함하므로 해외 원문 데이터 분석 시 유용하다.

사용 예시:
'신제품 출시 마케팅 캠페인 준비'

1. 젠스파크에 접속하여 경쟁사 분석 및 시장조사 데이터가 담긴 PDF 보고서 파일을 업로드한다.
2. "이 보고서 내용을 기반으로, 20대 여성을 타깃으로 하는 우리 신제품의 핵심 마케팅 전략을 담은 15장짜리 발표 자료를 '트렌디한' 스타일로 만들어줘"라고 지시한다. 젠스파크의 AI 슬라이드 기능이 작동하여 몇 분 만에 세련된 디자인의 발표 자료 초안을 생성한다.
3 생성된 슬라이드 내용을 검토한 후, "이 슬라이드의 핵심 내용을

바탕으로 인스타그램 릴스에 올릴 30초짜리 홍보 영상 스크립트와 각 장면에 필요한 이미지를 생성해줘"라고 추가로 지시한다. 젠스파크의 AI 비디오 생성 기능이 스크립트와 함께 영상에 사용할 이미지들을 만들어낸다.

4. 마지막으로 "우리 제품과 관련성이 높은 뷰티 인플루언서 5명의 목록을 찾고, 그들에게 협업을 제안하는 전화를 걸어 미팅 가능 여부와 일정을 확인해줘"라고 명령한다. 젠스파크의 '콜 포 미(Call For Me)' 기능이 인플루언서 또는 그들의 소속사에 전화를 걸어 미팅을 조율한다.

`VIBE CODING`

펠로 AI ^{Felo AI}

펠로 AI는 강력한 AI 검색엔진을 핵심으로 하여 프레젠테이션, 마인드맵, 각종 비즈니스 보고서 등 다양한 콘텐츠 생성 기능을 유기적으로 결합한 통합 AI 서비스이다. 펠로 AI의 가장 큰 차별점은 여러 언어를 동시에 이해하고 검색 결과를 종합하는 뛰어난 다국어 처리 능력에 있으며, 특히 일본어 처리에 특화된 강점을 보인다. 이를 통해 글로벌 리서치나 다국어 콘텐츠 제작이 필요한 사용자에게 최적화된 솔루션을 제공한다.

펠로 AI의 개발사는 2024년에 설립된 일본 도쿄 기반의 스타트업 펠로 주식회사(Felo Inc.)이다. 펠로 AI는 일본 시장을 핵심 거점으로 삼아 글로벌 사업을 확장하고 있다.

펠로 AI의 가장 큰 강점은 언어의 장벽을 허무는 것이다. 교차 언어 정보 검색(Cross-Language Information Retrieval, CLIR) 기술을 통해 사용자가 모국어로 질문해도 전 세계의 다양한 언어로 된 자료를 검색하여 답변을 제공한다. 또한 RPA(로봇 프로세스 자동화) 기술을 활용해 레딧, X와 같은 소셜 미디어의 최신 정보와 사용자 생성 콘텐츠를 실시간으로 수집하여 검색 결과에 반영한다.

특히 펠로 AI는 AI 기반 검색 및 리포트 생성에 특화된 플랫폼이다. 기존 검색엔진이 사용자의 질문에 대해 관련 웹페이지 링크 목록을 나열하는 데 그쳤다면, 펠로 AI는 한 걸음 더 나아가 AI가 수집된 정보를 능동적으로 분석하고 종합하여 사용자가 원하는 형태의 결과물—체계적인 보고서, 시각적인 마인드맵, 또는 즉시 사용 가능한 PPT 발표 자료—로 즉시 변환해준다. 전 세계 학술 논문 데이터베이스를 검색하고, 논문 내용을 요약하거나 모국어로 번역하여 연구자들이 더 쉽게 학문적 자료에 접근할 수 있도록 도울 수도 있다.

핵심 기능

펠로 AI는 정보의 '소비'와 '생산' 사이의 경계를 허무는 독창적인 기능들을 제공한다.

에이전트 검색(Agent Search)

이 기능은 펠로 AI가 전통적인 검색엔진과 차별화되는 핵심 요소이다. 구글이나 네이버가 주로 공식 웹사이트나 뉴스 기사를 중심으로 정보를 수집하는 반면, 펠로 AI의 에이전트 검색은 레딧, X와 같은 소셜 미디어 플랫폼에서 이루어지는 실시간 토론과 사용자 생성 콘텐츠(UGC)

까지 깊이 있게 스캔한다. 이를 통해 최신 기술 트렌드에 대한 개발자들의 실제 반응이나 신제품에 대한 사용자들의 솔직한 후기 등 살아 있는 최신 정보를 얻을 수 있다.

원클릭 리포트 변환(One-Click Report Conversion)

펠로 AI의 가장 강력한 기능 중 하나이다. 사용자가 특정 주제에 대해 검색을 수행한 후, AI가 생성한 방대한 양의 검색 결과를 단 한 번의 클릭으로 원하는 형식의 문서로 변환할 수 있다. 비즈니스 보고서, 학술 리포트, 뉴스 기사, 연설문 등 다양한 템플릿을 지원하며, AI가 각 형식의 논리 구조와 톤앤매너(tone and manner)를 이해하여 전문가 수준의 결과물을 생성한다. 이를 통해 수 시간 또는 수일이 걸리던 자료 조사 및 보고서 작성 시간을 획기적으로 단축할 수 있다.

AI PPT 생성(AI PPT Generation)

사용자가 발표 주제를 입력하거나 관련 내용이 담긴 문서(PDF, 워드 등)를 업로드하면, AI가 핵심 내용을 자동으로 추출하고 논리적인 순서에 따라 구조화하여 발표용 PPT 슬라이드를 만들어준다. 디자인 템플릿까지 적용되어 사용자는 내용 수정 및 보완에만 집중할 수 있다.

다국어 지원 및 지식 관리(Multilingual Support & Knowledge Management)

다른 언어로 된 자료를 검색하고 그 내용을 즉시 번역하여 보여주는 다국어 검색 기능을 지원한다. 또한 복잡한 검색 결과를 마인드맵 형태로 시각화하여 정보의 전체적인 구조와 관계를 한눈에 파악할 수 있도록 돕는다.

펠로 AI와 같은 도구의 등장은 '리서치 능력'의 정의를 근본적으로 바꾸고 있다. 과거에는 얼마나 많은 정보를 얼마나 빨리 찾아내고 정리하는지가 중요했다면, 미래의 리서치 능력은 AI가 생성해준 방대한 자료의 초안을 바탕으로 얼마나 깊이 있는 통찰력을 더하고, 비판적으로 분석하며, 독창적인 결과물을 만들어내느냐에 의해 결정될 것이다. 펠로 AI는 사용자를 정보 수집이라는 반복적인 노동에서 해방시켜 분석과 창의라는 더 고차원적인 지식 활동에 집중할 수 있도록 돕는다.

사용 방법

펠로 AI는 기본적인 기능을 무료로 제공하며, 더 강력한 기능을 원하는 사용자를 위한 유료 플랜도 운영한다.

가입 절차
공식 웹사이트 felo.ai에 접속하여 구글, 애플 계정을 연동하거나, 이메일 주소를 사용하여 간편하게 가입할 수 있다.

로그인 없이 사용
기본적인 검색 기능은 회원가입이나 로그인 절차 없이 웹사이트 방문 즉시 사용할 수 있다. 다만, 검색 기록(History)을 저장하거나 리포트 생성과 같은 고급 기능을 온전히 활용하기 위해서는 로그인이 필요하다.

사용법

1. felo.ai 웹사이트에 접속하여 중앙의 검색창에 조사하고 싶은 주제나 질문을 자연어로 입력한다.
2. AI가 웹 전반의 정보를 종합하여 생성한 요약 답변과 주요 출처 링크 목록을 확인한다.
3. 더 깊이 있는 분석이나 결과물 생성을 원할 경우, 화면 우측 상단에 위치한 'AI PPT 생성(Generate AI PPT)' 또는 'AI 슬라이드 생성' 버튼을 클릭한다.
4. 문서 파일을 기반으로 작업하고 싶다면, 검색창의 '파일 업로드(Drop your files here)' 영역에 해당 파일을 끌어다 놓으면 된다.

◆ **펠로 AI 메인 페이지 화면**

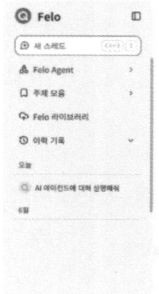

자료: 펠로 AI

펠로 AI의 초간편 AI PPT 기능:
다양한 소스 기반 PPT 생성 기능 설명

펠로 AI는 검색 결과를 바로 프레젠테이션으로 변환하는 AI PPT 및 AI 슬라이드 생성 기능을 제공하고 있다.

단계	실제 화면위치	세부 내용
1	검색창	자연어로 질문을 입력하고 엔터(Enter)를 눌러 검색을 실행한다.
2	검색 결과 우측 상단 'Create Slideshow' (AI 슬라이드 생성) 클릭	검색 결과가 표시되면 우측 상단에 슬라이드 아이콘이 활성화된다. 해당 아이콘을 클릭하면 AI 슬라이드 생성 마법사가 열린다.
3	템플릿 선택 창	비즈니스·교육·크리에이티브 등 10여 종 기본 템플릿과 사용자 지정(Blank) 옵션이 제공된다. 원하는 디자인을 고르면 다음(Next) 버튼이 활성화된다.
4	슬라이드 자동 생성	펠로 AI가 방금 검색해 요약한 핵심 문장(제목·소제목·본문·통계)을 슬라이드 구조에 맞춰 자동 배치한다. 평균 510초면 초안이 완성된다.
5	슬라이드 편집 화면	오른쪽 패널에서 색상·폰트·레이아웃을 즉시 변경할 수 있다. 각 슬라이드의 텍스트 상자를 클릭하면 실시간 AI 재작성(Rewrite), 요약(Summarize), 길이 늘리기(Expand) 버튼이 표시되어 손쉽게 내용 수정을 요청할 수 있다.
6	내보내기(Export)	완료 후 다운로드 버튼에서 PPTX, PDF, 구글 슬라이드 연동 링크 중 하나를 선택해 저장하거나, 곧바로 공유 링크 복사로 팀과 공유할 수 있다.

- 문서 업로드 → PPT 변환: 'Upload Doc → AI 슬라이드 생성' 메뉴를 통해 워드, PDF, TXT 파일을 업로드하면 파일 내용을 분석·요약해 즉시 프레젠테이션 발표 자료로 바꿔준다. 보고서나 논문을 발표 자료로 전환할 때 시간을 크게 절약할 수 있다.
- 다국어 슬라이드: 검색 언어와 다른 언어(예: 영어 검색 결과를 한국어 슬라이드)로 자동 번역해 삽입할 수 있어 다국어 발표 준비가 간편하다.
- AI 슬라이드 생성 기능은 무료 플랜 사용자도 사용 가능하며, 프로 구독 시 제한 없이 이용할 수 있다.

사용 예시:
대학생의 'AI 기술 동향 리서치 및 발표 준비'

1. 'AI 기술이 마케팅에 미치는 영향'이라는 주제로 기말 발표를 준비하고 있다. 펠로 AI 웹사이트에 접속해 "최신 AI 마케팅 기술 동향과 성공 사례"라고 검색한다.
2. 펠로 AI는 학술 논문, 전문 뉴스 기사뿐만 아니라, 관련 레딧 커뮤니티나 마케터들의 X에서 논의되는 최신 트렌드와 실제 캠페인 사례까지 종합하여 체계적으로 요약된 답변을 제공한다.
3. 답변 상단의 '마인드맵 보기' 기능을 클릭하여 '개인화 추천', '챗봇', '생성형 AI 광고' 등 주요 토픽들의 관계와 구조를 시각적으로 파악한다.
4. 전체적인 내용을 이해한 후, 화면 우측 상단의 'AI 슬라이드 생성' 버튼을 클릭한다. 펠로 AI는 검색된 내용을 바탕으로 서론, 본론(주요 기술별 설명 및 사례), 결론의 구조를 갖춘 15장 분량의 발표 자료 초안을 단 몇 분 만에 만들어낸다.
5. 생성된 PPT 파일을 다운로드하여 자신의 분석과 의견을 추가하고, 강의 스타일에 맞게 세부 디자인을 수정하여 발표 준비를 효율적으로 마친다.

VIBE CODING

애플 인텔리전스 Apple Intelligence

애플 인텔리전스는 아이폰(iPhone), 아이패드(iPad), 맥(Mac) 등 애플 기기 운영체제의 핵심에 강력한 생성형 AI 모델을 깊숙이 통합한 개인 맞춤형 지능 시스템이다. 2024년 10월 28일, iOS 18, iPadOS 18, macOS 세쿼이아(Sequoia) 등 새로운 운영체제와 함께 공식 출시되었다.

애플 인텔리전스는 사용자가 다운로드하여 설치하는 별도의 애플리케이션이나 방문해야 하는 특정 웹사이트가 아니다. 아이폰, 아이패드, 맥 등 애플 기기의 운영체제인 iOS, iPadOS, macOS 전반에 깊숙이 통합된 개인 맞춤형 AI 시스템이다.

애플 인텔리전스의 핵심 철학은 두 가지로 요약할 수 있다. 첫째, 강력한 온디바이스 AI 처리를 통해 사용자의 개인정보를 기기 안에 안전하게 보관하는 것이다. 둘째, 사용자의 사진, 메시지, 캘린더 등 개인적인 맥락(personal context)을 깊이 이해하여 진정으로 개인화된 도움을 제공하는 것이다. 대부분의 AI 연산을 기기 내에서 직접 처리하는 '온디바이스 처리'를 기본 원칙으로 삼아, 사용자의 개인 데이터를 외부 서버로 전송하지 않고도 지능적인 기능을 제공하는 데 초점을 맞추고 있다. 이는 AI 기술 활용에 있어 개인정보 보호를 최우선 가치로 여기는 애플의 확고한 입장을 보여준다.

핵심 기능

애플 인텔리전스는 AI를 특별한 기능이 아닌, 운영체제의 '기본 기능'으로 재정의하려는 시도이다. 사용자가 AI를 사용하고 있다는 사실조차 잊을 만큼 자연스럽고 '보이지 않는' 경험을 제공하는 것이 목표다.

온디바이스 처리(On-device processing) 및 프라이빗 클라우드 컴퓨트 (Private Cloud Compute)

대부분의 AI 작업은 애플이 자체 설계한 강력한 칩(A17 Pro, M 시리즈)을 활용하여 기기 내부에서 직접 처리된다. 이를 통해 빠른 반응 속도와 강력한 개인정보 보호를 보장한다. 만약 기기의 성능을 넘어서는 더 복잡한 연산이 필요할 경우, 요청은 '프라이빗 클라우드 컴퓨트'라는 특수한 클라우드 서버로 전송된다. 이 서버 역시 애플 실리콘(Apple Silicon)으로 구축되었으며, 사용자의 데이터는 요청을 처리하는 용도로만 사용될 뿐 절대 저장되거나 애플이 접근할 수 없도록 설계되어 프라이버시를 보장한다.

글쓰기 도구(Writing Tools)

메일, 메모, 페이지(Pages) 등 글을 쓰는 거의 모든 앱에서 텍스트를 선택하기만 하면 글쓰기 도구를 사용할 수 있다. 문법 오류를 수정하는 '교정(proofread)', 딱딱한 문장을 친근하게 바꾸는 등 '톤 변경(rewrite)', 긴 글의 핵심만 추려내는 '요약(summarize)' 기능을 제공한다.

이미지 플레이그라운드(Image Playground) 및 젠모지(Genmoji)

메시지나 키노트(Keynote)와 같은 앱 내에서 "우주복을 입고 서핑하는 나무늘보"와 같이 간단한 설명을 입력하여 재미있는 이미지를 즉시 생성할 수 있다. 또한 "웃는 얼굴에 카우보이 모자를 씌워줘"처럼 자신만의 이모티콘인 '젠모지'를 만들어 대화에 사용할 수 있다.

더 똑똑해진 시리(Smarter Siri)

시리는 애플 인텔리전스를 통해 완전히 새롭게 태어난다. 이제 시리는 화면에 표시된 내용을 이해하는 '화면 인식(Onscreen Awareness)' 능력을 갖추게 되어, 친구가 메시지로 보내준 주소를 보고 "이 주소를 이 친구 연락처에 추가해줘"라고 말하면 즉시 작업을 수행한다. 또한 앱과 앱을 넘나들며 "어제 엄마가 보내준 사진을 찾아서 이모에게 보내줘"와 같은 복합적인 명령도 처리할 수 있게 된다. (단, 대규모 업데이트는 2026년으로 연기)

챗GPT 통합

사용자가 원할 경우, 더 광범위한 지식이나 창의적인 아이디어가 필요할 때 시리나 글쓰기 도구 내에서 오픈AI의 챗GPT 전문 지식을 활용할 수 있다. 이 경우 정보가 공유되기 전에 항상 사용자에게 명시적인 동의를 구하며, 요청 내용은 기록되지 않아 개인정보를 보호한다.

애플의 이러한 전략은 AI를 '도구'에서 '환경'으로 바꾸는 것이다. 다른 서비스들이 사용자가 특정 목적을 위해 찾아가야 하는 '목적지'라면, 애플 인텔리전스는 사용자가 이미 생활하고 있는 애플 생태계라는 '환경' 그 자체에 스며들어 있다. 이 전략이 성공한다면, 사용자들은 특정 AI 브랜드를 선택하는 것이 아니라 애플 생태계에 머무는 것만으로 가장 편리

◆ 아이폰에서 사용하는 애플 인텔리전스

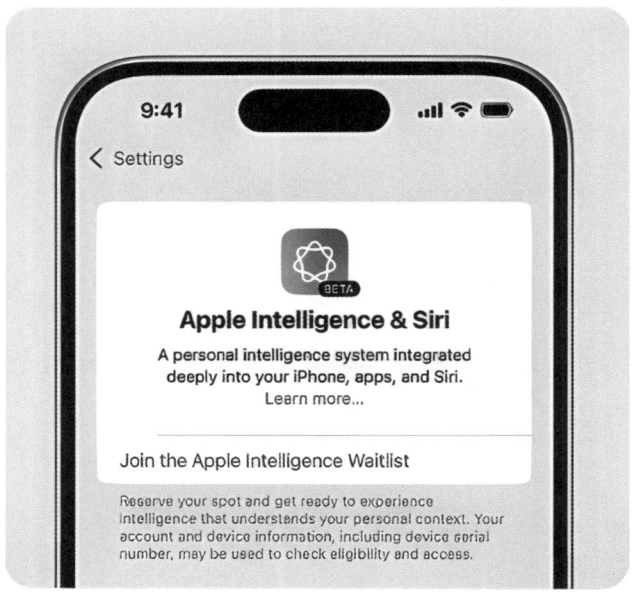

자료: 애플

하고 안전하며 개인화된 AI 경험을 누릴 수 있다고 믿게 될 것이며, 이는 다른 어떤 경쟁사도 따라오기 힘든 강력한 생태계 록인 효과를 창출할 것이다.

사용 방법

애플 인텔리전스의 가장 큰 특징 중 하나는 별도의 가입이나 설치 과정이 없다는 점이다.

별도 가입 불필요

애플 인텔리전스는 앱이 아니므로 앱 스토어에서 다운로드하거나 별도의 웹사이트에 가입할 필요가 없다.

OS 업데이트 및 호환 기기

이 기능은 특정 하드웨어 성능을 요구한다. 따라서 A17 Pro 칩이 탑재된 아이폰 15 프로 및 그 이후 모델, 그리고 M1 칩 또는 그 이후 버전의 칩이 탑재된 아이패드 및 맥 기기에서만 사용할 수 있다. 해당 기기에서 iOS 18, iPadOS 18, macOS 세쿼이아로 운영체제를 업데이트하면 애플 인텔리전스 기능이 자동으로 활성화된다.

사용법

사용자는 새로운 사용법을 배울 필요가 거의 없다. 기존에 사용하던

메일, 메시지, 사진, 메모, 시리 등 기본 앱 내에서 자연스럽게 향상된 AI 기능들을 발견하고 사용할 수 있다. 예를 들어 메일 앱에서 긴 이메일 상단에 '요약' 버튼이 나타나거나, 텍스트를 길게 누르면 나타나는 팝업 메뉴에 '글쓰기 도구' 아이콘이 추가되는 식이다. 시리에게는 이전보다 훨씬 더 복잡하고 맥락을 이해하는 질문이나 명령을 내릴 수 있다.

사용 예시:
'일상 속에서 자연스럽게 AI 활용하기'

1. 아침: 사용자가 밤새 쌓인 이메일을 확인한다. 메일 앱은 애플 인텔리전스를 이용해 '오늘 오후 마감인 초대장'이나 '곧 출발하는 항공편 탑승권'과 같은 중요한 메일을 자동으로 인식하여 받은 편지함 최상단의 '우선순위 메시지(Priority Messages)' 섹션에 보여준다. 사용자는 긴 업무 메일 본문을 열지 않고도 '요약' 기능을 눌러 핵심 내용만 빠르게 파악한다.
2. 오전: 친구에게 저녁 약속 장소를 제안하는 메시지를 작성한다. "저녁 식사 장소로 파스타 맛집 어때?"라고 쓴 뒤, '글쓰기 도구'를 이용해 좀 더 재치 있는 톤으로 문장을 다듬는다. 그리고 대화 내용에 어울리도록 직접 만든 '젠모지'를 함께 보낸다.
3. 오후: 외부 미팅에 참석하여 '메모' 앱의 음성 녹음 기능으로 회의 내용을 기록한다. 미팅이 끝나자, 애플 인텔리전스가 녹음된 음성을 자동으로 텍스트로 변환하고, 핵심 논의사항과 결정사항을 요

약한 '요약본'을 생성해준다.

4. 저녁: 가족과 함께 간 식당에서 찍은 사진을 확인한다. 마음에 드는 사진 배경에 다른 테이블 손님이 찍힌 것을 발견하고, 사진 앱의 '정리(Clean Up)' 도구를 사용하여 배경의 방해되는 요소를 탭 한 번으로 감쪽같이 지운다. 잠들기 전, 시리에게 "내일 아침 7시에 '상쾌한 아침' 플레이리스트로 깨워줘"라고 말하며 하루를 마무리한다.

> VIBE CODING

인간과 AI 에이전트의 새로운 협력 시대

AI 에이전트가 불러올 초개인화

AI 에이전트의 등장은 단순한 기술적 진보가 아니라 인간과 기계의 관계를 재정의하는 역사적 변화다. 2025년을 기점으로 시작된 이 변화는 향후 5~7년에 걸쳐 점진적으로 확산되어 모든 산업과 일상생활에 스며들 것이다.

성공적인 AI 에이전트 시대의 핵심은 기술적 완성도보다는 신뢰성, 투명성, 인간 중심 설계에 있다. 단순히 모든 것을 자동화하는 것이 아니라 인간의 고유한 창의성과 판단력을 AI의 속도와 정확성으로 증강시키는 것이 목표다.

AI 에이전트의 미래는 코드와 알고리즘뿐만 아니라 법률, 제도 그리고 사회적 신뢰라는 단단한 토대 위에 세워져야 한다. 기술 개발과 함께 'AI 신뢰성 강화'를 위한 사회적 논의와 노력이 병행되지 않는다면, 기술은 발전하더라도 사회에 뿌리내리지 못하고 '찻잔 속의 태풍'으로 끝날 수 있다.

AI 에이전트가 가져올 가장 큰 변화 중 하나는 '초개인화(Hyper-personalization)' 시대의 개막이다. AI 에이전트는 사용자의 과거 행동, 선호도, 현재 상황을 종합적으로 분석하여 각 개인에게 완벽하게 맞춤화된 서비스와 정보를 제공할 것이다. 예를 들어 AI 여행 플래너는 단순히 항공권과 호텔을 예약하는 것을 넘어, 사용자의 취향에 맞는 숨은 맛집을 추천하고, 날씨와 컨디션을 고려해 최적의 일정을 실시간으로 조정해줄 수 있다.

업무 환경 역시 혁신적으로 변화한다. AI 에이전트는 이메일 정리, 보고서 작성과 같은 단순 반복 업무를 자동화하는 것을 넘어, 금융 데이터 분석을 통한 투자 전략 수립, 의료 기록 분석을 통한 진단 보조, 신약 개발 프로세스 가속화 등 고도로 복잡하고 창의적인 영역까지 그 역할을 확장할 것이다. 이를 통해 인간은 단순 작업에서 해방되어 보다 전략적이고 창의적인 업무에 집중할 수 있게 된다. AI는 더 이상 단순한 '도구'가 아니라, 인간과 함께 문제를 해결하고 새로운 가치를 창출하는 '디지털 동료'이자 '창의적 파트너'로 자리매김할 것이다.

AI 에이전트는 믿을 수 있는 존재인가?

AI 에이전트는 일과 삶의 방식을 근본적으로 바꿀 잠재력을 지니고 있다. 하지만 장밋빛 미래로 나아가는 길에는 반드시 해결해야 할 기술적·윤리적 과제들이 놓여 있다. 현재 기술의 성능 자체보다 사회가 이 기술을 어떻게 신뢰하고 받아들일 것인가의 문제가 더 큰 장벽으로 작용하고 있다.

기업들이 AI 에이전트 도입을 주저하는 가장 큰 이유로 '신뢰성 및 보안 문제'(47%)를 꼽은 조사 결과는 이를 뒷받침한다. 실제로 61%의 기업은 AI 도구의 정확성 문제를 경험했다. 가트너는 2027년까지 AI 에이전트 프로젝트의 40% 이상이 비용, 불분명한 가치, 부적절한 통제로 인해 취소될 가능성이 있다고 전망했다. 인력 대체에 대한 우려도 현실적이다. 35%의 직장인이 일자리 대체를 걱정하고 있으며, 46%의 리더가 인력 스킬 부족을 도입 장벽으로 꼽았다. 다만 전문가들은 AI 에이전트가 인간을 대체하기보다는 협력하여 인간의 창의성과 판단력을 증강시키는 방향으로 발전한다고 전망한다.

이러한 우려의 근본에는 AI 에이전트의 의사결정 과정이 매우 복잡하여 인간이 그 이유를 완전히 이해하기 어려운 '블랙박스' 문제가 자리하고 있다. 이를 '설명 가능성 문제'라고 부른다. 더 심각한 것은 AI 에이전트의 자율적인 결정으로 인해 금전적 손실이나 안전사고가 발생했을 때, 그 법적 책임을 개발자, 사용자 또는 AI 자체 중 누구에게 물어야 할지가 불분명하다는 것이다. 이는 유럽연합(EU)의 AI 법(AI Act)과 같은 글로벌 규제 환경에서도 핵심 쟁점으로 다뤄지고 있다.

또 다른 중요한 문제는 AI 에이전트가 학습한 데이터를 기반으로 판단하므로 데이터에 인종, 성별, 특정 문화에 대한 편향이 포함되어 있다면 차별적이고 불공정한 결과를 낳을 수 있다는 것이다. 이와 함께 사용자의 일정, 금융 정보, 건강 기록 등 매우 민감한 개인정보를 다루기 때문에 데이터 프라이버시 보호와 해킹 등 외부 공격에 대한 강력한 보안 체계 구축이 필수적이다.

기술적 측면에서도 한계가 존재한다. 현재의 AI 에이전트는 특정 작업 수행에는 뛰어나지만, 인간처럼 다양한 영역에 걸쳐 상식적으로 사고하고 유연하게 추론하는 '범용 인공지능(AGI)' 수준에는 아직 도달하지 못했다. 그래서 기술 기업들이 마케팅을 통해 보여주는 화려한 데모와 실제 복잡한 기업 환경에서의 성능 사이에는 상당한 간극이 존재한다. '완전 자율'로 광고되는 솔루션도 실제로는 많은 인간의 개입과 미세 조정을 필요로 한다.

이러한 기술적 한계와 더불어 사회적 영향도 간과할 수 없다. AI 에이전트로 인한 자동화가 확산되면서 기존의 많은 일자리가 대체될 수 있다는 우려가 존재한다. 이와 함께 고가의 AI 기술과 서비스를 활용할 수 있는 계층과 그렇지 못한 계층 간의 격차가 사회적 불평등을 심화시키는 'AI 격차(AI Divide)' 문제 또한 중요한 사회적 과제로 떠오르고 있다.

| VIBE CODING |

개인 비서에서 비서팀으로 진화하는 에이전틱 AI

AI 에이전트Agent와 에이전틱Agentic AI의 차이점

국내 언론을 보면 'AI 에이전트'라는 말과 함께 '에이전틱 AI'라는 용어가 같이 등장하는 경우를 종종 목격한다. 두 용어를 같은 개념으로 놓고 혼용하는 매체가 있는가 하면, '에이전틱 AI'를 'AI 에이전트'의 더욱 진화된 형태, 또는 그 상위 개념으로 명확히 구분하여 설명하려는 매체도 있다. 이는 에이전틱 AI가 기존 AI 에이전트의 기능을 포괄하면서도, 자율성, 추론 능력, 학습 능력 등에서 질적으로 다른 차원의 발전을 이루었음을 강조하기 위함으로 풀이된다.

언뜻 AI 에이전트와 에이전틱 AI는 같은 말처럼 보인다. '에이전트(Agent)'는 '비서, 대리인'을 뜻하는 명사고, '에이전틱(Agentic)'은 '비서 같은'을 의미하는 형용사로, 한글로 번역하면 'AI 비서'와 '비서 같은 AI'라고 할 수 있다.

그런데 겉보기에는 두 용어가 비슷해 보이지만, 실제로는 완전히 다른 철학과 능력을 가진 AI 시스템이다.

AI 에이전트 = 유능한 '개인 비서'
vs. 에이전틱 AI = 자율적인 '프로젝트 드림팀'

AI 에이전트는 특정 분야에 매우 능숙한 한 명의 전문가 비서와 같다. 당신이 이 비서에게 구체적인 '명령'을 내리면, 비서는 그 명령 하나를 완벽하게 수행한다.

- "이메일함에 들어온 스팸 메일을 전부 걸러내 줘"라는 명령을 내리면, '스팸 필터링 에이전트'는 다른 일은 신경 쓰지 않고 오직 스팸 메일을 분류하는 작업만 자율적으로 처리한다.
- 하나의 명확한 작업을 독립적으로 실행하는 데 중점을 둔다.

이에 비해 에이전틱 AI는 마케팅, 개발, 디자인 등 각 분야의 최고 전문가들로 구성된 하나의 '드림팀'과 같다. 이 팀에게 구체적인 명령이 아닌 복잡한 '목표'를 제시하면, 팀원들이 스스로 역할을 나누고 소통하며 목표를 달성한다.

- "이번 분기 신제품 출시 마케팅 프로젝트를 성공시켜 줘"라는 목표를 제시하면, 팀 내부의 '시장 분석 에이전트', '광고 카피 작성 에이전트', '소셜 미

디어 관리 에이전트'들이 서로 회의하고 데이터를 공유하며 최적의 전략을 자율적으로 수립하고 실행한다.
- 여러 전문가(에이전트)들이 공동의 목표를 위해 서로 협업하고 전체 과정을 조정하는 데 중점을 둔다.

구분	AI 에이전트(개인 비서)	에이전틱 AI(프로젝트 드림팀)
규모	1명(혼자 일함)	여러 명(팀으로 일함)
주어지는 임무	구체적인 '명령'(예: "이메일 분류해")	복잡한 '목표'(예: "신제품 출시해")
작업 방식	독립적으로 하나의 작업 실행	여러 전문가가 소통하고 협력하여 공동 작업 실행
핵심 개념	실행	협업과 조정

AI 에이전트는 제한된 디지털 환경 안에서 정해진 목표를 달성하기 위해 스스로 판단하고 행동하도록 설계된 자율적 소프트웨어다. 바이브 코딩 툴인 볼트, 커서, 윈드서프, 러버블 등은 코딩에 특화된 AI 에이전트이다. 이들은 개발자의 코드 문맥을 '인식'하고, LLM을 통해 최적의 코드를 '추론'하며, 코드 자동 완성을 '실행'한다. 즉 '코드 작성 지원'이라는 명확한 작업을 자율적으로 수행하는 고도로 특화된 전문가인 셈이다.

에이전틱 AI는 여기서 한 걸음 더 나아간, 복잡한 공동의 목표를 달성하기 위해 여러 특화된 AI 에이전트들이 구조화된 방식으로 소통하고 협력하는 시스템이다.

바이브 코딩의 미래가 에이전틱 AI라면, 이는 더 이상 개발자를 돕는 개별 조수가 아니다. 대신 '프로젝트 관리자 에이전트', 'UI/UX 설계 에이전트', '백엔드 개발 에이전트', '품질 보증(QA) 에이전트' 등이 하나의 팀을 이룬다. 이들은 지속적 메모리를 통해 프로젝트 정보를 공유하고,

◆ AI 에이전트와 에이전틱 AI의 비교

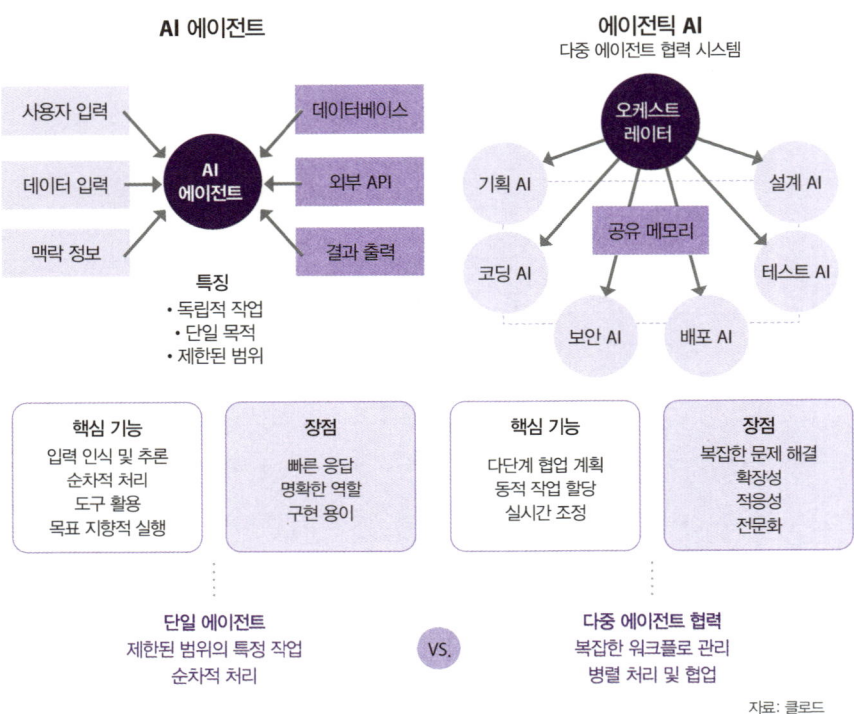

자료: 클로드

오케스트레이터의 지휘 아래 복잡한 소프트웨어를 자율적으로 개발해 나간다.

AI의 미래를 여는 AI 에이전트와 에이전틱 AI

AI 에이전트는 능동적 지능, 도구 통합, 인과 추론, 지속적 학습, 신뢰와 안전성이라는 다섯 영역에서 발전하고 있다. 단순히 명령에 반응하는 것을 넘어 스스로 패턴을 학습하고 맥락을 파악해 능동적으로 작업을 시작하는 능력을 키우고 있다.

에이전틱 AI는 다중 에이전트 확장, 통합 오케스트레이션, 지속적 메모리, 시뮬레이션 계획, 윤리적 거버넌스, 도메인별 시스템으로 진화한다. 여러 전문 에이전트가 동시에 작업하여 복잡한 문제를 해결하고, 메타 에이전트가 역할 배정과 소통을 관리하며, 법률·의학·물류·기후과학 같은 특정 분야에 특화된 시스템이 등장한다.

AI 에이전트와 에이전틱 AI는 각각의 길을 걸으며 인공지능의 미래를 만들어가고 있다. AI 에이전트는 명확한 목표가 있는 특정 업무에서 뛰어난 성능을 보이는 믿음직한 전문가다. 반면 에이전틱 AI는 복잡한 문제를 여러 관점에서 접근하여 창의적 해결책을 찾는 협력적 조직이다.

단순한 반응형 도구에서 능동적이고 협력적인 워크플로로의 전환은 지능형 시스템 진화의 중요한 전환점이다. 이런 변화는 우리가 AI를 어떻게 설계하고, 배포하고, 평가하는지에 대한 근본적인 접근 방식을 바꾸고 있다.

두 패러다임 모두 인공지능이 단순한 계산 도구에서 진정한 디지털 동반자로 발전하는 여정의 핵심 구성 요소다. 이들의 성장과 발전은 앞으로 우리 사회와 기술이 어떤 모습을 갖게 될지를 결정하는 중요한 열쇠가 되고 있다.

| VIBE CODING |

바이브 코딩, AI 에이전트, 에이전틱 AI의 관계

에이전트 측면에서 본 AI의 진화는 크게 세 단계로 나누어볼 수 있다. 가장 기초적인 '생성형 AI'에서 시작해, 특정 작업을 자율적으로 수행하는 'AI 에이전트'를 거쳐, 여러 AI가 팀처럼 협력하는 '에이전틱 AI'로 진행된다. 바이브 코딩은 두 번째 단계인 AI 에이전트 수준에서 작동하며, 미래에는 에이전틱 AI로의 발전을 목표로 한다.

이는 복잡성, 능력, 자율성이 계단식으로 증가하는 발전 경로를 보여준다. '혼자 일하는 똑똑한 도구'에서 '협력하는 전문가 팀'으로의 진화는 단순한 기술 발전을 넘어 소프트웨어 개발의 패러다임을 근본적으로 바꾸는 거대한 흐름이다.

1단계: 질문하면 답변만 해주는 생성형 AI

생성형 AI는 질문하면 답변만 해주는 가장 기초적인 단계다. 초기 챗GPT가 대표적인 예시다. 사용자가 "파이썬 코드 작성해줘"라고 요청하면 코드를 생성해주지만, 실행이나 수정은 사람이 직접 해야 한다.

이 점이 생성형 AI의 치명적인 한계다. 사용자가 묻는 말에는 답변을 잘해주지만, 스스로 판단하고 행동할 수 없다. 능력 있고 똑똑한 비서지만 대답만 잘하고 스스로는 업무를 처리하지 못하는 것과 비슷하다. 이 단계는 바이브 코딩이 작동하기 이전 단계에 해당한다.

2단계: 스스로 도구를 쓰는 AI 에이전트

AI 에이전트는 생성형 AI의 한계를 뛰어넘는 중요한 진화 단계다. 스스로 도구를 사용할 수 있고, 특정 목적에 특화되어 있으며, 기본적인 기억력을 보유한다. 무엇보다 외부 시스템과 연동이 가능하다는 것이 핵심이다. 현재의 바이브 코딩 도구들이 바로 이 수준에서 작동하고 있다.

볼트, 커서, 윈드서프, 러버블과 같은 바이브 코딩 도구들은 AI 에이전트의 특성을 명확하게 보여준다. 이들은 사용자의 요청에 따라 코드를 생성하거나 수정하는 단일 목적의 지능형 소프트웨어로 작동한다. 각 도구는 자연어 처리(NLP)를 통해 개발자의 의도를 파악하고, LLM을 활용하여 적절한 코드를 생성한다.

예를 들어 쇼핑몰 웹사이트를 만들어달라고 요청하면, AI 에이전트는 스스로 HTML, CSS, 자바스크립트 파일을 생성한다. 기본적인 상품 목록과 화면 구성을 갖추고, 실제로 작동하는 웹사이트를 완성한다. 덕분에 빠른 속도로 시제품(프로토타입)을 제작하거나 간단한 웹사이트 및 애플리케이션을 만들 수 있게 되었다.

하지만 이러한 도구들은 반응형 작업 수행(Reactive Task Execution)에 머물러 있으며, 복잡한 소프트웨어 개발 프로세스 전체를 조율하지는 못한다. 코드 생성은 가능하지만 아키텍처 설계(Architecture Design), 테스트 전략 수립(Test Strategy Planning), 배포 계획(Deployment Planning) 등을 종합적으로 관리하지는 않는다.

보안 전문가가 아니라서 해킹에 취약한 코드를 만들 수도 있고, 데이터베이스 설계 경험이 부족해서 나중에 속도가 느려질 수도 있다. 또한 테스트 코드를 제대로 작성하지 않아서 버그가 많이 발생할 수도 있다. 현재의 바이브 코딩 도구들도 마찬가지다. 코드는 잘 만들지만, 복잡한 사업 규칙(비즈니스 로직)을 처리하거나, 수많은 사용자를 감당하기 위한 성능 최적화, 철저한 보안 강화 등에서는 여전히 한계를 보인다.

3단계: 여러 AI가 협력하는 에이전틱 AI

에이전틱 AI는 AI 발전의 가장 고도화된 단계이자 바이브 코딩이 나아갈 미래다. 이 단계의 가장 핵심적인 특징은 '협력'이다. 여러 전문 AI 에이전트들이 한 팀처럼 모여 공동의 목표를 달성하기 위해 정보를 공유하고, 역할을 분담하며, 서로의 작업을 조율한다. 이를 통해 복잡하고 거

◆ 생성형 AI, AI 에이전트, 에이전틱 AI의 비교

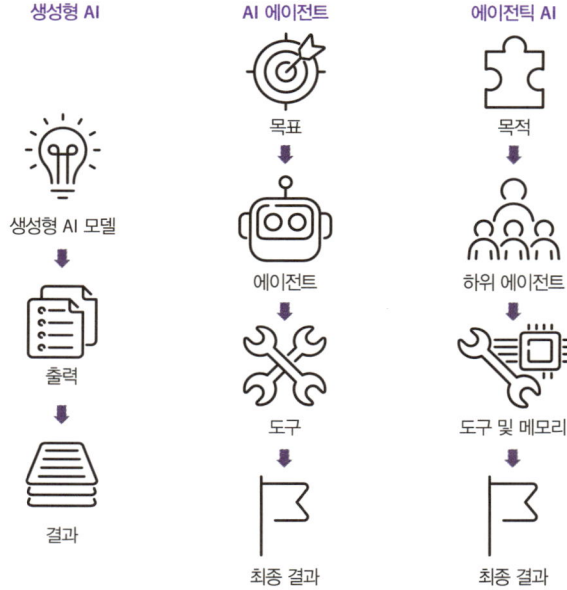

자료: Bhuwan Mittal, "Generative AI vs AI Agents vs Agentic AIGenerative AI", LinkedIn

대한 프로젝트 전체를 관리하고 창의적인 문제 해결까지 가능해진다.

에이전틱 AI는 수백만 명의 사용자도 문제없이 처리할 수 있는 기업 수준의 확장성을 제공하고, 새로운 버그 수정이나 보안 위협에 대응하는 유지보수까지 자동으로 수행한다. 더 나아가 여러 AI가 머리를 맞대 기존에 없던 새로운 해결책을 창의적으로 제시하기도 한다.

에이전틱 AI가 만드는 바이브 코딩

쇼핑몰 웹사이트를 만들어달라고 에이전틱 AI에게 요청하면 어떤 결과가 나올까? AI의 지휘 아래, 각 분야의 전문가 AI들이 협업을 시작하면서 단순한 웹사이트를 넘어 기업 수준에서 운영 가능한 완전한 쇼핑몰 서비스가 탄생하게 된다.

기획 AI는 "사용자 관점에서 상품 관리, 장바구니, 결제, 배송 추적 기능이 필수적입니다"라고 전체적인 요구사항을 정리한다. 설계 AI는 "안정성을 위해 기능별로 독립된 마이크로서비스(작은 서비스들의 조합) 구조로 설계하겠습니다"라고 시스템 아키텍처를 구상한다.

코딩 AI는 "사용자 화면(프론트엔드)과 서버(백엔드)를 분리하여 개발을 시작하겠습니다"라고 실제 구현에 들어간다. 테스트 AI는 "모든 기능에 대한 자동화된 테스트 코드를 구현하여 안정성을 확보합니다"라고 품질 보장을 담당한다.

보안 AI는 "신용카드 결제 보안과 사용자 개인정보 보호를 최우선으로 강화합니다"라고 보안 체계를 구축하고, 배포 AI는 "아마존 웹 서비스(AWS) 클라우드에 자동 배포 시스템을 구축하여 관리 효율을 높입니다"라고 운영 환경을 준비한다.

코딩 혁명이 가져올 변화의 물결

오늘날의 소프트웨어는 점점 복잡해지고 있다. 모바일 앱 + 웹사이트

+ 서버 + 데이터베이스를 모두 고려해야 하고, 수백만 명이 동시에 사용해도 느려지지 않아야 한다. 해킹 공격에도 안전해야 하고, 새로운 기능을 빠르게 추가할 수 있어야 한다. 혼자서 이 모든 것을 완벽하게 처리하기는 불가능하다. 그래서 전문가 팀이 협력하는 AI 시스템이 필요한 것이다.

바이브 코딩의 진화는 단순히 코딩 도구의 발전을 넘어 개발 문화와 산업 전체의 변화를 의미한다. 바이브 코딩은 소프트웨어 개발을 대중화하고, 더 많은 사람이 기술 혁신에 참여하게 한다.

바이브 코딩은 앞으로 여러 전문가가 협력하여 하나의 거대한 과업을 완수하는 '협력하는 전문가 팀', 즉 에이전틱 AI로 진화해갈 것이다. 이는 단순한 도구의 발전을 넘어, 소프트웨어 개발의 패러다임 자체를 바꾸는 거대한 흐름의 중심에 서 있음을 의미한다.

이런 AI 전문가 팀이 완성되면 개발 속도는 10배 빨라지고(기획부터 배포까지 자동화), 버그와 보안 문제는 크게 줄어들며(전문 AI가 철저히 검토), 개발자는 창의적인 일에 더 집중할 수 있고(반복 작업은 AI가 담당), 작은 회사도 큰 회사 수준의 서비스를 만들 수 있게 된다.

앤트로픽 CEO 다리오 아모데이는 AI가 앞으로 1년 안에 인간을 대신해 모든 코드를 작성하게 된다고 예고했다. 이는 바이브 코딩이 단순한 트렌드가 아니라 불가역적인 변화의 시작임을 보여준다.

현재의 바이브 코딩은 AI 에이전트 수준에서 작동하고 있지만, 소프트웨어 개발의 본질적 복잡성과 협력적 특성을 고려할 때 에이전틱 AI로의 진화는 자연스럽고 필연적인 방향이다. 바이브 코딩의 진화는 AI 기술의 발전과 함께 계속되며, 개발자의 직관과 AI의 능력이 결합되어 만

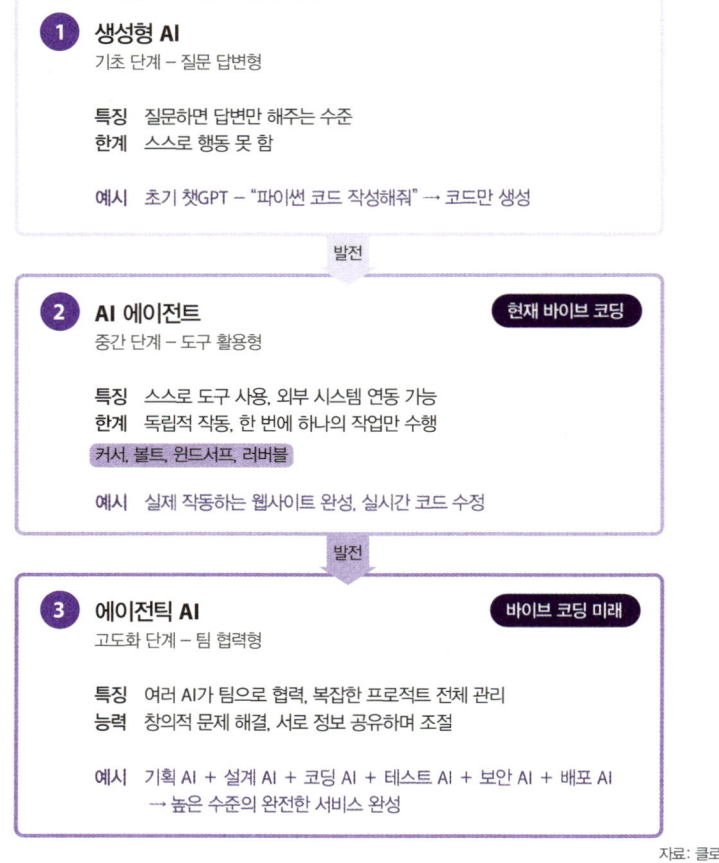

자료: 클로드

들어내는 새로운 패러다임은 분명 소프트웨어 개발의 미래를 결정짓는 핵심 요소가 된다.

VIBE CODING

코딩 진화의 끝판왕, 목표만 알려주면 스스로 일하는 '에이전틱 코딩'

안드레이 카르파티가 '바이브 코딩'이란 용어를 사용한 이후, IT 업계와 언론에서는 바이브 코딩이라는 새로운 트렌드에 주목했다. 그런데 바이브 코딩과 함께 AI에 기반한 코딩 방식으로 개발자들 사이에서는 '에이전틱 코딩(Agentic coding)'이 관심을 끌고 있다.

'에이전틱 코딩'이란 용어는 바이브 코딩이 등장하기 훨씬 이전인 2023년 8월 엔트로픽의 엔지니어인 배리 장(Barry Zhang)이 자사의 클로드 코드를 SNS인 X에 "agentic coding tool"이라고 지칭하면서 처음 개념이 공개되었다. 학술적으로 정의된 개념이 아니었기에 개발자들 사이에서 AI에 기반한 새로운 개발 방식을 지칭하는 표준 어휘처럼 사용되었는데, 2025년 2월에 바이브 코딩이란 용어가 등장하면서 두 개념은 혼재되기 시작했다.

그러다가 2025년 5월 란잔 삽코타(Ranjan Sapkota)가 논문 〈Vibe Coding vs. Agentic Coding〉에서 두 패러다임을 학술적으로 구분·정

의하면서 '에이전틱 코딩'이라는 용어가 공식적으로 알려지기 시작했다. 이 논문에서 에이전틱 코딩이란 "AI 에이전트들이 목표 기반으로 계획을 세우고, 실행하고, 테스트하고, 반복하는 전 과정을 수행하는 개념"으로 정의되었다.

웹 프레임워크 플라스크(Flask)의 개발자인 아르민 로나허(Armin Ronacher)도 '에이전틱 코딩 – 에이전트와 함께하는 소프트웨어 개발의 미래(Agentic Coding – The Future of Software Development with Agents)'라는 강연에서, 에이전틱 코딩을 "단순한 코드 자동 완성 도구를 넘어, 복잡한 작업을 자율적으로 관리할 수 있는 AI 에이전트와의 진정한 실시간 협업"으로 정의하면서 에이전틱 코딩은 개발자 커뮤니티 내에서 많은 주목을 받기 시작했다.

바이브 코딩은 인간이 주도, 에이전틱 코딩은 AI가 주도

에이전틱 코딩은 개발자가 AI에게 '최종 목표'만 알려주면 AI 에이전트가 모든 과정을 자율적으로 처리하는 방식이다. 유능한 비서에게 "지난 분기 실적 보고서 작성해서 관련 부서에 공유해줘"라고 지시하면, 스스로 데이터를 찾고 보고서를 작성하며 메일까지 보내는 것과 비슷하다. 예를 들어 개발자가 "이 프로젝트의 오래된 파이썬 2 버전을 최신 3 버전으로 업그레이드해줘"라고 명령하면, AI 에이전트는 다음과 같이 수행한다.

- 프로젝트의 모든 코드를 분석해 오래된 문법을 찾아낸다.
- 최신 문법에 맞게 코드를 자동으로 수정한다.
- 수정한 코드가 문제없이 작동하는지 자체적으로 테스트를 실행한다.
- 테스트 중 발견된 오류를 스스로 해결하려고 시도한다.
- 모든 작업이 끝나면 변경사항에 대한 보고서를 작성해 개발자에게 최종 검토를 요청한다.

바이브 코딩은 개발자와 LLM이 끊임없이 대화하며 코드 조각을 작성·검증·수정하는 인간 주도(human-in-the-loop) 창작 방식이다. 개발자가 오케스트라의 지휘자 역할을 하며, AI와 대화하면서 높은 수준의 의도, 즉 '분위기(vibe)'를 전달하는 인간 중심의 반복적인 협업 방식이다.

에이전틱 코딩은 사용자가 '최종 목표'만 제시하면 여러 AI 에이전트들이 계획-코딩-테스트-배포까지 전 주기를 자율 수행하고 인간은 검토·승인만 하는 목표 주도(goal-oriented) 자동화 코딩 방식이다. AI 에이전트가 상당한 수준의 계획 및 실행 책임을 위임받는, 보다 자율적인 진화 단계이며, 인간의 역할은 목표를 설정하고 결과를 평가하는 감독자가 된다.

◆ **바이브 코딩과 에이전틱 코딩의 비교**

구분	바이브 코딩	에이전틱 코딩
핵심 개념	인간 중심의 협업	AI 중심의 자율적 실행
개발자의 역할	지휘자, 부조종사의 조종사	감독관, 관리자
상호작용 방식	지속인 대화와 반복적인 수정	초기 목표 설정 후 결과 검토
자율성 수준	낮음(인간이 주도)	높음(AI가 주도)

개발자 역할의 변화

에이전틱 코딩에서 AI 에이전트는 단순히 코드를 생성하는 것을 넘어, 코드베이스(Codebase, 소프트웨어 코드가 모여 있는 전체 저장소) 및 개발 환경과 직접 상호작용하며 코드를 수정, 디버깅, 테스트하고, 심지어 배포까지 수행한다. 이 모든 과정은 최소한의 인간 개입으로 이루어진다.

이는 소프트웨어 개발에서 개발자의 역할에 대한 근본적인 패러다임 전환을 의미한다. 개발자는 더 이상 논리를 한 줄 한 줄 구현하는 '직접 실행자'가 아니라, 자율적인 에이전트를 감독하는 '고수준의 설계자', '디자이너', '감독관'이 된다. 즉 인간은 '무엇을(what)' 그리고 '왜(why)'에 집중하고, AI 에이전트는 '어떻게(how)'를 처리하는 새로운 형태의 노동 분업이 이루어지는 것이다.

그러나 AI에게 더 많은 자율성과 권한을 주는 만큼, 개발자는 AI가 엉뚱한 방향으로 가지 않도록 감시하고, 보안이나 윤리적인 문제가 발생하지 않도록 관리해야 하는 더 큰 책임감을 갖게 된다.

대규모 작업에서 빛나는 에이전틱 코딩의 위력

에이전틱 코딩은 복잡하고 반복적인 작업이나 대규모 시스템을 다룰 때 강력한 힘을 발휘한다. 수백, 수천 개의 파일로 이루어진 전체 프로젝트의 낡은 코드 구조를 최신 방식으로 한 번에 개선하는 코드베이스 리팩토링(Automated Codebase Refactoring) 작업을 예로 들어보자. 이는 낡고 오래된 집의 내부 구조를 최신식으로 바꾸는 대규모 인테리어 공사와 비슷한 일이다.

만약 바이브 코딩을 이용한다면, 개발자는 각 파일을 일일이 AI에게 보여주며 "이 파일 수정해줘", "다음 파일 수정해줘"라고 반복해야 한다. 이 과정은 매우 지루하며, 개발자가 파일 간의 연관성을 직접 관리해야 하므로 실수가 발생하기 쉽고 전체적인 일관성을 유지하기 어렵다.

인테리어 기사에게 방 하나씩 사진을 보여주며 "이 방 고쳐주세요", "이제 저 방 고쳐주세요"라고 일일이 지시하는 상황과 비슷하다. 전체적인 조화를 생각하기 어렵고, 거실을 고쳤더니 안방 문이 안 맞는 식의 문제가 생길 수 있다. 개발자가 모든 방의 연결 관계를 직접 기억하고 관리해야 해서 매우 피곤하고 실수하기 쉽다.

반면 에이전틱 코딩으로 한다면, AI 에이전트는 전체 코드베이스를 한 번에 분석하고 파일 간의 의존성을 파악하여 체계적으로 수정 계획을 세운다. 또한 수정 후에는 자동으로 테스트를 실행하여 변경으로 인해 다른 기능이 고장 나지 않았는지 검증할 수 있다.

이는 에이전트의 자율성, 대규모 작업 처리 능력, 통합 테스트 능력 덕분이다. 숙련된 총괄 감독이 집 전체 도면을 한 번에 파악하고 체계적인 계획을 세우는 것과 비슷하다. AI가 전체 코드의 구조와 연결 관계를 스스로 분석한 뒤, 최적의 순서로 리모델링을 진행하고 공사 후에는 모든 전등과 수도가 잘 작동하는지 스스로 점검(자동 테스트)까지 하므로 훨씬 안정적이고 효율적이다.

프로젝트를 하다 보면 이런 일들이 비일비재하다. 바이브 코딩으로는 해결하기 어려운 과제들이 현실적으로 수없이 존재한다. 구글의 '줄스

(Jules)'나 오픈AI의 '코덱스(Codex)' 같은 시스템이 이런 대규모 작업을 처리하는 대표적인 예다.

두 방식이 함께 만드는 미래

바이브 코딩과 에이전틱 코딩은 각자의 영역에서 발전하며 상호 보완적 관계를 유지한다. 에이전틱 코딩이 등장했다고 해서 바이브 코딩이 사라지는 것은 아니라 두 방식은 상황과 목적에 따라 선택적으로 사용되며 공존할 가능성이 높다.

바이브 코딩은 새로운 아이디어를 탐색하거나 정해진 답이 없는 창의적인 프로토타입을 만들 경우 개발자의 직관과 AI의 빠른 생성 능력을 결합하고 싶을 때 유용하다. 교육, 프로토타입, UX 혁신 영역에서 계속 확장된다. 에이전틱 코딩은 '기존 코드의 버그 수정', '반복적인 테스트 자동화', '문서화 작업'처럼 목표가 명확하고 절차가 복잡한 작업을 자동화할 경우에 적합하다. 대규모 자동화, 레거시 현대화, 24시간 운영을 요구하는 엔터프라이즈 시장을 중심으로 성장한다.

실무에서도 '바이브 코딩 단계(요구사항·브레인스토밍) → '에이전틱 코딩 단계(코딩·배포)'로 이어지는 두 단계 파이프라인을 적용하는 사례가 증가하고 있다. 즉 자율성과 규모·목적이 다른 두 코딩 방식이 평행·분업적으로 발전할 가능성이 높다.

바이브 코딩과 에이전틱 코딩은 AI의 능력이 발전함에 따라 인간과의 협업 방식이 자연스럽게 진화하는 과정으로 볼 수 있다. 생성형 AI의 능력이 향상되면서 단순 코드 생성을 돕는 '바이브 코딩'이 가능해졌고, 여기서 더 나아가 AI가 스스로 계획하고 행동하는 능력을 갖추게 되면서 '에이전틱 코딩'으로 발전한 것이다.

미래의 개발 환경은 두 방식이 결합된 하이브리드 워크플로가 될 가능성이 높다. 개발 초기에는 바이브 코딩으로 AI와 자유롭게 아이디어를 주고받으며 시제품을 만들고, 그 아이디어가 구체화되면 에이전틱 코딩으로 전환하여 AI 에이전트에게 복잡한 시스템 구축과 테스트, 배포를 맡기는 식이다.

개발자도 두 가지 협업 방식을 모두 자신의 '도구함'에 갖추고, 해결하려는 문제의 성격에 따라 가장 적합한 방식을 선택하게 된다.

인간은 창의적인 아이디어와 최종 의사결정에 집중하고, AI는 반복적이고 고된 작업을 자율적으로 처리하는 협력 모델이 바로 AI 시대의 새로운 소프트웨어 개발 방식이 될 것이다. 중요한 것은 기술에 이끌려 가는 것이 아니라, 인간의 창의성을 극대화하는 방향으로 AI를 현명하게 활용하는 것이다.

VIBE CODING

AI 세계의 만능 통역사, MCP(모델 컨텍스트 프로토콜)

에이전틱 코딩은 AI가 단순한 코드 자동 완성 도구를 넘어 하나의 독립적인 개발자처럼 행동한다. 인간이 '무엇'을 만들지 결정하면, AI가 '어떻게' 만들지 고민하며 전 과정을 책임지는 것이다.

하지만 여기서 근본적인 문제가 발생한다. AI의 두뇌 역할을 하는 LLM은 그 자체로는 외부 세계와 직접 상호작용할 수 없다. 뛰어난 두뇌를 가졌지만 팔다리가 없는 존재와 같다. 실제 개발자는 코드를 작성할 뿐만 아니라 컴파일러를 돌리고, 웹 브라우저에서 테스트하며, 데이터베이스에 접속하는 등 수많은 외부 도구를 사용한다. AI 에이전트가 진정한 개발자가 되려면, 이러한 도구들을 자유자재로 사용할 수 있는 '손과 발'이 반드시 필요하다.

그런데 각기 다른 철학과 구조를 가진 프레임워크와 수많은 도구들이 우후죽순 생겨나면서, 이들을 어떻게 효율적으로 연결하고 통합할 것인가 하는 문제가 발생하게 되었다. 수많은 종류의 AI 에이전트와 도구들을 어떻게 서로 연결할 것인가 하는 '통합의 문제'이다. AI 에이전트가 자신의 한계를 넘어 실질적인 행동을 하기 위해서는 외부 도구 및 응용 프로그램과 소통할 수 있는 통로가 필요하다. 이 문제를 해결하기 위해 등장한 것이 바로 AI 세계의 '만국 공통어' 역할을 하는 모델 컨텍스트 프로토콜(Model Context Protocol, MCP)이다.

모든 것을 연결해야 하는 복잡한 문제

AI 에이전트 프레임워크와 외부 도구가 폭발적으로 증가하면서 개발자들은 심각한 비효율에 직면하게 되었다. 바로 'M×N 통합 문제(M×N Integration Problem, 서로 다른 시스템들을 연결할 때 발생하는 복잡성 증가 문제)'이다. 여기서 M은 랭체인(LangChain, AI 애플리케이션 개발을 위한 프레임워크), 오토젠(AutoGen, 여러 AI 에이전트가 협력하는 시스템을 만드는 프레임워크)과 같은 AI 에이전트 프레임워크의 수를, N은 웹 검색, 데이터베이스 연결, 코드 실행과 같은 외부 도구의 수를 의미한다.

전 세계 모든 국가의 전기 콘센트 모양이 다른 상황으로 비유할 수 있다. M개의 나라를 여행하기 위해 N개의 전자제품을 가져간다면, 총 'M×N'개의 서로 다른 모양의 어댑터를 준비해야 한다. 이는 엄청난 비용과 노력을 유발하며, 새로운 나라나 전자제품이 추가될 때마다 복잡성은 기하급수적으로 증가한다.

AI 생태계도 마찬가지다. 특정 데이터베이스 도구를 랭체인용으로 만들었다면, 오토젠이나 크루AI(CrewAI)에서 사용하기 위해서는 각각 별도의 통합 코드를 또다시 작성해야 한다.

이러한 문제는 과거 소프트웨어 개발 역사에서도 반복되었다. 2016년 마이크로소프트가 VS 코드를 위해 제안한 '언어 서버 프로토콜(Language Server Protocol, LSP)'이라는 표준이 등장했다. LSP는 언어 분석 기능과 편집기 사이의 통신 방식을 통일했다. 그 결과 개발자들은 특정 언어를 위한 언어 서버를 한 번만 만들면, LSP를 지원하는 모든 편집기에서 동일한 기능을 사용할 수 있게 되었다. 이로써 'M×N'의 복잡한 문제가 'M+N'의 단순한 문제로 해결되었다.

'AI용 USB-C 만능 포트' MCP

AI 분야의 선도 기업인 앤트로픽은 2024년 11월, 과거 LSP의 성공 사례에서 영감을 받아 AI 에이전트 생태계의 'M×N 통합 문제'를 해결하기 위한 개방형 표준인 MCP를 공식적으로 공개했다.

MCP의 핵심 아이디어는 '표준화'이다. AI 에이전트가 외부 세계의 도구 및 데이터와 소통하는 방식을 하나의 통일된 약속으로 정의하는 것이다. 앤트로픽은 이를 "AI 애플리케이션을 위한 USB-C 포트"라는 직관적인 비유로 설명한다.

스마트폰, 노트북, 태블릿 등 어떤 기기든 USB-C 포트에 연결하면 충전과 데이터 전송이 가능한 것처럼, 어떤 AI 에이전트든 MCP라는 표준을 지원하는 도구라면 즉시 '플러그 앤 플러그(Plug and Play, PnP)' 방식으로 연결하여 사용할 수 있다는 의미다.

◆ **MCP 아키텍처**

USB-C 만능 포트처럼 MCP는 하나의 통일된 시스템을 통해 다양한 AI 모델과 외부·내부 서비스를 자유자재로 연동하여 사용자의 복잡한 작업을 자동화한다.

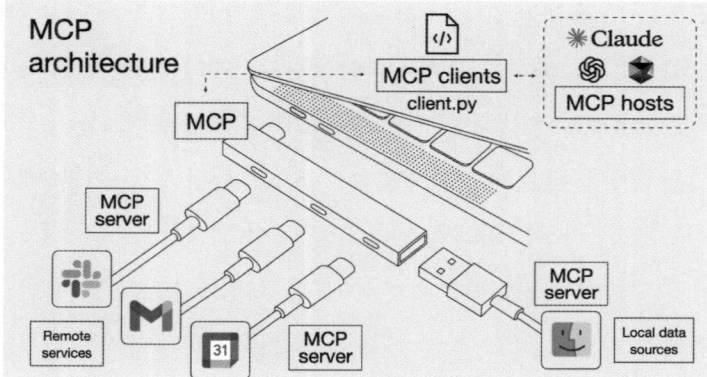

자료: https://learnprompting.org/

이러한 표준화는 AI 생태계에 막대한 가치를 제공한다. 도구 개발자들은 더 이상 특정 AI 프레임워크에 종속될 필요 없이 MCP 표준에 맞는 서버를 한 번만 개발하면 앤트로픽의 클로드, 랭체인, 오토젠 등 MCP를 지원하는 모든 AI 애플리케이션에서 자신들의 도구를 사용하게 할 수 있다. 최근에는 마이크로소프트가 윈도우 운영체제에서 MCP를 공식 지원하겠다고 발표하며 이 표준의 중요성을 다시 한번 강조했다.

MCP는 에이전틱 AI에 꼭 필요한 핵심 요소

MCP는 AI 모델이 외부 도구·데이터와 안전하게 소통하도록 정의된 '표준 허브'로, 스스로 목표를 달성해야 하는 AI 에이전트는 물론 에이전틱 AI에 있어서도 꼭 필요한 기능이다. AI가 전체 프로젝트를 분석하고 테스트를 실행한 뒤 문제가 생기면 다시 계획을 세워 수정-커밋-배포를 반복하는 경우, 파일을 읽고 쓰거나 프로그램을 빌드하고 CI 파이프라인(자동으로 코드를 테스트하고 배포하는 시스템)을 실행하려면 MCP가 반드시 필요하다.

또한 MCP는 AI의 행동 반경을 무한히 확장시킨다. MCP가 없다면 AI는 머릿속에서만 텍스트와 코드를 만들어낼 뿐이다. 하지만 MCP를

♦ MCP의 개요

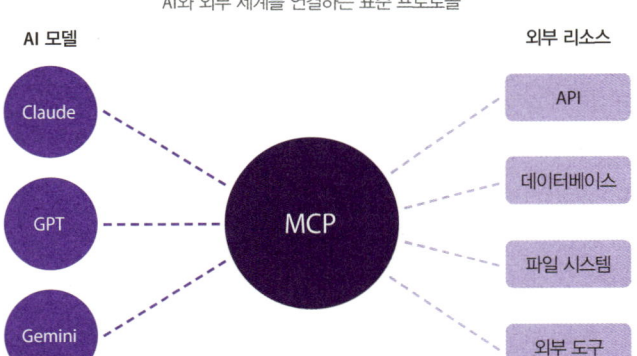

자료: 언론 종합

통해 웹 브라우저, 파일 시스템, 데이터베이스, 각종 API 등 실제 세상의 모든 디지털 도구와 연결될 수 있다.

무엇보다 MCP는 AI에게 진정한 자율성을 부여한다. 에이전틱 코딩의 핵심은 인간의 개입을 최소화하는 것이다. MCP 덕분에 AI는 문제 해결 과정에서 필요한 도구를 스스로 판단하고 직접 사용하여 작업을 완료할 수 있다.

예를 들어 클로드 코드는 MCP를 통해 퍼페티어(Puppeteer, 웹 브라우저를 자동으로 조작하는 도구)를 사용하여 웹페이지가 제대로 작동하는지 테스트하는 복잡한 작업을 수행할 수 있다. 이는 인간의 지시 없이도 AI가 스스로 문제를 해결해나가는 에이전틱 AI의 이상적인 모습을 보여준다.

간단한 설치로 바로 사용 가능

MCP는 비교적 간단한 방법으로 데스크톱에 설치하고 활용할 수 있다. 먼저 AI 도구(예: 클로드)의 설정에서 개발자 모드를 활성화한 후, MCP를 붙여넣기만 하면 된다.

특정 기능을 사용하려면, 해당 기능에 맞는 자바스크립트 객체 표기법(JavaScript Object Notation, JSON) 파일을 복사하여 붙여넣고 경로를 지정해준다. 예를 들어 AI가 컴퓨터의 파일을 검색하고 접근할 수 있도록 하려면, 관련 JSON 파일을 설정 파일에 넣고 AI 앱을 재시작하면 된다.

이렇게 설치된 MCP는 AI 앱 내에서 활성화되며, AI가 사용자의 데스크톱 파일에 접근하거나 다른 서비스와 연동하여 특정 작업을 수행할 수 있도록 권한을 부여한다.

앱 스토어 같은 MCP 서버 마켓

MCP의 확산과 함께 MCP 서버 마켓이라는 새로운 생태계가 형성되고 있다. 누구나 자신이 만든 MCP 서버를 마켓에 올려 다른 사람들과 공유할 수 있으며, 이는 다양한 기술과 아이디어가 빠르게 확산되는 기반이 된다.

이러한 마켓에는 특정 기능을 전문적으로 수행하는 서버들(예: 퍼플렉시티(Perplexity) 검색 결과를 이용하게 하는 서버)이 등장하고 있으며, 이는 AI의 활용 범위를 무한히 확장시킨다. MCP 서버 마켓에서는 다양한 기능의 MCP 서버를 찾아볼 수 있으며, 사용자는 필요한 기능을 조합하여 자신만의 AI 활용 시나리오를 만들 수 있다.

다만 아직 초기 단계이므로 모든 서버가 완벽하게 작동하는 것은 아니며, 중복되거나 비활성화된 서버들도 존재할 수 있다. 그럼에도 불구하고 MCP 서버 마켓은 AI와 다양한 서비스의 융합을 촉진하는 중요한 역할을 한다.

> VIBE CODING

MCP를 써본 개발자들
"안 쓸 수가 없다"

커서 IDE:
생각을 읽는 듯한 코딩 환경

커서 IDE(Cursor IDE)를 사용하는 개발자들은 "내 생각의 속도로 코딩할 수 있다"고 입을 모아 말한다. 이 도구의 핵심 기능들을 살펴보면, 먼저 다중 파일 에이전트 모드(여러 파일을 동시에 관리하는 AI 기능)가 있는데, 이는 AI가 여러 파일을 동시에 편집하며 일관된 변경사항을 적용한다. 더욱 놀라운 것은 예측적 코드 완성 기능이다. 개발자가 타이핑하기 전에 다음 편집을 약 25% 정확도로 예측해 마치 개발자의 마음을 읽는 듯하다.

실시간 컨텍스트 인식(상황을 실시간으로 파악하는 기능) 능력도 뛰어나다. 최대 40개의 MCP 도구와 동시에 연결되어 완전한 개발 환경을 이해한다.

어떤 개발자가 "포스트그레SQL(데이터베이스 관리 시스템의 한 종류) 데이터베이스의 지난 30일 동안 가입한 사용자들을 가입 경로별로 보여줘"라고 말하자, AI가 데이터베이스 MCP 서버를 통해 직접 쿼리(Query, 데이터베이스에 정보를 요청하는 명령)를 실행한 후 결과를 시각화해주었다.

성과도 놀랍다. 25~40% 개발 속도 향상이 보고되었고, 개발자들이 "탭 키를 가장 많이 누른다"고 표현할 정도로 높은 예측 정확도를 자랑한다.

클로드 데스크톱:
개발 전체 과정을 도맡아 하는 똑똑한 비서

클로드 데스크톱(Claude Desktop)은 MCP를 통해 전체 개발 라이프사이클(Development Lifecycle, 소프트웨어를 기획부터 배포까지 만드는 전체 과정)을 관리하는 놀라운 도구이다. 설정 파일을 통해 다양한 MCP 서버를 등록하고 사용할 수 있다.

실제 워크플로를 보면 정말 체계적이다. 먼저 파일 시스템에서 프로젝트 요구사항을 읽는다. 그다음 깃허브(GitHub, 소스 코드를 저장하고 관리하는 온라인 서비스)에서 관련 이슈(해결해야 할 문제들)를 확인한다. 이어서 여러 파일에 걸쳐 기능을 구현하고, 자동 테스트를 실행해서 검증한다. 그리고 설명이 포함된 커밋(Commit, 변경사항을 저장하는 것)을 생성하고, 마지막으로 팀 슬랙(Slack, 업무용 메신저 서비스) 채널에 알림까지 보낸다.

비즈니스 임팩트도 상당하다. 팀들은 일상적인 개발 작업이 40~60%

감소했다고 보고한다. 이는 개발자들이 더 창의적이고 중요한 일에 집중할 수 있게 되었다는 뜻이다.

피그마와 코딩의 완벽한 만남:
디자이너와 개발자 사이의 벽이 사라지다

피그마(Figma, 웹 기반 디자인 도구) MCP 통합은 디자인에서 코드로의 완전 자동 변환을 가능하게 한다. 이는 정말 혁신적인 변화다. MCP는 디자이너의 도구인 피그마와 연결되어 음성 명령으로 디자인을 수정한다. 사용자는 데스크톱에 피그마와 AI 커서(AI 비서 도구)를 동시에 띄워놓고, MCP 플러그인(plug-in)을 통해 두 서비스를 연결한다.

연결이 성공적으로 이루어지면, AI에게 "화면에 로고 보이니?"와 같은 자연어 프롬프트를 사용하여 디자인 화면을 이해시키고 명령을 내릴 수 있다. 예를 들어 "레이아웃에 인간과 기술이 공존하는 느낌으로 로고 하나 그려봐"라고 말하면, AI가 해당 콘셉트에 맞는 로고를 자동으로 생성해주며, "원 안의 색깔을 핑크색으로 변경"과 같은 구체적인 지시에도 즉각적으로 반응하여 디자인을 수정한다.

성과는 놀라울 정도다. 디자인-코드 불일치가 평균 60~80% 감소했다고 사례 조사에서 밝혀졌다. 전통적인 2~3일 핸드오프(Handoff, 디자이너가 개발자에게 작업을 넘겨주는 과정) 과정이 당일 구현으로 단축되었다.

개발자들의 피드백도 놀랍다. "디자인 번역에 몇 시간 걸렸던 작업이 몇 분으로 단축되었다"는 증언이 나오고 있다.

뉴스 정리부터 팀 공유까지, 슬랙과 AI의 완벽한 협업

MCP는 팀 협업 도구인 슬랙과 연결되어 뉴스 자동 게시 및 정보 공유를 효율화하는 데 사용될 수 있다. 사용자는 슬랙에 클로드 MCP 봇을 연결하여 데스크톱에서 처리되는 정보를 슬랙 채널로 바로 보낼 수 있다.

예를 들어 특정 웹사이트에서 뉴스를 크롤링(Crawling, 웹사이트에서 자동으로 정보를 수집)하는 MCP 도구와 슬랙에 메시지를 보내는 MCP 도구를 클로드 앱에 연결한 후, AI에게 자연어로 "테크 뉴스 5개를 가져와 슬랙에 정리된 형태로 올려줘"라고 명령할 수 있다.

그러면 AI는 자동으로 뉴스 기사를 가져와 분석하고, 가독성 좋은 형태로 슬랙 채널에 게시하여 팀원들이 쉽게 확인할 수 있도록 한다. 이러한 자동화는 매일 아침 특정 정보를 공유해야 하는 경우나, 특정 주제에 대한 분석 결과를 팀에 빠르게 전달해야 할 때 매우 유용하다. 기존에는 여러 API를 설치하고 복잡한 개발 과정을 거쳐야 가능했던 일이 MCP 덕분에 자연어 명령만으로 가능해졌다.

AI의 표준으로 떠오른 MCP의 미래

경쟁사들도 인정한 필수 표준

MCP의 중요성을 가장 명확하게 보여주는 현상은 바로 AI 산업을 이끄는 최대 경쟁사들의 전례 없는 협력이다. MCP는 앤트로픽에 의해 개발되었지만, 불과 몇 달 만에 최대 경쟁사인 오픈AI와 구글 딥마인드가 이를 공식적으로 채택하겠다고 발표했다.

마이크로소프트 역시 Build 2025 행사에서 MCP 지원을 공식 선언하며 이 흐름에 동참했다. 오픈AI CEO 샘 올트먼과 구글 딥마인드 CEO 데미스 하사비스(Demis Hassabis)는 MCP가 AI 도구 연결성을 표준화하는 중요한 단계이며 "AI 에이전트 시대를 위한 개방형 표준으로 빠르게 자리 잡고 있다"고 평가했다.

치열한 기술 패권 경쟁 속에서 라이벌 기업들이 경쟁사의 기술을 채택하는 것은 매우 이례적인 일이다. 이는 이들 기업이 'M×N 문제'라는 파편화된 생태계가 결국 산업 전체의 성장을 저해하는 공공의 적임을 인식했기 때문이다. 특정 기업에 종속되지 않는 개방형 표준이 있어야만 수많은 개발자가 안심하고 AI용 도구를 만들 수 있고, 그 결과로 풍부해진 도구 생태계는 모든 AI 플랫폼의 가치를 높여준다.

이는 모든 국가가 협력하여 인터넷 통신 규약(TCP/IP)이나 웹 표준(HTTP)을 만든 것과 비슷하다. MCP는 특정 회사의 제품이 아닌, AI 시대의 공공 인프라로 자리매김하고 있다.

AI 에이전트도 속을 수 있는 보안 리스크

AI 에이전트가 외부 도구를 사용하고 시스템을 직접 제어할 수 있는 강력한 능력을 갖게 되면서, 그에 상응하는 보안 위협 또한 중요한 문제로 떠오른다. 특히 '혼란스러운 대리인 문제(Confused Deputy Problem)'는 도구를 사용하는 AI 에이전트가 직면할 수 있는 대표적인 보안 취약점이다.

'혼란스러운 대리인 문제'는 정보 보안 분야의 고전적인 문제로, 높은 권한을 가진 프로그램(대리인)이 낮은 권한을 가진 외부의 요청에 속아 자신의 권한을 의도치 않게 악용하도록 조종당하는 상황을 말한다. 대리인 프로그램 자체는 악의가 없지만, 교묘하게 조작된 입력값 때문에 '혼란'에 빠져 위험한 행동을 하게 되는 것이다.

AI 비서에게 "오늘 작업한 '보고서.docx' 파일을 백업 폴더로 옮겨줘"라고 지시했다고 가정하자. 이때 해커가 교묘하게 조작된 데이터를 AI

에게 전달하여, AI가 실제로는 '보고서.docx'가 아닌 '회사기밀_급여정보.xlsx' 파일을 해커의 서버로 전송하도록 속일 수 있다. 이 경우 AI 비서는 강력한 파일 접근 권한을 가졌지만, 누구의 요청을 수행해야 하는지 헷갈려 의도치 않게 해커의 대리인 역할을 하게 된 것이다.

AI를 안전하게 지키는 MCP

MCP는 이러한 위험을 완화하기 위해 여러 계층의 방어 체계를 갖추고 있다. MCP의 보안은 단순히 기술적인 방화벽을 쌓는 것이 아니라, 사용자에게 투명하게 정보를 제공하고 최종 결정권을 부여하는 방식으로 작동한다.

우선 모든 요청은 프로젝트 매니저인 '호스트'를 거친다. 호스트는 사용자에게 "AI 에이전트가 '회사기밀_급여정보.xlsx' 파일에 접근하려고 합니다. 허용하시겠습니까?"와 같이 명확하고 이해하기 쉬운 UI를 통해 최종 동의를 구해야 한다.

또한 MCP는 최신 웹 표준인 OAuth 2.1(웹 인증 표준) 초안 및 OAuth 2.0 메타데이터를 준수하는 인증 방식을 사용하여 각 도구가 접근할 수 있는 권한을 세밀하게 제어한다. 예를 들어 구글 드라이브 서버에 발급된 접근 토큰(접근 권한 증명서)은 슬랙 서버에서 사용할 수 없다.

MCP의 '호스트-클라이언트-서버' 구조는 그 자체로 강력한 보안 메커니즘이다. 호스트는 연결하려는 각 서버마다 별도의 독립된 클라이언트 프로세스를 생성한다. 이는 각 서버와의 통신 채널을 논리적으로 격리하는 '샌드박싱(Sandboxing)' 효과를 가져온다.

기술과 인간이 함께 만드는 안전

중요한 점은 MCP 프로토콜 자체가 모든 보안을 완벽하게 강제할 수는 없다는 사실이다. 프로토콜은 안전한 시스템을 구축하기 위한 '규칙'과 '구조'를 제공할 뿐, 최종적인 안전은 이를 구현하는 개발자와 사용하는 사용자의 책임과 역할에 달려 있다.

MCP 서버와 호스트 애플리케이션을 만드는 개발자는 보안 모범 사례를 반드시 따라야 한다. 사용자의 입력을 검증하여 '명령어 주입(command injection)'과 같은 해킹 공격을 막고, 모든 중요한 활동을 기록하여 문제가 발생했을 때 추적할 수 있도록 시스템을 구축해야 한다.

한편 사용자는 신뢰할 수 있는 출처의 MCP 서버만 사용해야 하며, AI가 어떤 권한을 요청하는지 주의 깊게 확인하고 승인해야 한다.

결국 MCP의 보안 모델은 기술적 안전장치와 인간의 현명한 판단이 결합된 '파트너십'에 기반한다. MCP는 AI에게 강력한 힘을 부여하는 동시에, 그 힘이 오용되지 않도록 사용자에게 최종적인 통제권을 줌으로써 신뢰할 수 있는 AI 시대를 열어가고 있다.

철도처럼 세상을 바꿀 MCP

19세기 미국 철도는 심각한 문제가 있었다. 지역마다 철로의 폭, 즉 '궤간(두 철로 사이의 간격)'이 제각각이었다. 북부는 1,435mm 표준궤를, 남부는 주로 1,524mm 광궤를 사용하는 등 전국적으로 20가지가 넘는 궤간이 존재했다. 이로 인해 서로 다른 궤간이 만나는 지점에서는 승객들이 기차를 갈아타고 화물을 다른 열차에 옮겨 실어야만 했다.

역사적인 전환점은 1886년 5월 31일에 찾아왔다. 남부 철도 회사들은 단 이틀 만에 1만 1,500마일에 달하는 철로의 폭을 북부의 표준궤에 맞춰 3인치씩 좁히는 '궤간 대전환'을 단행했다. 이 거대한 표준화 작업 이후 미국의 철도망은 비로소 하나로 연결되었다. 이는 물류 비용을 극적으로 절감하고, 전국적인 단일 시장을 형성하며, 미국이 세계적인 경제 대국으로 부상하는 데 결정적인 기여를 했다.

오늘날 MCP는 AI 산업에서 바로 이 '궤간 표준화'와 같은 역사적인 역할을 수행하고 있다. 제각각이던 AI와 외부 도구 간의 연결 방식을 하나로 통일함으로써 MCP는 AI가 갇혀 있던 '정보의 사일로(silo)'를 허물고 있다.

미래의 AI 생태계는 하나의 거대한 초지능 AI가 모든 것을 지배하는 모습이 아니다. 오히려 각자의 전문 분야를 가진 수많은 AI 에이전트들이 서로 협력하는 거대한 네트워크가 된다. MCP는 이들 개별 에이전트가 현실 세계의 도구와 데이터를 활용하여 유능한 전문가가 될 수 있도록 하는 가장 기초적인 토대를 제공한다.

건설 현장에 비유하자면, MCP는 각 인부(AI 에이전트)에게 망치, 톱,

드릴과 같은 연장을 쥐어주는 것과 같다. 연장 없이는 아무리 소통해도 집을 지을 수 없듯이, MCP 없이는 AI 에이전트들이 실질적인 작업을 수행할 수 없다.

따라서 MCP는 단순히 또 하나의 기술 표준이 아니다. 이는 AI가 잠재력을 완전히 발휘하여 사회의 생산성을 한 단계 끌어올리고, 삶을 근본적으로 변화시키는 새로운 시대를 가능하게 하는 가장 중요한 기반 시설이다. 궤간 통일이 철도 시대를 열었듯, MCP는 진정한 AI 에이전트 시대를 열고 있다.

> 참고
># 논문으로 알아보는
># 'AI 에이전트 vs. 에이전틱 AI'

란잔 삽코타(Ranjan Sapkota), 콘스탄티노스 I. 루멜리오티스(Konstantinos I. Roumeliotis), 마노즈 카키(Manoj Karkee)가 2025년 5월에 발표한 논문 〈AI 에이전트 vs. 에이전틱 AI: 개념적 분류, 응용 및 과제(AI Agents vs. Agentic AI: A Conceptual Taxonomy, Applications and Challenges)〉에서는 AI 에이전트와 에이전틱 AI를 명확히 구분하여 정의하고 있다. AI 에이전트에서 'Agent'는 '대리인, 행위자'를 의미하며, 특정한 하나의 개체나 시스템을 나타낸다. 이는 개별적이고 독립적인 존재로서의 AI를 강조한다. 반면 에이전틱 AI에서 'Agentic'은 '에이전트의 특성을 가진, 에이전트적인'이라는 의미를 지닌다. 즉 AI 시스템 전체가 에이전트적 특성을 띠고 있음을 나타낸다. 단일 에이전트가 아니라 시스템 자체가 에이전트적 속성을 가진다는 개념이다.

AI 에이전트: 주어진 임무를 수행하는 전문 비서

AI 에이전트를 한마디로 정의하면 "특정 업무에 특화된 똑똑한 디지털 비서"라고 할 수 있다. 이들은 정해진 디지털 환경에서 목표를 향해 스스로 움직이는 소프트웨어다. 사람이 일일이 지시하지 않아도 상황을 파악하고, 생각하고, 행동한다. 단순히 정해진 규칙만 따르는 자동화 스크립트와 달리, AI 에이전트는 변화하는 상황에 반응하고 어느 정도 적응하는 지능을 보여준다.

논문에 따르면 AI 에이전트는 "제한된 디지털 환경에서 목표 지향적 작업 실행을 위해 설계된 자율적 소프트웨어 개체(autonomous software entities engineered for goal-directed task execution within bounded digital environments)"로 정의된다.

더 구체적으로 설명하면, AI 에이전트는 "구조화되거나 비구조화된 입력을 인식하고, 맥락 정보에 대해 추론하며, 특정 목표 달성을 향한 행동을 시작하는 능력"을 가진 시스템이다. 이들은 종종 인간 사용자나 하위 시스템의 대리인 역할을 한다.

AI 에이전트는 하나의 독립된 시스템으로 작동하며, 외부 도구를 활용하고 순차적인 추론을 통해 명확하게 정의된 기능을 완료한다. 마치 특정 분야의 전문 비서처럼 이메일 분류나 고객 지원, 일정 관리와 같은 한정된 영역에서 높은 자율성을 발휘하여 임무를 수행한다.

이러한 AI 에이전트는 세 가지 핵심적인 특징을 가진다. 첫째는 자율성(Autonomy)이다. 일단 설정되면 사람의 개입을 최소화하며 스스로 작동한다. 환경 변화를 인식하고, 데이터를 바탕으로 판단하며, 행동을 실행할 수 있어 고객 지원 챗봇이나 일정 관리 비서처럼 사람이 계속 감독하기 어려운 분야에 적합하다. 둘째는 작업 특수성(Task-Specificity)이다. 이메일 필터링, 데이터베이스 검색, 일정 조율과 같이 좁고 명확하게 정의된 작업을 수행하는 데 최적화되어 있다. 한 가지 분야에 특화되어 있어 높은 효율성과 정확성을 보인다. 마지막으로 반응성 및 적응성(Reactivity and Adaptation)을 갖추고 있다. 사용자 요청이나 외부 데이터 변화와 같은 실시간 자극에 반응할 수 있다. 일부 시스템은 피드백을 통해 행동을 개선하는 기본적인 학습 능력을 갖추고 있어, 개인화 추천이나 대화 흐름 관리 등에 활용된다.

이러한 능력은 대규모 언어 모델(Large Language Model, LLM)과 대규모 이미지 모델(Large Image Models, LIM) 같은 기초 모델(Foundational Models)이 있기에 가능하다. GPT-4와 같은 LLM은 AI 에이전트의 '두뇌' 역할을 하여 사용자의 말을 이해하고 계획을 세우며 사람처럼 응답하게 해준다. 또한 농장의 과일을 검사하는 드론 에이전트처럼 LIM은 시각 정보를 해석하여 병든 과일이나 손상된 가지를 식별하는 등 현실 세계와 상호작용하는 능력을 부여한다.

에이전틱 AI: 공동의 목표를 위해 협력하는 전문가 팀

그런데 AI 에이전트가 단독으로 작업을 수행하는 데 한계가 드러나면서, 더 발전된 패러다임인 에이전틱 AI가 등장했다. 에이전틱 AI는 완전히 다른 접근법을 택한다. 여러 전문화된 AI 에이전트들이 하나의 팀을 이루어 복잡한 프로젝트를 해결한다.

논문에서는 에이전틱 AI 시스템을 "여러 전문화된 에이전트가 복잡하고 높은 수준의 목표를 달성하기 위해 협력하는 새로운 지능형 아키텍처(emergent class of intelligent architectures in which multiple specialized agents collaborate to achieve complex, high-level objectives)"로 정의한다. 더 정확히 표현하면, 에이전틱 AI는 "다중 에이전트 협력, 동적 작업 분해, 지속적 메모리, 조정된 자율성으로 특징지어지는 패러다임 전환"을 나타낸다. 이 시스템들은 "공통 목표를 달성하기 위해 더 넓은 워크플로 내에서 조정하고, 소통하며, 하위 작업을 동적으로 할당하는 여러 전문화된 에이전트로 구성"되어 있다.

쉽게 이해하기 위해 스마트홈 시스템을 예로 들어보자. AI 에이전트로서의 스마트 온도 조절기는 사용자가 설정한 온도를 유지하기 위해 자율적으로 냉난방을 조절한다. 사용자의 생활 패턴을 학습해 에너지를 절약하는 등 제한된 자율성을 보이지만, 다른 기기와 협력하지 않고 독립적으로 작동한다.

반면 에이전틱 AI는 통합 스마트홈 시스템이라 할 수 있다. 날씨 예보 에이전트, 일정 관리 에이전트, 에너지 가격 최적화 에이전트, 보안 감시 에이전트 등 여러 전문 에이전트가 서로 소통하고 협력한다. 예를 들어 날씨 예보 에이전트가 폭염을 감지하면 에너지 관리 에이전트와 협력하여 전기 요금이 비싸지기 전에 미리 집을 시원하게 만드는 식이다. 이처럼 에이전틱 AI는 개별 작업 자동화를 넘어 시스템 전체의 목표(예: 쾌적함, 안전, 에너지 효율 최적화)를 달성하기 위해 조율된 지능(Orchestrated Intelligence)을 보여준다.

이처럼 AI 에이전트와 에이전틱 AI는 구조, 자율성 수준, 작업 복잡성, 협업 방식 등 여러 면에서 뚜렷한 차이를 보인다. AI 에이전트는 독립적으로 단일 작업을 처리하지만, 에이전틱 AI는 여러 에이전트가 서로 정보를 공유하고 협력하여 복잡하고 다단계의 작업을 해결한다. 이러한 협업을 위해 에이전틱 AI 시스템은 지속적인 메모리(Persistent Memory)와 오케스트레이션(Orchestration) 같은 고급 구성 요소를 갖추고 있다. 오케스트레이션은 여러 에이전트들의 작업을 조율하고 관리하는 '지휘자' 또는 '프로젝트 매니저' 역할을 하는 기능이다.

◆ **스마트 온도 조절기(AI 에이전트) vs. 스마트홈 시스템(에이전틱 AI)**

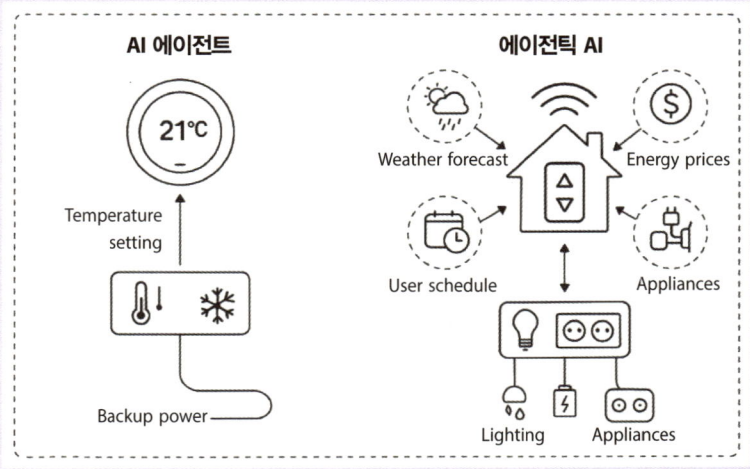

자료: https://www.analyticsvidhya.com

독립 vs. 협력, 운영 철학의 근본적 차이

논문에서는 두 시스템의 차이에 대해 '격리된 에이전트에서 조정된 시스템으로의 개념적 도약(Conceptual Leap: From Isolated Agents to Coordinated Systems)'이라고 설명한다.

AI 에이전트는 외부 도구와 API를 통합하여 고객 쿼리 응답, 문서 검색, 일정 관리 같은 좁은 범위의 작업을 실행한다. 하지만 맥락 유지, 작업 상호 의존성, 동적 환경에서의 적응성이 요구되는 사용 사례에서는 단일 에이전트 모델로는 불충분하다.

이에 반해 에이전틱 AI는 각각 더 넓은 목표의 뚜렷한 하위 구성 요소를 담당하는 모듈러 에이전트로 구성되며, 중앙 집중식 오케스트레이터나 분산 프로토콜을 통해 조정된다.

논문은 이에 대해 "개별적 반응 작업 실행(문제가 발생하면 개별 AI가 반응해 처리하는 방식)에서 오케스트레이션된 협력 워크플로(AI가 시스템 수준에서 전체 업무 흐름을 설계하고 지휘해 자동으로 연결해주는 방식)로의 전환"이라고 설명한다. 이는 지능형 시스템 진화의 중요한 이정표로, 개별 AI의 능력 향상뿐만 아니라 AI 시스템들 간의 협력 방식의 혁신을 의미한다.

운영 방식은 다르지만 두 접근법 모두 AI가 능동적이고 협력적인 문제 해결자로 발전하는 과정의 중요한 단계들이다.

◆ 논문에서 언급한 AI 에이전트와 에이전틱 AI 비교

구분	AI 에이전트	에이전틱 AI
아키텍처의 근본적 차이	단일 LLM과 도구들의 조합으로 구성된다. 하나의 중앙 처리 장치가 모든 추론과 의사결정을 담당한다.	여러 LLM이 잠재적으로 다양한 모델들로 구성되는 다중 에이전트 시스템이다. 각 에이전트가 전문 기능을 담당하며, 오케스트레이션(조율) 메커니즘이 전체를 관리한다.
작업 처리 방식의 차이	외부 도구를 사용한 작업별 실행에 집중한다. 정의된 범위 내에서 특정 문제를 해결하는 데 특화되어 있다.	복잡한 워크플로 자동화와 목표 달성에 중점을 둔다. 큰 목표를 여러 하위 작업으로 분해하고 각각을 적절한 에이전트에게 할당한다.
메모리와 학습의 차이	선택적 메모리나 도구 캐시를 사용한다. 단기적 맥락 유지에 제한되며, 세션 간 연속성이 부족하다.	공유 에피소드/작업 메모리를 활용한다. 여러 에이전트가 경험과 지식을 공유하며, 시스템 전체의 학습이 누적된다.
자율성과 상호작용의 차이	도구를 자율적으로 사용하는 중간 수준의 자율성을 가진다. 주로 사용자와의 직접적 상호작용에 의존한다.	전체 프로세스를 관리하는 높은 수준의 자율성을 보인다. 여러 에이전트/도구를 통한 복합적 상호작용이 가능하며, 에이전트 간 내부 상호작용이 활발하다.
의사결정 패턴의 차이	패턴 선택과 도구 사용 결정에 집중한다. 상대적으로 단순하고 직선적인 의사결정 과정을 따른다.	목표 분해와 할당이라는 복잡한 의사결정을 수행한다. 여러 에이전트 간의 조율과 전략적 계획이 필요한 고차원적 의사결정을 담당한다.

제 4 장

바이브 코딩에 도전하기

> VIBE CODING

내 레벨에 맞는
바이브 코딩 툴은?

　수많은 바이브 코딩 툴 중에서 나의 코딩 능력 수준을 생각하지 않고 아무거나 무턱대고 썼다가는 원하는 결과물도 얻기는커녕, 코딩 자체에 흥미를 잃는 일까지 발생할 수도 있다. 지피지기 백전불태(知彼知己 百戰不殆,《손자병법》에 나오는 명언으로 상대를 알고 자신을 알면 백번 싸워도 위태롭지 않다는 의미)라는 말이 있듯이, 무슨 일이든 먼저 나의 수준을 파악하는 것이 중요하다. 수많은 바이브 코딩 툴 중에서 내 레벨에 맞는 툴은 무엇이 있는지 살펴보자.

▎완전 초보자(코딩 경험 0년): "코딩이 뭔지도 모르겠어요"

　코딩의 세계에 첫발을 내딛는, '코딩이 뭔지도 모르겠다'고 느끼는 완전 초보자에게 AI는 더할 나위 없이 좋은 친구이자 안내자이다. 이 단계의 목표는 코딩의 복잡함 없이 '창작의 즐거움'을 경험하는 것이다.

가장 먼저 시도해볼 만한 도구는 챗GPT나 클로드와 같은 대화형 AI이다. 이들에게 "덧셈, 뺄셈이 되는 간단한 계산기 웹페이지를 만들어줘"라고 요청하면, 즉시 HTML 코드를 얻을 수 있다. HTML이란 웹페이지의 '뼈대'를 만드는 언어로, 건물로 치면 어디에 기둥을 세우고, 어디에 문과 창문을 둘지 정하는 설계도와 같다.

만약 코드 자체를 보는 것조차 부담스럽다면, 볼트(Bolt.new)는 그야말로 마법 같은 경험을 선사한다. 이 도구는 웹브라우저에서 "따뜻하고 아늑한 느낌의 동네 카페 소개 사이트를 만들어줘"라고 말하는 것만으로 단 몇 분 만에 완성된 웹사이트를 보여준다. 설치도, 복잡한 과정도 필요 없다.

창업 6개월 만에 무려 8,000만 달러에 팔린 바이브 코딩 툴 베이스44(Base44)도 코딩 초보자들에게는 적합한 플랫폼이다. 이스라엘 개발자 마오르 슐로모(Maor Shlomo)가 직원 8명과 만든 베이스44는 비개발자도 텍스트 프롬프트만으로 웹 애플리케이션을 만들 수 있게 해주는 AI 기반 바이브 코딩 플랫폼으로 별도의 마케팅 없이 창업자의 링크드인과 X에서 공개 개발 과정 공유를 통해 입소문을 탔다. 단순하지만 대화 내용을 잘 이해하고 비교적 오류 없이 완성도 있는 결과물을 만들어내어 출시 3주 만에 1만 명, 6개월 만에 25만 명의 사용자를 확보했다. 오픈AI 대신 앤트로픽의 클로드 모델을 활용해 높은 성능과 낮은 비용으로 구현했다.

회원가입이나 예약 관리처럼 데이터 저장이 필요한 앱을 만들고 싶다면 러버블(Lovable.dev)을 추천한다. 볼트보다 조금 더 복잡하지만, 코딩 없이 "헬스장 회원 관리 앱을 만들어줘"라고 요청하여 데이터베이스와 사용자 로그인 기능까지 갖춘 결과물을 얻을 수 있다.

참고로 볼트(Bolt.new)의 'new'와 러버블(Lovable.dev)의 'dev'는 모두 도메인 확장자(웹사이트 주소 끝에 붙는 부분)이다. new는 구글이 관리하는 특별한 도메인 확장자로, '새로운 것을 빠르게 만들 수 있는 서비스'를 위해 만들어졌다. 즉 볼트는 '새로운 프로젝트를 빠르게 만들 수 있는 개발 도구'라는 의미를 직관적으로 전달하는 주소이다. dev는 'developer(개발자)'의 줄임말로, 역시 구글이 관리하는 도메인 확장자이다. 주로 개발 관련 서비스나 도구들이 사용하여 Lovable.dev는 '개발과 관련된 서비스'임을 한눈에 알 수 있게 해주는 주소이다.

리플릿(Replit) 역시 복잡한 설정 없이 웹 브라우저에서 바로 코딩을 시작할 수 있어 초보자에게 친숙하다. 클라우드 기반의 온라인 IDE(통합 개발 환경)로, 자연어를 코드로 변환하는 능력에 있어 우수한 성능을 보여준다. 특히 머릿속의 아이디어, 예를 들면 "아이폰용 모바일 테트리스 게임을 만들어줘"와 같은 단순한 문장이라도 그저 프롬프트 입력만 하면 즉시 완성도 있는 결과물(코드)을 만들어내어 아무것도 없는 백지 상태에서 첫걸음을 떼기에 적합한 툴이다. '아이디어→결과물'의 과정을 즉시 체험하고 싶은 마음급한 초보자에게는 딱인 바이브 코딩 툴이라 할 수 있다. 또한 AI가 만든 코드를 보며 '아, 버튼은 이렇게 만드는 거구나', '글자색은 이렇게 바꾸는 거구나' 하고 역으로 학습도 할 수 있어, 코딩에 대한 두려움을 없애고 흥미를 유발하는 데에도 좋다. 이외에도 코드의 오류를 찾아 수정하고, 특정 코드의 기능을 설명해주는 등 개발의 전 과정을 돕는 파트너 역할을 한다.

◆ 완전 초보자에게 적합한 네 가지 바이브 코딩 툴

이처럼 초보자 단계의 도구들은 사용이 매우 쉽고 실패에 대한 부담 없이 24시간 언제든 아이디어를 시험해볼 수 있다는 큰 장점을 가진다. 다만 이 도구들만으로는 아주 복잡한 프로그램을 만들거나 세밀한 부분을 수정하기 어렵다는 한계가 있다.

코딩 입문자: "HTML, CSS 정도는 알겠어요"

웹사이트의 기본 구조를 이해하기 시작한 입문자에게 바이브 코딩은 학습 속도를 비약적으로 높여주는 가속 장치가 된다. 이 단계의 사용자는 웹의 두 가지 핵심 언어인 HTML과 CSS에 대해 어렴풋이 알고 있는 코딩 입문자라 할 수 있다. HTML(HyperText Markup Language)이 웹페이지의 구조, 즉 '뼈대'를 만드는 언어라면, CSS(Cascading Style Sheets)는 그 뼈대에 살을 붙이고 옷을 입히는 '인테리어' 언어다. CSS는 글자 색을 바꾸고, 배경 이미지를 넣고, 레이아웃을 예쁘게 정렬하는 등 웹사이트의 디자인을 담당한다.

이 단계에서는 AI 코드 편집기인 커서(Cursor)나 깃허브 코파일럿(GitHub Copilot), 온라인 실습용 코드펜 AI(CodePen AI) 등을 추천한다. 이 도구들은 실시간으로 코드를 제안하고 문법 오류를 자동으로 수정해 주며, 다양한 예제를 통해 학습을 돕는다. 이를 통해 반응형 웹사이트나 간단한 쇼핑몰 페이지, 자신의 포트폴리오 사이트처럼 자바스크립트 기능이 포함된 동적인 결과물을 만들 수 있다. 사용 난이도는 별 두 개로 여전히 쉬운 편에 속한다. 다만 월 비용이 발생하고, 가끔 부정확한 코드를 제안하거나 너무 의존할 경우 실력 향상을 저해할 수 있다는 점은 염두에 두어야 한다.

앞에서 설명한 리플릿의 경우, HTML/CSS를 아는 이용자에게는 '가속기' 역할을 한다. 이들은 웹의 뼈대와 디자인을 구성할 줄 알지만, 페이지를 동적으로 만드는 자바스크립트에는 약할 수 있는데, 리플릿은 이들이 넘기 어려운 '정적(Static)' 페이지에서 '동적(Dynamic)' 페이지로 넘어가는 단계를 도와준다. 예를 들어 "이 버튼을 누르면 '환영합니다'라는 메시지 창이 뜨게 해줘"라는 명령으로 필요한 자바스크립트 코드를 만들어준다. 이미 아는 지식 위에 새로운 기능을 빠르게 추가하며 다음 단계로 나아가는 발판이 되어준다.

◆ 코딩 입문자 및 초급 개발자에게 적합한 바이브 코딩 툴

▎ 초급 개발자: "간단한 프로그램은 만들 수 있어요"

스스로 간단한 프로그램을 만들 수 있는 초급 개발자는 AI를 활용해 생산성을 극대화하고 새로운 기술의 학습 곡선을 완만하게 만들 수 있다. 이들에게는 앞에서 설명한 커서의 고급 기능이나, 가장 대중적인 코드 편집기인 VS 코드에 확장 프로그램 형태로 설치하는 깃허브 코파일럿이 적합하다.

이 단계에서는 데이터베이스를 연동하는 웹 애플리케이션, 외부 서비스의 API를 활용하는 프로젝트, 혹은 리액트 네이티브 같은 프레임워크로 모바일 앱을 만드는 등 한 차원 높은 과업에 도전한다. 깃허브 코파일럿을 사용하는 개발자는 코드 파일에 주석으로 원하는 바를 설명한다. 그러면 AI가 그 설명을 해석해 필요한 함수 코드를 자동으로 완성해준다.

이는 반복 작업을 획기적으로 줄여주지만, AI가 생성한 코드에 숨어있을지 모르는 보안 취약점이나 복잡한 로직 처리의 한계를 인지해야 한다. 또한 AI에 과도하게 의존하면 스스로 문제를 해결하는 디버깅 실력이 늘지 않을 수 있다는 우려도 따른다.

중급 개발자: "프로젝트 설계와 구현이 가능해요"

스스로 프로젝트 설계와 구현이 가능한 중급 개발자에게 AI는 단순한 코드 조수를 넘어 설계와 분석을 돕는 파트너로 진화한다. 이들에게는 팀 협업 기능이 강화된 커서, 실시간 동시 편집을 지원하는 윈드서프, 아마존의 코드위스퍼러 등이 유용하다.

중급 개발자들은 AI를 통해 마이크로서비스 아키텍처 설계에 대한 조언을 얻고, 오래되어 유지보수가 어려운 레거시 코드를 리팩토링(재구성)하며, 테스트 코드를 자동으로 생성하여 코드의 안정성을 높인다. 예를 들어 윈드서프에서 Ctrl+Shift+P로 명령창을 열고 "이 함수에 대한 단위 테스트를 생성해줘"라고 입력하면 테스트 코드가 순식간에 만들어진다.

AI 덕분에 코드 리뷰의 질이 향상되고 문서화가 자동화되는 등 개발 프로세스 전체가 효율적으로 변한다. 하지만 AI는 복잡한 비즈니스 맥락을 완벽히 이해하지 못하며, 때로는 팀의 코딩 규칙과 충돌하는 제안을 할 수 있으므로 항상 비판적인 검토가 필수적이다.

♦ 중급 개발자에게 적합한 바이브 코딩 툴

시니어 개발자: "팀을 이끌고 복잡한 시스템을 설계해요"

팀을 이끌고 복잡한 시스템을 설계하는 시니어 개발자는 AI를 개별 코드가 아닌 시스템 전체의 관점에서 활용한다. 터미널 환경에서 사용하는 클로드 코드, 기업용 버전의 커서, 그리고 아주 긴 컨텍스트의 코드를 다루는 데 특화된 매직과 같은 도구들이 이들의 손에서 강력한 힘을 발휘한다.

이들의 주된 용도는 대규모 시스템 설계, 코드 아키텍처 개선, 그리고 팀 개발 프로세스 자동화이다. 사용 난이도는 매우 높으며, AI의 능력과 한계를 정확히 파악해야만 제대로 활용할 수 있다. 터미널에서 클로드 코드를 실행한 뒤 "이 전체 코드베이스를 분석하고 아키텍처 개선안을 제안해줘"와 같은 명령으로 시스템의 구조적 문제점을 진단하고, "이 마이크로서비스의 성능 병목 지점을 찾아줘"라고 요청해 최적화가 필요한 부분을 정확히 찾아낸다.

이처럼 AI는 복잡한 문제 해결을 지원하며 팀 생산성을 극대화하지만, 비즈니스 맥락에 대한 이해가 부족하고 레거시 시스템과의 호환성 문제를 일으킬 수 있어 인간 전문가의 최종 판단이 무엇보다 중요하다.

◆ **시니어 개발자가 사용하는 바이브 코딩 툴**

◆ 코딩 초보자에서 전문가 레벨별 바이브 코딩 툴 리스트

서비스명	출시 시기	서비스 개요	장점 및 단점	레벨
볼트	2024년 하반기	브라우저 기반 풀스택 웹앱 개발, 실시간 실행 및 배포	장점: 설치 불필요, 자동 패키지 관리, 실시간 오류 감지 단점: 복잡한 기능 구현 한계, 토큰 소모량 많음	비개발자~초급 개발자
러버블	2024년 초	자연어 프롬프트로 리액트 웹 애플리케이션 생성	장점: 코딩 지식 불필요, 멀티플레이어 협업, 깃허브 연동 단점: 주로 프로토타이핑 용도, 복잡한 기능 한계	비개발자~기획자
VS 코드	2015년 4월	무료 오픈 소스 코드 에디터, 확장 기능을 통한 AI 기능 추가 가능	장점: 무료, 오픈 소스, 풍부한 확장 생태계 단점: 기본적으로는 AI 기능 없음, 설정 복잡	입문자~전문 개발자
리플릿	2016년 (AI 기능: 2023년~)	클라우드 기반 온라인 IDE, AI 에이전트를 통한 자연어 앱 개발	장점: 설치 불필요, 50개+ 언어 지원, 실시간 협업 단점: 복잡한 기능 추가 시 한계, 기본 문법 지식 필요	코딩 입문자~중급자
깃허브 코파일럿	2021년 6월 (정식출시: 2022년 6월)	오픈AI 코덱스 기반 AI 코드 자동 완성 도구, VS 코드, 젯브레인스(JetBrains) 등 다양한 IDE 지원	장점: 높은 코드 완성 정확도, 다양한 IDE 지원, 깃허브 통합 단점: 유료 구독 필요, 개인 데이터 학습 우려	초급~전문 개발자
윈드서프	2024년 11월	AI 에이전트 중심 IDE, 캐스케이드(Cascade) 기능으로 다중 파일 편집 지원	장점: VS 코드 기반 익숙한 인터페이스, 무료 플랜 제공, 깊은 컨텍스트 파악 단점: 초보자 진입 장벽, 대규모 프로젝트 성능 제한	초중급~전문 개발자
커서	2023년 (정식 1.0: 2025년 6월)	VS 코드 기반 AI 편집기, BugBot, Background Agent, Memory 기능 제공	장점: 높은 코드 품질, BugBot 자동 리뷰, 실시간 협업 단점: 유료 플랜 필요, 초보자에게 진입 장벽	초급~전문 개발자
아마존 Q 디벨로퍼 (Amazon Q Developer)	2024년 5월 (정식 출시)	AWS 특화 AI 코딩 어시스턴트, 클라우드 개발 최적화	장점: AWS 생태계 최적화, 기업용 보안, 무료 티어 제공 단점: AWS 중심 기능, 타 플랫폼 제한적	중급~전문 개발자
코덱스	2024년	터미널 기반 AI 코드 생성 도구, 명령줄 인터페이스	장점: 터미널 환경 최적화, 빠른 코드 생성 단점: GUI 부재, 제한적 사용 환경	중급~전문 개발자

전문가/리드 개발자(코딩력 10년 이상):
"기술 전략을 수립하고 조직을 이끌어요"

기술 전략을 수립하고 조직 전체를 이끄는 리더급 개발자에게 AI는 사용하는 도구를 넘어 직접 구축하고 관리하는 하나의 시스템이 된다. 이들은 오픈AI의 GPT-5나 앤트로픽의 API를 직접 활용하여 조직의 필요에 맞는 자체 AI 모델(Custom AI Models)을 구축한다.

이들의 목표는 조직 전체의 기술 전략을 수립하고, AI 기반의 개발 문화를 구축하며, 코드 리뷰나 문서화 같은 프로세스를 완전히 자동화하는 것이다. 난이도는 전문가급으로, 높은 초기 투자 비용과 조직 문화의 변화를 이끌어야 하는 부담이 따른다. 구체적으로는 조직 내부의 방대한 코드를 AI 모델에 학습시켜 우리 회사 스타일에 맞는 제안을 하도록 미세 조정(Fine-tuning)하고, 이 AI 리뷰 시스템을 CI/CD(Continuous Integration/Continuous Deployment, 지속적 통합/배포) 파이프라인에 통합한다.

이는 조직 전체의 생산성을 끌어올리고 기술 부채를 자동으로 관리하는 혁신적인 솔루션이지만, 그만큼 AI 윤리와 보안, 기술 의존도 관리에 대한 무거운 책임이 뒤따른다.

VIBE CODING

초보자를 위한
바이브 코딩 프롬프트 예시

바이브 코딩과 친해지기 위해서는 우선 간단한 것부터 만들어 보자. 다음에 나온 프롬프트 예시에서 대괄호 [ ] 안의 내용만 본인의 프로젝트에 맞게 수정해 볼트, 러버블, 리플릿, 베이스44 등의 프롬프트 창에 그대로 입력하면 결과물이 나올 것이다. 결과물을 토대로 좀 더 자신이 원하는 방향으로 프롬프트를 입력해나가면 멋진 나만의 창작물이 완성된다.

바이브 코딩 툴 대화창에 그대로 입력해 쓸 수 있는 프롬프트 예시

◆ 카테고리별 프롬프트 예시

카테고리	용도	프롬프트 예시
앱/웹사이트	간단한 앱	[할 일 관리] 앱을 만들어줘. - 할 일을 추가하고 삭제할 수 있어야 해 - 완료된 항목은 체크 표시를 할 수 있어야 해 - 깔끔하고 모던한 디자인으로 만들어줘 - 스마트폰에서도 잘 보이도록 해줘
	쇼핑몰/랜딩페이지	[온라인 의류 쇼핑몰] 웹사이트를 만들어줘. - 제품 갤러리와 상세 페이지가 필요해 - 장바구니 기능을 포함해줘 - 결제 시스템(Stripe 온라인 결제 서비스)을 연결해줘 - 모바일과 데스크톱 모두 잘 보이게 해줘
	블로그/포트폴리오	개인 [포트폴리오] 웹사이트를 만들어줘. - 자기소개, 프로젝트 소개, 연락처 페이지가 필요해 - 세련되고 전문적인 디자인으로 해줘 - 방문자가 쉽게 탐색할 수 있게 메뉴를 만들어줘 - 다크모드와 라이트모드를 선택할 수 있게 해줘
게임	퍼즐 게임	간단한 [숫자 맞추기] 게임을 만들어줘. - 1부터 100 사이의 숫자를 컴퓨터가 정해 - 사용자가 숫자를 입력하면 '더 높아' '더 낮아' 힌트를 줘 - 몇 번 만에 맞췄는지 점수를 보여줘 - 다시 게임하기 버튼을 넣어줘
	액션 게임	브라우저에서 할 수 있는 간단한 [공 피하기] 게임을 만들어줘. - 플레이어는 마우스나 키보드로 조종할 수 있어야 해 - 위에서 떨어지는 장애물을 피해야 해 - 점수 시스템과 게임 오버 화면을 넣어줘 - 시간이 지날수록 난이도가 올라가게 해줘
데이터 분석	차트 만들기	[월별 매출 데이터]를 그래프로 보여주는 웹페이지를 만들어줘. - CSV 파일(엑셀 같은 데이터 파일)을 업로드할 수 있게 해줘 - 막대그래프와 선그래프로 볼 수 있게 해줘 - 특정 기간을 선택해서 볼 수 있게 해줘 - 그래프를 이미지로 저장할 수 있게 해줘
	계산기/도구	[대출 이자 계산기]를 만들어줘. - 대출 금액, 이자율, 기간을 입력하면 월 상환액을 계산해줘 - 원금과 이자를 구분해서 보여줘 - 전체 상환 스케줄을 표로 보여줘 - 계산 결과를 PDF로 저장할 수 있게 해줘

카테고리	용도	프롬프트 예시
개인 홍보	초보자용 웹사이트 만들기	처음 웹사이트를 만들어보고 싶어. [개인 소개] 페이지를 만들어줘. – 내 이름, 사진, 간단한 소개글이 들어가야 해 – 예쁘고 깔끔한 디자인으로 해줘 – 어려운 기능은 없어도 돼 – 모든 과정을 단계별로 설명해줘
비즈니스용	재고관리 시스템	[소상공인을 위한 재고 관리] 시스템을 만들어줘. – 제품 등록, 입고, 출고를 관리할 수 있어야 해 – 재고가 부족하면 알림을 보여줘 – 매출 통계를 차트로 보여줘 – 데이터를 엑셀로 내보낼 수 있게 해줘 – 여러 사용자가 로그인해서 사용할 수 있게 해줘
학습용	간단한 계산기	프로그래밍을 배우기 위한 [간단한 계산기]를 만들어줘. – 더하기, 빼기, 곱하기, 나누기 기능 – 각 코드 부분마다 자세한 설명을 달아줘 – 왜 이렇게 작동하는지 설명해줘 – 초보자가 이해하기 쉽게 만들어줘

♦ **코딩 단계별 프롬프트 예시**

용도	프롬프트 예시
1단계 기본 구조	[전자상거래 웹사이트]의 기본 틀을 만들어줘. – 상단 메뉴(로고, 내비게이션) – 메인 콘텐츠 영역 – 하단 푸터(연락처, 저작권 정보) – 기본적인 색상과 폰트로 스타일링해줘 – 모바일에서도 잘 보이게 해줘
2단계 핵심 기능	앞서 만든 쇼핑몰에 [제품 카탈로그] 기능을 추가해줘. – 제품 목록 페이지 – 제품 상세 페이지 – 검색 기능 – 카테고리별 필터링 – 제품 정보는 임시 데이터로 만들어줘
3단계 고급 기능	쇼핑몰에 [장바구니와 결제] 기능을 추가해줘. – 제품을 장바구니에 담을 수 있어야 해 – 수량 변경과 삭제 기능 – 총 금액 계산 – 간단한 주문 폼 – 주문 완료 페이지
4단계 마무리/배포	완성된 웹사이트를 인터넷에 올릴 수 있게 준비해줘. – 코드를 정리하고 최적화해줘 – 중요한 기능들이 잘 작동하는지 테스트해줘 – 배포를 위한 설정을 해줘 – 사용 설명서를 만들어줘

◆ **기타 프롬프트 예시**

목적	용도	프롬프트 예시
디자인	모던한 디자인	[카페 홈페이지]를 만들어줘. - 따뜻하고 아늑한 느낌의 디자인 - 갈색과 베이지 색상 위주로 - 카페 메뉴와 사진을 예쁘게 배치 - 인스타그램 같은 감성적인 레이아웃
	비즈니스 디자인	[법무법인 웹사이트]를 만들어줘. - 신뢰감 있고 전문적인 디자인 - 네이비, 화이트, 그레이 색상 사용 - 깔끔하고 정돈된 레이아웃 - 변호사 소개와 전문 분야를 체계적으로 정리
기능별	로그인/회원가입	웹사이트에 [회원가입과 로그인] 기능을 추가해줘. - 이메일과 비밀번호로 가입 - 로그인 상태 유지 - 비밀번호 찾기 기능 - 회원 정보 수정 페이지 - 보안에 안전하게 만들어줘
	검색 기능	웹사이트에 [통합 검색] 기능을 만들어줘. - 제목, 내용, 태그에서 검색 - 검색 결과 하이라이트 표시 - 인기 검색어 보여주기 - 검색 기록 저장 - 빠른 자동완성 기능
	댓글 시스템	블로그에 [댓글 시스템]을 추가해줘. - 댓글 작성, 수정, 삭제 - 대댓글 기능 - 댓글 좋아요/싫어요 - 스팸 댓글 방지 - 관리자 댓글 관리 기능
문제 해결	오류 수정	웹사이트에서 [로그인이 안 되는] 문제가 있어. - 아이디와 비밀번호를 맞게 입력해도 로그인이 안 돼 - 에러 메시지는 "Invalid credentials"라고 나와 - 어디가 문제인지 찾아서 고쳐줘 - 사용자에게 더 친절한 에러 메시지도 만들어줘
	기능 개선	이미 만든 쇼핑몰을 더 좋게 만들어줘. - 페이지 로딩 속도를 빠르게 해줘 - 모바일에서 더 사용하기 편하게 해줘 - 검색 기능을 더 정확하게 해줘 - 사용자 경험을 개선해줘

목적	용도	프롬프트 예시
고급	API 연동	[날씨 정보]를 보여주는 위젯을 만들어줘. - 실시간 날씨 API를 사용해서 현재 위치의 날씨를 자동으로 가져와 - 온도, 습도, 바람 정보를 보여줘 - 3일간 날씨 예보도 포함해줘
	데이터베이스 연동	[고객 관리 시스템]을 만들어줘. - 고객 정보를 데이터베이스에 저장 - 고객 검색, 추가, 수정, 삭제 기능 - 고객별 구매 이력 관리 - 데이터 백업과 복원 기능 - 보안에 안전하게 만들어줘

◆ 예시 프롬프트를 입력해 순식간에 만든 공 피하기 게임과 대출 이자 계산기

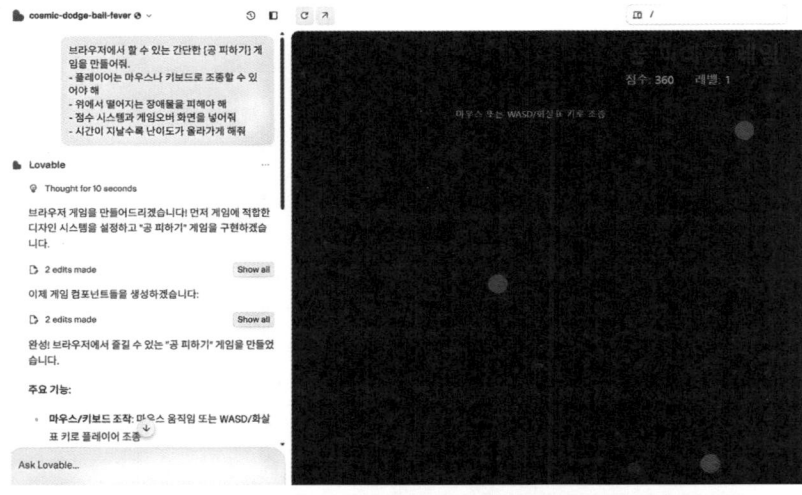

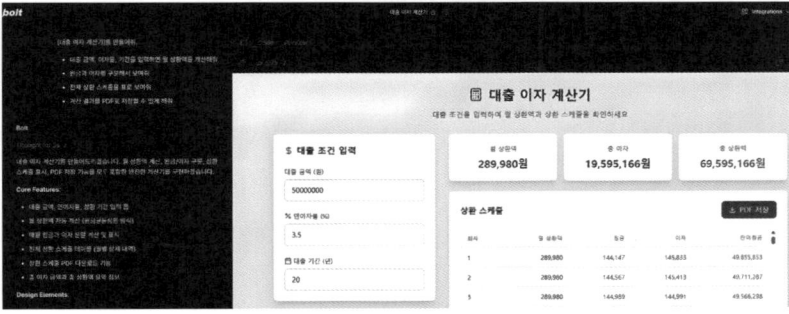

바이브 코딩 프롬프트 작성 팁

좋은 프롬프트는 AI와의 소통을 원활하게 만드는 다리 역할을 한다. 막연한 요청 대신 구체적인 설명을, 주관적인 표현 대신 객관적인 기준을, 나열식 요구 대신 우선순위가 있는 요청을 하는 것이 핵심이다. 특히 바이브 코딩에서는 기술적 요구사항, 호환성, 성능 기준 등도 함께 명시하면 더욱 완성도 높은 결과물을 얻을 수 있다.

1. 무엇을 만들지 구체적으로 설명하기

"웹사이트 만들어줘"라는 요청은 너무 막연하다. AI는 어떤 종류의 웹사이트를 원하는지, 무슨 기능이 필요한지 알 수 없다.

"온라인 꽃집 웹사이트를 만들어줘. 꽃 상품을 보여주고 주문받을 수 있어야 해"처럼 구체적으로 설명하면 AI가 정확히 무엇을 만들어야 하는지 이해할 수 있다. 업종, 주요 기능, 필요한 페이지 등을 명시하면 원하는 결과에 훨씬 가까운 결과물을 얻는다.

2. 원하는 디자인 스타일 명확히 전달하기

"예쁘게 만들어줘"라는 요청은 사람마다 '예쁨'의 기준이 다르기 때문에 의미가 없다.

"미니멀하고 깔끔한 디자인으로, 흰색 배경에 파스텔 색상을 포인트로 사용해줘"처럼 구체적인 스타일을 제시한다. 색상, 레이아웃(Layout, 화면 구성), 전체적인 분위기 등을 명시하면 AI가 일관성 있는 디자인을 만들어낸다. 참고할 만한 웹사이트나 디자인 스타일을 언급하는 것도 좋은 방법이다.

3. 기능의 중요도 순서 정하기

"여러 기능이 있었으면 좋겠어"라는 요청은 AI가 어떤 기능을 우선적으로 구현해야 하는지 판단하기 어렵게 만든다.

"1순위: 제품 등록, 2순위: 주문 관리, 3순위: 통계 보기"처럼 우선순위를 명확히 정한다. 이렇게 하면 AI가 가장 중요한 기능부터 차례대로 구현하고, 시간이나 복잡도 제한이 있을 때 핵심 기능에 집중할 수 있다. 또한 개발 과정에서 어떤 부분을 먼저 테스트해야 하는지도 알 수 있다.

4. 사용자층을 명확히 정의하기

"사용하기 쉽게 해줘"라는 요청은 구체성이 부족하다. 20대 대학생이 쉽다고 느끼는 것과 60대 어르신이 쉽다고 느끼는 것은 완전히 다르기 때문이다.

"60대 이상 어르신들도 쉽게 사용할 수 있게, 글자 크기를 크게 하고 버튼을 명확하게 해줘"처럼 타깃 사용자(Target User, 주요 이용 대상)를 구체적으로 명시한다. 연령대, 기술 숙련도, 사용 환경 등을 고려하면 AI가 해당 사용자에게 최적화된 UI/UX(사용자 인터페이스와 사용자 경험)를 설계할 수 있다.

VIBE CODING

바이브 코딩 결과가 오류가 났다면?

　바이브 코딩 도구들은 마치 숙련된 개발자 조수와도 같다. 그러나 이 유능해 보이는 조수도 종종 실수를 저지르며, 그 결과물은 예상치 못한 오류를 일으키곤 한다.

　프로그래밍을 '컴퓨터를 위한 요리 레시피'에 비유한다면, 프로그램은 완성된 요리, 코드는 요리의 각 단계를 설명하는 구체적인 지침, 바이브 코딩 툴은 전 세계의 수많은 레시피를 학습하여 새로운 레시피 초안을 순식간에 만들어주는 '요리 보조 AI'이다.

　문제는 AI가 만든 레시피가 겉보기에는 그럴듯하지만, 실제로는 재료의 양이 틀렸거나(데이터 오류), 조리 순서가 뒤바뀌었거나(논리 오류), 심지어 세상에 존재하지 않는 조리 도구를 사용하라고 지시하는 경우가 있다는 점이다. 때로는 레시피대로 요리를 해도 원하는 맛이 나지 않거나, 전혀 다른 음식이 나오거나, 심지어 요리 자체가 불가능한 경우도 발생한다. 이는 AI가 레시피의 '의미'를 깊이 이해하고 창조하는 것이 아니라,

학습한 수많은 데이터의 패턴을 모방하여 결과를 만들기 때문이다.

오류가 발생했다면? 다른 AI에게 물어봐

프롬프트 창에 명령들을 입력하고 결과물을 기다렸는데 실행이 되지 않거나 오류가 발생하는 경우가 있다. 주위에 도와줄 사람이 아무도 없다고 해서 당황할 필요 없다. 그대로 오류가 났다고, 어떤 부분에서 이상이 있다고 바이브 코딩 프롬프트 창에 입력하면 AI가 스스로 오류를 찾기 시작할 것이다.

또 다른 해결책으로는 다른 AI에게 '교차 검증(Cross-check)'을 요청하는 방법이 있다. 한 명의 전문가 의견에만 의존하지 않고, 다른 전문가에게 의견을 구하는 식이다. 챗GPT나 클로드, 구글 제미나이 등 다른 AI에게 문제가 있는 코드를 보여주며 질문할 수 있다.

"바이브 코딩 툴(예: 커서)을 사용해서 아래 코드를 만들었는데, VIP가 아닌 고객에게도 할인이 적용되는 문제가 발생했어. 아래 코드를 보고 어느 부분이 왜 잘못되었는지, 그리고 어떻게 수정해야 하는지 초보자도 이해하기 쉽게 단계별로 설명해줘. [문제가 있는 코드 붙여넣기]"

이렇게 구체적인 목표, 문제 상황, 그리고 명확한 요청사항을 함께 제공하면, 요청받은 AI는 코드의 논리적 허점을 정확히 지적하고 해결책을 제시해줄 것이다.

오류를 찾는 세 가지 핵심 단서

코드를 읽고 이해할 수 있다면 사용자가 직접 코드 오류를 발견할 수도 있다. 코드에서 논리적 오류는 대부분 '조건'과 '행동'이 일치하지 않을 때 발생한다.

가장 먼저 확인할 것은 함수에 전달되는 입력값(Input)이다. 입력값 자체에 문제가 없다면 다음 단계는 조건문(if) 분석이다.

코딩에서 논리적 오류의 90%는 조건문에서 발생한다. 조건문은 "만약 ~라면 ~을 실행하라"는 규칙을 정의하는 코드의 갈림길이다. AI가 만든 코드의 if 부분을 자세히 살펴보면, 충족해야 할 조건 중 하나를 누락하여 논리적 오류를 만드는 경우가 많다. 만약 조건문까지 맞았다면, 마지막으로 그 안에서 수행되는 '행동', 즉 실행문을 확인해야 한다. 이 세 가지 중에서 오류의 원인을 찾게 될 경우 해당 부분의 코드를 수정하면 된다.

앱이 켜지지 않는다: 구문 오류

앱을 실행했는데 아무 반응이 없다면, 이는 컴퓨터가 레시피의 첫 줄조차 이해하지 못한 상황이다. 이를 '구문 오류(Syntax Error)'라고 하며, 언어의 철자나 문법이 틀린 경우에 발생한다.

예를 들어 게임 캐릭터가 점프하도록 character.jump()라고 명령해야 하는데, 실수로 character.jmp()라고 입력하는 경우가 있다. 또 다른 흔한 실수는 괄호를 여닫는 짝을 맞추지 않거나 문장 끝에 필요한 세미콜론(;) 같은 기호를 빠뜨리는 것이다.

다행히 바이브 코딩에서는 이런 종류의 오류는 거의 발생하지 않고, 발생한다 하더라도 해결하기 쉽다. 오류가 발생하면 바이브 코딩 툴은 보통 "25번째 줄의 'jmp'라는 단어를 이해할 수 없습니다"와 같이 매우 친절한 안내 메시지를 보여주기 때문이다.

앱이 중간에 멈춘다: 불가능한 지시(런타임 오류)

문법은 완벽한데, 중간에 도저히 실행할 수 없는 지시를 만나면 앱은 그 자리에서 멈춰버린다. 이를 '런타임 오류(Runtime Error)'라고 한다.

예를 들어 게임에서 플레이어의 '킬/데스 비율'을 계산하기 위해 적을 처치한 횟수를 사망 횟수로 나누는 코드가 있다고 하자. 게임 시작 직후에는 사망 횟수가 0이다. 이때 컴퓨터는 '숫자를 0으로 나누라'는 지시를 받게 되는데, 이는 수학적으로 불가능한 명령이므로 오류를 발생시키며 앱을 중지시킨다. 이는 "쿠키 10개를 0명의 친구에게 나눠줘"라는 말처럼 의미가 성립되지 않는 지시와 같다.

이런 런타임 오류를 해결하려면, 오류 메시지가 알려주는 코드 지점에서 각 변수(상자)에 어떤 값이 담겨 있었는지 확인하는 것이 중요하다. '사망 횟수 상자에 왜 0이 들어 있었을까?'를 추적하면 문제의 원인을 쉽게 찾을 수 있다.

앱이 이상하게 작동한다: 논리적 결함

가장 까다로운 오류는 앱이 멈추지도 않고 오류 메시지도 보여주지 않지만, 결과가 의도와 전혀 다르게 나오는 경우이다. 이를 '논리 오류(Logical Error)'라고 한다. 문법도 완벽하고 모든 지시가 실행 가능하지만, 자체 논리가 잘못되어 엉뚱한 결과가 만들어지는 상황이다.

예를 들어 플레이어가 적을 물리치면 점수가 10점 올라가야 한다. 그런데 게임을 해보니 오히려 점수가 10점 깎이는 현상이 발생했다. 이는 코드에 player_score = player_score + 10이라고 써야 할 것을 player_score = player_score − 10이라고 작성했기 때문이다.

이러한 논리 오류를 바로 잡는 과정을 '디버깅(debugging)'이라고 한다. 이는 셰프가 요리 중간중간 수프 맛을 보며 간을 맞추는 것과 같다. 가장 간단한 디버깅 방법은 코드의 주요 단계마다 핵심 변수의 값을 화면에 출력해보는 것이다. 앞선 예시에서는 점수 계산 전과 후에 player_score 변수의 값을 출력하도록 코드를 추가하면, 점수가 엉뚱하게 빼기 연산되는 지점을 정확히 찾아낼 수 있다.

오류를 해결하는 과정은 단순히 문제를 없애는 것을 넘어, 코드의 작동 원리를 가장 깊이 있게 이해하게 되는 최고의 학습 기회다. 오류가 났다고 해서 "역시 바이브 코딩은 아직 멀었어"라고 하기보다는 체계적으로 문제를 진단하고 해결하는 과정을 즐기면서 코딩을 배워나가면 한 단계 더 높은 수준의 코딩 개발자로 성장해 있을 것이다.

VIBE CODING

완전 초보자 대상:
볼트 Bolt.new

볼트는 스택블리츠(StackBlitz) 사가 2024년 10월 3일 출시한 AI 기반 풀스택(full-stack, 앞단과 뒷단을 모두 포함하는) 애플리케이션 생성 도구이다. 이 혁신적인 서비스는 사용자가 만들고 싶은 것을 자연스러운 언어로 입력하면, 완전한 형태의 웹 또는 모바일 애플리케이션을 자동으로 제작해준다.

예를 들어 "간단한 사진 공유 웹앱을 만들어줘"라고 입력하면, 볼트는 프론트엔드, 백엔드, 데이터베이스 코드까지 한꺼번에 생성한다. 생성된 결과물은 사용자가 즉시 브라우저에서 실행하고 배포까지 할 수 있도록 완벽하게 구성된다.

코딩을 전혀 모르는 사람도 "여행 사진을 공유할 수 있는 간단한 모바일 앱을 만들어줘"라고 입력하면, 볼트는 사용자 로그인 및 회원가입 기능까지 갖춘 완성도 높은 사진 공유 애플리케이션을 자동으로 생성해준다. 이렇게 만들어진 앱은 즉시 스택블리츠의 클라우드 서버에 배포되어, 복잡한 서버 설정이나 호스팅 절차 없이 자신만의 웹 주소를 통해 방금 만든 서비스에 접속할 수 있다.

번개처럼 빠른 개발 도구의 탄생 배경

볼트라는 이름은 모회사인 스택블리츠의 번개 모양 로고에서 유래한 것으로, '번개처럼 빠르고 강력한 코딩 도구'라는 의미를 담고 있다. 이 이름은 볼트의 작동 방식에 그대로 녹아 있다.

서비스에 접속하면 나타나는 "What do you want to build?(무엇을 만들고 싶나요?)"라는 한 줄짜리 입력창은 이름처럼 번개같이 빠르게 동작하

◆ 볼트
"What do you want to build?" (무엇을 만들고 싶나요?)

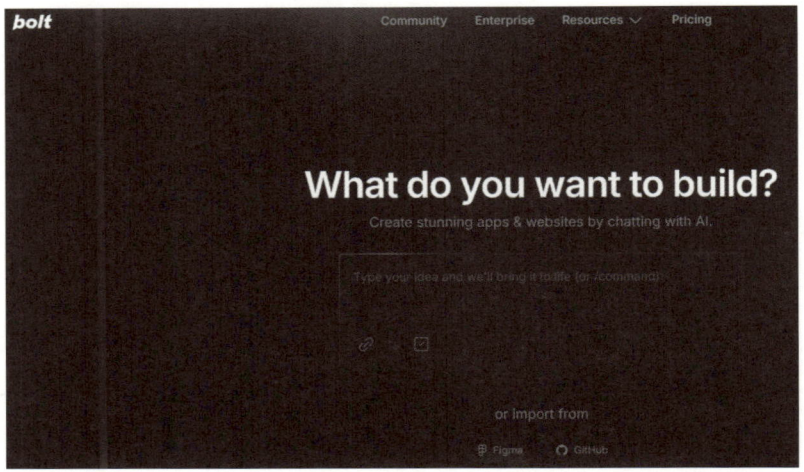

자료: 볼트 홈페이지

제4장 바이브 코딩에 도전하기 **355**

여, 사용자의 아이디어를 즉시 실행 가능한 코드로 변환해준다.

볼트의 개발 철학은 누구나 아이디어만 있다면 복잡한 코드 문법을 몰라도 소프트웨어를 직접 만들 수 있어야 한다는 '개발의 민주화'를 실현하는 것이다. 복잡한 초기 설정이나 팀 구성 없이 개인 혼자서도 단 하루 만에 풀스택 앱을 완성하게 하는 것이 목표였다.

브라우저에서 완성되는 원스톱 개발 환경

볼트의 가장 큰 특징은 완전히 통합된 브라우저 개발 환경과 AI 코딩 기술의 완벽한 접목이다. 다른 AI 코딩 도구들이 주로 기존 개발 환경에 추가하는 플러그인(plug-in, 보조 기능)이나 채팅 형태의 도우미 역할을 하는 데 반해 볼트는 브라우저 안에서 모든 것이 해결되는 하나의 완전한 개발 플랫폼이다.

스택블리츠의 핵심 기술인 웹컨테이너(WebContainers) 덕분에 Node.js 서버와 세계적으로 많이 쓰이는 VS 코드 기반의 코드 편집기가 별도의 소프트웨어 설치 없이 웹 브라우저 내에서 직접 구동된다. 사용자는 AI 프롬프트로 앱을 구상하고, 생성된 코드를 즉시 편집하며, 그 결과를 바로 실행하고 배포하는 모든 과정을 단 하나의 화면에서 해결할 수 있다.

합리적인 단계별 요금제

볼트는 다양한 사용자 요구를 충족하기 위해 무료 플랜과 여러 가지 유료 플랜을 제공한다. AI 토큰(Token, AI가 텍스트를 처리할 때 사용하는 단위로 AI 사용량을 측정하는 기준)에 따라 요금이 책정되며, 토큰이 많을수록 더 많은 AI 기능을 사용할 수 있다.

플랜	가격(월)	AI 토큰	주요 기능
무료 플랜	무료	제한적	기본적인 앱 개발 기능
프로 플랜	20달러	1,000만	고급 디자인 도구, 우선 지원
프로 50 플랜	50달러	2,600만	팀 협업 기능, 고급 분석 도구
프로 100 플랜	100달러	5,500만	엔터프라이즈급 보안 기능, 전담 지원
프로 200 플랜	200달러	1억 2,000만	무제한 앱 개발, 사용자 정의 통합

볼트 사용 예시 및 가이드

1단계: 볼트 접속 및 프로젝트 생성

- **볼트 접속**　볼트 사이트에서 가입 절차를 시작한다.
- **스택블리츠로 이동**　가입하기 버튼을 누르면, 개발사인 stackblitz.com으로 연결되는 작은 팝업창이 나타나며 그 안에서 가입이 진행된다.
- **이메일 확인**　가입 신청 후, 이메일 주소로 발송된 확인 메일을 통해 인증을 완료해야 최종적으로 가입이 처리된다.
- **볼트로 복귀**　가입 및 이메일 확인이 모두 끝나면, 다시 볼트 사이트로 돌아

와서 로그인을 해야 서비스를 이용할 수 있다.
- **프로젝트 생성** 메인 페이지에서 '새 프로젝트' 버튼을 클릭하고 프로젝트의 이름을 입력한다. 이때 앱의 설명이나 분야(카테고리) 등을 설정할 수 있다.
- **템플릿 선택** 제공되는 다양한 템플릿 중에서 원하는 것을 선택하거나, 아무것도 없는 빈 템플릿에서 시작할 수 있다.

2단계: AI 기반 디자인 및 기능 설계

프로젝트가 생성되면 사용자는 AI 도구를 활용하여 앱의 디자인과 기능을 설계할 수 있다. 챗GPT와 같은 AI 챗봇을 통해 앱의 목적, 대상 사용자, 주요 기능 등을 설명하면 AI가 자동으로 코드를 생성하고 디자인 요소를 제안한다.

사용자는 AI가 제안한 내용을 검토하고 수정하여 앱의 기본 구조를 완성할 수 있다.

- **AI 챗봇 활용** 챗GPT와 같은 AI 챗봇을 실행하고 앱의 요구사항을 설명한다. 예를 들어 "카페 메뉴를 보여주고 주문할 수 있는 웹사이트를 만들어줘"라고 입력한다.
- **코드 생성 및 디자인 요소 제안** AI가 생성한 코드와 디자인 요소를 검토하고 수정한다. AI가 제안한 색상, 버튼 배치, 메뉴 구성 등을 확인하고 원하는 대로 조정한다.
- **앱 구조 완성** AI의 도움을 받아 앱의 기본 구조와 기능을 설계한다. 홈페이지, 메뉴 페이지, 주문 페이지 등의 구조를 결정한다.

3단계: 볼트 인터페이스를 통한 앱 개발

볼트의 사용자 친화적인 인터페이스를 통해 사용자는 앱의 디자인과 기능을 더욱 상세하게 조정할 수 있다. 사용자는 드래그 앤 드롭 방식의 디자인 도구를 사용하여 앱의 레이아웃을 변경하고, 텍스트 편집 도구를 사용하여 콘텐츠를 추가하거나 수정할 수 있다. 또한 볼트는 다양한 컴포넌트(Component, 재사용 가능한 웹페이지 구성 요소)와 모듈을 제공하여 사용자가 앱에 필요한 기능을 쉽게 추가할 수 있도록 돕는다.

- **드래그 앤 드롭 디자인** 디자인 도구를 사용하여 앱의 레이아웃을 자유롭게 변경한다. 텍스트 박스, 이미지, 버튼 등을 마우스로 끌어서 원하는 위치에 배치한다.
- **텍스트 편집** 텍스트 편집 도구를 사용하여 앱의 콘텐츠를 추가하고 수정한다. 제목, 설명, 버튼 텍스트 등을 자유롭게 편집할 수 있다.
- **컴포넌트 및 모듈 추가** 볼트에서 제공하는 컴포넌트와 모듈을 활용하여 앱에 필요한 기능을 추가한다. 로그인 기능, 결제 시스템, 지도 표시 등의 기능을 간단하게 추가할 수 있다.

4단계: 앱 테스트 및 배포

앱 개발이 완료되면 사용자는 테스트를 통해 앱의 작동을 확인하고, 필요한 수정을 거친 후 앱을 배포할 수 있다. 볼트는 앱을 다양한 플랫폼에 쉽게 배포할 수 있도록 지원하며, 사용자는 웹사이트, 모바일 앱 스토어 등 원하는 채널을 통해 앱을 배포할 수 있다.

최종 단계는 다음과 같다.

- **앱 테스트** 앱을 실행하여 기능과 디자인이 의도대로 작동하는지 확인한다.

모든 버튼이 제대로 작동하고, 페이지 이동이 원활한지 점검한다.

- **수정 및 보완** 테스트 결과를 바탕으로 앱의 오류를 수정하고 기능을 보완한다. 발견된 문제점을 하나씩 해결해나간다.
- 만약 홈페이지가 아예 하얗게 보이거나 작동하지 않는 등 더 복잡한 문제가 생겼다면, 콘솔(Console) 창을 확인해볼 수 있다. 오류가 발생한 홈페이지 화면에서 마우스 오른쪽 버튼을 클릭하고 '검사'를 선택한다. 나타난 개발자 도구 창의 메뉴 중 'Console'을 선택한다.
- 콘솔 창에 보이는 빨간색 오류 메시지를 그대로 복사하여 볼트의 프롬프트 창에 붙여넣으며 "이 오류를 해결해줘"라고 요청하면, AI가 원인을 분석하고 해결 방법을 알려준다.
- **앱 배포** 볼트에서 제공하는 배포 옵션을 사용하여 앱을 원하는 플랫폼에 배포한다. 웹사이트로 공개하거나 앱 스토어에 등록할 수 있다.

> VIBE CODING

완전 초보자 대상:
러버블 Lovable.dev

러버블은 '코딩을 모르는 99%의 사람들에게 소프트웨어 엔지니어의 능력을 제공하겠다'는 담대한 비전에서 출발한 AI 기반 앱 개발 플랫폼이다. 과거에는 좋은 아이디어가 있어도 기술 구현 능력이 없으면 사장되기 일쑤였지만, 러버블의 등장으로 기술이 아닌 '아이디어'와 '기획력'만으로 누구나 창작자가 될 수 있는 '창작의 민주화' 시대가 열리고 있다.

사랑받는 제품을 만드는 철학

'러버블(Lovable)'이라는 독특한 이름은 'MVP(Minimum Viable Product, 최소기능제품)' 대신 'MLP(Minimum Lovable Product, 최소로 사랑받을 수 있는 제품)'를 만들어야 한다는 팀의 철학에서 유래했다. 이는 소프트웨어를 단순히 동작하는 수준으로 만드는 것에 그치지 않고, 사용자들이 진심으로

◆ **러버블**

"Build something Lovable" (사랑스러운 무언가를 만드세요)

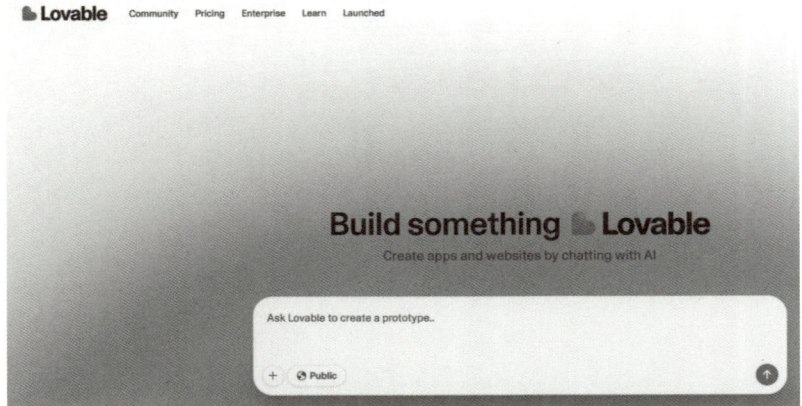

자료: 러버블 홈페이지

즐겁게 사용하며 감탄할 만큼 매력적으로 만들어야 한다는 강한 신념을 담은 이름이다.

러버블의 목적은 '소프트웨어 개발의 마지막 조각(the last piece of software)'이 되겠다는 것이다. 이는 '더 이상 새로운 개발 도구가 필요 없을 정도로, 러버블 하나만으로 세상에 필요한 모든 소프트웨어를 만들 수 있게 하겠다'는 원대한 비전이다.

러버블 vs. 볼트: 어떤 도구를 선택할까?

가장 큰 차이는 '업데이트 방식'이다. 볼트는 코드에서 변경된 부분만

지능적으로 찾아 수정하는 'diffs'라는 기술을 사용해 업데이트 속도가 빠르다. 반면 러버블은 코드 생성 전에 전체적인 계획을 세우는 단계를 거치기 때문에 상대적으로 속도는 느리지만 더 구조적인 접근을 한다.

러버블은 세련된 사용자 인터페이스(UI)를 빠르게 만들고, 완성된 앱을 클릭 한 번으로 배포하는 기능이 강점이다. 볼트는 사용자 인증, 데이터베이스 연동과 같은 복잡한 백엔드 기능을 처리하고 앱을 확장하는 데 더 유리하다.

러버블은 단순성과 예측성을 추구하여 요청 1번에 1크레딧으로 비전문가가 이해하기 쉽다. 볼트는 유연성과 정확성을 추구하여 사용한 만큼 지불하는 방식으로 기술적 사용자에게 합리적이다.

◆ 러버블과 볼트 비교

구분	러버블	볼트	비고
과금 단위	크레딧(Credit)	토큰(Token)	크레딧은 요청 1건당 1개 소모, 토큰은 복잡도에 따라 소모량 달라짐
무료 플랜	매일 5개 메시지 (월 최대 30개 크레딧)	100만 토큰 제공	일반적으로 볼트의 무료 플랜이 조금 더 여유가 있음
유료 플랜(기본)	월 20달러/100크레딧	월 20달러/1,000만 토큰	가격은 비슷하지만 사용 패턴에 따라 효율성 차이

러버블의 사용 예시 및 가이드

1단계: 회원가입 및 프로젝트 시작

먼저 러버블 공식 사이트(lovable.dev)에 접속하여 우측 상단의 'Sign

Up' 버튼을 눌러 무료 계정을 만든다. 구글 계정 등으로 간편하게 가입할 수 있다. 로그인이 완료되면 "Ask Lovable to create an…"이라는 문구가 적힌 프롬프트 입력창이 나타난다. 이제 사용자의 아이디어를 입력할 준비가 끝났다.

2단계: 첫 프롬프트로 앱의 뼈대 만들기

프롬프트 입력창에 만들고 싶은 앱을 최대한 구체적으로, 명확하게 설명한다. 처음에는 앱의 핵심 기능에 집중하는 것이 좋다.

- 다음과 같이 입력해보자.
  "중요한 기념일을 추가하고, 날짜와 제목을 입력할 수 있으며, 기념일이 다가오면 알림을 보여주고, 필요 없는 기념일은 삭제할 수 있는 기념일 알림 웹앱을 만들어줘. 제목은 '나의 기념일 알림'으로 해줘. 생일, 결혼기념일, 중요한 약속 등을 관리할 수 있게 해줘."
- 엔터 키를 누르면 AI가 잠시 생각한 뒤, 화면 오른쪽에 실시간으로 앱이 만들어지는 과정을 보여준다. 잠시 후 기본적인 기능을 갖춘 기념일 알림 앱의 초기 버전이 나타난다.

3단계: 데이터베이스 연결하기(수파베이스 연동)

지금 상태의 앱은 브라우저를 껐다 켜면 입력했던 기념일 목록이 모두 사라진다. 따라서 중요한 기념일 데이터를 영구적으로 저장하기 위해 데이터베이스를 연결해야 한다. 러버블은 수파베이스(Supabase) 연동을 지원한다.

- 화면 우측 상단의 'Supabase' 버튼을 클릭한다.

- 수파베이스 계정이 없다면 안내에 따라 무료로 가입한다.
- 다시 러버블로 돌아와 'Supabase' 버튼을 여러 번 클릭하며, 안내에 따라 계정 접근을 허용하고, 조직(Organization)과 프로젝트(Project)를 생성하고, 최종적으로 생성된 프로젝트를 선택한다.
- 연결이 완료되면 AI가 "데이터베이스에 연결하기 위해 코드를 업데이트할게"와 같은 메시지를 보내며 자동으로 코드를 수정해준다.

4단계: 로그인 기능 추가하기(사용자 인증)

이제 나만의 개인적인 기념일 목록을 다른 사람이 보지 못하도록 로그인 기능을 추가해보자.

- 프롬프트 창에 다음과 같이 입력한다.
  "방금 연결한 수파베이스를 사용해서, 이메일과 비밀번호로 회원가입하고 로그인할 수 있는 기능을 추가해줘. 각 사용자가 자신만의 기념일을 관리할 수 있게 해줘."
- AI가 사용자 관리를 위한 데이터베이스 테이블을 설계하고, 로그인 및 회원가입 페이지를 생성해준다. AI가 변경사항을 적용해도 되는지 물으면 'Apply Changes' 버튼을 눌러 승인한다.

5단계: 기능 수정 및 디버깅

AI가 만든 결과물이 100% 마음에 들지 않을 수 있다. 이제 세부적인 수정을 요청할 차례다.

- **디자인 수정** "제목 글씨 크기를 더 크게 키워줘" 또는 "기념일 추가 버튼 색깔을 빨간색으로 바꿔줘"와 같이 구체적으로 지시한다.

- **기능 개선** "기념일까지 남은 일수를 표시해줘" 또는 "기념일을 날짜순으로 정렬해서 보여줘" 같은 추가 기능을 요청할 수 있다.
- **오류 수정** 만약 날짜 입력이 작동하지 않는 등 오류가 발생하면, 채팅창에 나타나는 "Ask the AI to fix(AI에게 수정 요청하기)" 버튼을 누르거나, 발생한 오류 메시지를 그대로 복사하여 "오류를 해결해줘"라고 요청할 수 있다.

6단계: 세상에 앱 공개하기(배포)

드디어 앱이 완성되었다. 이제 친구나 다른 사람들에게 자랑할 시간이다. 화면 우측 상단의 'Publish' 버튼을 클릭하면, 단 한 번의 클릭으로 사용자의 앱이 실제 인터넷 세상에 공개(배포)된다. 배포가 완료되면 [프로젝트 이름].lovable.app 형태의 고유한 인터넷 주소(URL)가 생성되며, 주소를 누구에게나 공유할 수 있다.

> VIBE CODING

완전 초보자 대상:
베이스44 Base44

베이스44는 2025년 1월에 출시된 AI 기반 코딩 툴이다. 별다른 마케팅 없이 창업자의 소셜 미디어를 통한 입소문만으로 빠르게 성장했다. 불과 6개월 만에 25만 명 이상의 사용자를 모으고 수익을 창출하는 놀라운 성과를 기록했다.

이러한 잠재력을 알아본 글로벌 웹사이트 제작 플랫폼 윅스(Wix)는 2025년 6월 약 8,000만 달러(약 1,100억 원)에 베이스44를 인수해 전 세계의 주목을 받았다. 베이스44의 성공은 기존의 복잡하고 어려웠던 앱 개발 과정을 대폭 단축하고, 비전문가의 접근성을 극대화했기 때문이다.

채팅 한 번으로 완성되는 앱 개발

베이스44의 가장 큰 특징은 '올인원(All-in-One, 모든 기능이 하나로 통

◆ 베이스44

"Let's make your dream a reality. Right now." (당신의 꿈을 현실로 만들어봅시다. 지금 당장.)

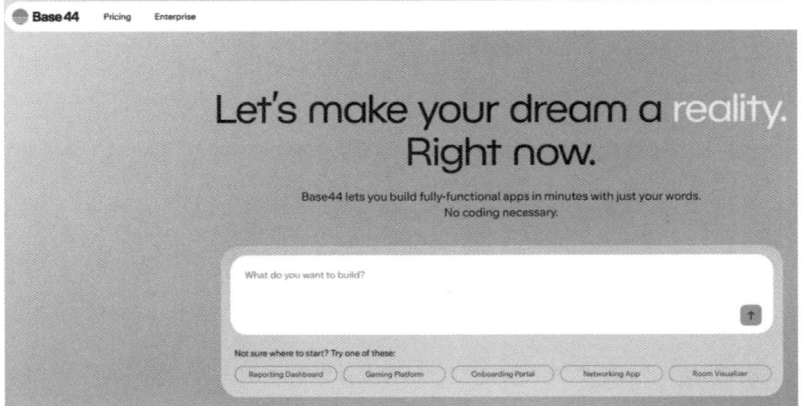

자료: 베이스44 홈페이지

합된)' 환경을 제공한다는 점이다. 일반적으로 웹사이트나 앱을 만들려면 데이터베이스(Database, 데이터 저장소), 서버(Server, 서비스를 제공하는 컴퓨터), 인증(Authentication, 사용자 로그인 처리) 등 여러 가지를 따로 준비하고 연결해야 하는 번거로움이 있다.

그러나 베이스44는 이 모든 것을 플랫폼 안에 미리 갖추고 있다. 사용자는 그저 채팅 창에 원하는 기능을 말하기만 하면, 베이스44가 알아서 필요한 기술들을 연결해 완성된 앱을 제공한다.

'이벤트 참석자 관리 앱'을 만든다고 하면, "이벤트 기획 앱을 만들고 싶어. 사람들이 가입해서 시간대별 행사 목록을 볼 수 있고, 나는 그들에게 메시지를 보낼 수 있어야 해"라고 입력한다. 그러면 베이스44는 "가입 인원을 제한할까요?", "참석자들이 다른 참석자 명단을 볼 수 있게 할까요?"와 같이 추가 질문을 던지며 요구사항을 구체화한다. 이런 대화 과정을 통해 아이디어를 다듬고 나면, AI가 데이터베이스 설정, 사용자 인터페이스(UI) 디자인, 로그인 기능 구현 등의 작업을 자동으로 처리하고 즉시 사용 가능한 앱을 완성해 링크(Link, 인터넷 주소)를 제공한다.

베이스44의 사용 예시 및 가이드

1단계: 회원가입

웹사이트인 base44.com으로 이동한다. 홈페이지에 도착하면 'Start Now' 또는 'Start building'과 같은 눈에 띄는 버튼을 쉽게 찾을 수 있다. 구글 계정이나 다른 소셜 미디어 계정을 연동하여 복잡한 정보 입력 없이 간편하게 가입을 마칠 수 있다.

로그인을 완료하면 처음으로 마주하게 되는 화면이 바로 '워크스페이스(Workspace)'이다. 이곳은 앞으로 만들 모든 앱(프로젝트)들을 한눈에 보고 관리할 수 있는 개인적인 작업 공간, 즉 대시보드 역할을 한다.

2단계: 프로젝트 생성 '간단한 할 일 목록(To-Do List)' 앱 만들기

워크스페이스 중앙이나 상단에 있는 '새 프로젝트 생성' 또는 'Create App'과 같은 버튼을 누르면, '프롬프트(Prompt) 입력창'이 나타난다.

베이스44는 단 하나의 텍스트 입력창으로 시작함으로써 사용자가 느낄 수 있는 심리적 장벽을 최소화하고, '생각의 속도로 창조한다'는 약속처럼 즉시 아이디어를 입력하도록 유도한다.

만약 당장 떠오르는 구체적인 아이디어가 없다면, 베이스44가 미리 제안하는 몇 가지 템플릿을 활용하여 시작할 수도 있다. '보고서 대시보드', '게임 플랫폼', '신규 직원 온보딩 포털' 등 다양한 예시 중에서 하나를 선택하면, 해당 앱의 기본 구조가 자동으로 생성되어 이를 바탕으로 수정하고 발전시켜 나갈 수 있다.

> **프롬프트 예시**
> - "간단한 할 일 목록 앱을 만들어줘. 새로운 할 일을 입력할 수 있는 텍스트 입력창과 '할 일 추가' 버튼이 있어야 해. 버튼을 누르면 아래 목록에 할 일이 추가되어야 하고, 각 할 일 옆에는 삭제할 수 있는 '삭제' 버튼이 있어야 해."
> - 프롬프트를 입력하고 '생성(Create)' 버튼을 누르면, 베이스44가 앱을 구축하는 진행 상황을 보여주는 화면이 나타난다. AI가 당신의 요구사항을 분석하여 필요한 화면 구성과 기능 로직을 만드는 데에는 보통 1~2분 정도의 시간이 소요된다.

3단계: 생성된 앱 검토 및 기본 기능 테스트

프롬프트에서 요청했던 '텍스트 입력창', '할 일 추가 버튼', 그리고 할 일들이 표시될 '목록 영역'이 모두 존재하는지 확인한다.

- 텍스트 입력창에 '쇼핑 하기'라고 입력한 뒤 '할 일 추가' 버튼을 클릭한다.
- 목록 영역에 '쇼핑 하기'라는 텍스트와 그 옆에 '삭제' 버튼이 함께 나타나는지 확인한다.
- 다른 할 일('운동하기', '책 읽기' 등)을 몇 개 더 추가해본다.
- '쇼핑 하기' 항목 옆의 '삭제' 버튼을 클릭하여 해당 항목이 목록에서 정상적으로 사라지는지 확인한다.

4단계: 기능 추가하기

프롬프트 예시

- "각 할 일 항목 옆에 체크박스를 추가해줘. 체크박스를 선택하면, 해당 할 일 텍스트에 취소선이 그어져서 완료된 것처럼 보이게 해줘."
- AI가 이 요청을 처리하고 나면, 앱 화면이 자동으로 업데이트된다. 다시 한번 '검증' 단계로 돌아가, 새로 생긴 기능을 테스트한다.

5단계: 디자인 수정하기

프롬프트 예시

- "'할 일 추가' 버튼 색깔을 멋진 파란색으로 바꿔줘. 그리고 앱 제목 글씨는 더 크고 굵게 만들어줘."
- 베이스44는 프롬프트를 통한 디자인 수정 외에도 사용자가 직접 마우스로 요소를 클릭하여 색상, 크기, 폰트 등을 변경할 수 있는 '비주얼 에디터(Visual Editor)' 기능도 제공한다.

6단계: 앱 게시 및 공유

베이스44의 가장 큰 장점은 복잡한 배포 과정이 전혀 필요 없다는 점이다. 플랫폼에 호스팅 기능이 처음부터 내장되어 있기 때문이다.

워크스페이스나 편집 화면에서 '게시(Publish)' 버튼을 클릭하기만 하면, 앱은 즉시 온라인에 게시된다. 게시가 완료되면 [명칭].base44.com과 같은 형태의 고유한 웹 주소(URL)가 생성되며, 이 주소를 친구나 동료에게 보내면 누구나 당신이 만든 앱을 직접 사용해볼 수 있다.

완전 초보자 대상: 리플릿 Replit

    리플릿은 소프트웨어 개발의 문턱을 극적으로 낮춰 '소프트웨어 개발의 장벽'을 허문 혁명적 툴이다. 리플릿의 근본적인 특징은 '클라우드 IDE(Integrated Development Environment, 통합 개발 환경)'라는 점이다. 고사양 컴퓨터를 사거나 무거운 프로그램을 설치할 필요 없이 웹 브라우저를 열고 로그인하기만 하면 언제 어디서든 작업 환경을 그대로 불러와 사용할 수 있다.

    전 세계 3,400만 명 이상의 사용자를 보유하고 있으며, 2023년 기준 기업가치 12억 달러(약 1조 6,000억 원) 이상을 인정받는 거대한 AI 기반 개발 플랫폼으로 성장했다.

◆ **리플릿**

"Hi, what do you want to make?" (안녕, 무엇을 만들고 싶나요?)

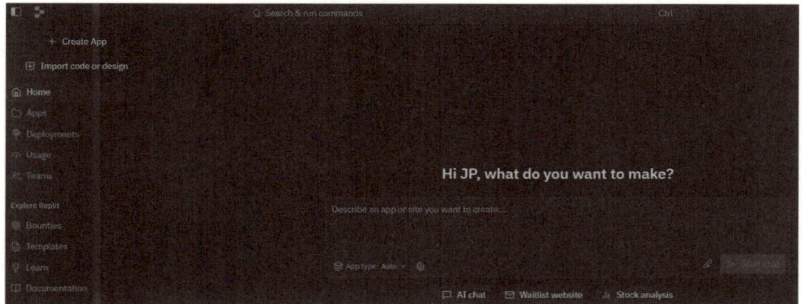

자료: 리플릿 홈페이지

대화처럼 코딩하는 REPL에서 시작된 혁신

리플릿(Replit)이라는 이름은 프로그래밍 세계의 기본적이면서도 강력한 개념인 'REPL'에서 유래했다. REPL은 'Read(읽고)-Eval(실행하고)-Print(출력하고)-Loop(반복한다)'의 첫 글자를 딴 약어이다.

이는 컴퓨터와 한 줄씩 대화를 나누며 즉각적으로 결과를 확인하는 소통 방식이다. 개발자들은 이 REPL 방식을 통해 코드를 한 줄씩 입력하고 바로 그 결과를 눈으로 확인하며 아이디어를 빠르게 테스트하고 오류를 수정한다. '빠른 실험과 학습'을 가능하게 하는 이 개념 자체가 리플릿이라는 플랫폼의 핵심이다.

구글 문서처럼 함께 코딩하는 실시간 협업

리플릿의 '멀티플레이어(Multiplayer)' 기능은 여러 사람이 하나의 코드 파일에 동시에 접속해 함께 코드를 작성하고 수정하는 것을 가능하게 한다. 마치 여러 명이 구글 문서(Google Docs)에 함께 접속해 보고서를 작성하듯, 팀원들의 커서가 각기 다른 색깔로 움직이는 것을 실시간으로 보면서 코딩할 수 있다.

한 사람이 코드를 추가하면 다른 모든 사람의 화면에 즉시 반영되고, 내장된 채팅 기능으로 의견을 나누며 문제를 해결할 수 있다. 이는 코딩을 외롭고 단절된 작업이 아닌, 함께 아이디어를 쌓아 올리는 사회적이고 창의적인 활동으로 변화시킨다.

리플릿 사용 예시 및 가이드

1단계: 리플릿에 내 자리 만들기(회원가입 및 로그인)

모든 여정의 시작은 첫걸음부터이다. 먼저, 당신의 작업 공간을 만들자.

- 웹 브라우저를 열고 주소창에 replit.com을 입력하여 리플릿 홈페이지에 접속한다.
- 화면 우측 상단에 있는 '가입(Sign Up)' 버튼을 클릭한다.
- 새로운 아이디와 비밀번호를 만들어도 되지만, 더 간편한 방법은 기존에 사용하던 소셜 계정을 이용하는 것이다. 구글, 깃허브 또는 페이스북 아이콘 중 하

나를 클릭하면 별도의 정보 입력 없이 10초 만에 회원가입과 로그인이 완료된다.

2단계: AI 에이전트 호출하기("만들고 싶은 게 있어!")

로그인을 하면 당신의 작업 공간인 대시보드(Dashboard)가 나타난다. 이제 당신의 아이디어를 실현시켜 줄 AI 비서를 부를 차례다.

- 화면 중앙이나 좌측 메뉴에서 '앱 만들기(Create App)' 또는 'AI로 시작하기(Start with AI)'라고 적힌 버튼을 찾아서 클릭한다.
- 그러면 마치 채팅창처럼 생긴 '리플릿 에이전트(Replit Agent)'의 프롬프트 입력창이 나타난다. 이곳이 바로 당신이 AI와 대화를 나누고 지시를 내릴 공간이다.
- 이제 AI에게 만들고 싶은 것을 구체적으로 설명해주자. 좋은 프롬프트는 좋은 결과물을 낳는다. 막연하게 "방명록 만들어줘"라고 하는 것보다 아래 예시처럼 최대한 상세하게 요구하는 것이 핵심이다.

프롬프트 예시

- "사용자가 이름과 메시지를 남길 수 있는 간단한 온라인 방명록 웹사이트를 만들어줘. 사용자가 '글 남기기' 버튼을 누르면, 입력한 내용이 데이터베이스에 저장되어야 해. 그리고 저장된 모든 메시지는 최신 글이 가장 위로 오도록 화면에 목록으로 보여줘. 웹사이트 전체 배경색은 밝은 노란색(#FFFFE0)으로 해주고, 모든 텍스트는 가운데 정렬해줘."

3단계: AI의 설계도 검토하기(계획 승인)

당신이 프롬프트를 입력하고 나면, AI는 잠시 생각한 뒤 작업 계획서

(Plan)를 보여준다.
- AI는 당신의 요구사항을 구현하기 위해 어떤 프로그래밍 언어(예: 파이썬, 자바스크립트)와 프레임워크(개발을 편하게 해주는 뼈대)를 사용할 것인지, 그리고 어떤 파일들을 생성할 것인지에 대한 계획을 제시한다.
- 이 단계는 AI가 당신의 말을 제대로 이해했는지 확인하는 중요한 과정이다. 계획을 훑어보고 문제가 없다고 판단되면, '계획 승인 및 시작(Approve plan & start)' 버튼을 클릭한다. 이 버튼을 눌러야 AI가 본격적으로 코딩을 시작한다.

4단계: 자동 코딩
- 화면 왼쪽의 파일 탐색기 영역에 새로운 파일과 폴더들이 실시간으로 생성되기 시작한다.
- 중앙의 코드 편집기 창에는 AI가 마치 보이지 않는 손으로 타이핑하듯, 빠른 속도로 코드를 써 내려간다.
- 이 모든 과정은 완전 자동으로 진행된다. 당신은 그저 커피 한 잔을 마시며, 당신의 아이디어가 코드로 변환되는 마법 같은 과정을 편안히 지켜보기만 하면 된다.

5단계: 결과물 테스트와 수정 요청
AI의 코딩 작업이 끝나면, 화면 오른쪽에 '미리보기(Preview)' 창이 나타나며 방금 만들어진 방명록 웹사이트의 모습이 보인다. 이제 직접 테스트하고 AI를 조련할 시간이다.

- 미리보기 창에서 이름과 메시지를 직접 입력하고 '글 남기기' 버튼을 눌러보자. 입력한 내용이 목록에 잘 추가되는지 확인한다.

- 만약 수정하고 싶은 부분이 있다면, 코드를 직접 건드릴 필요가 없다. 다시 AI에게 대화로 요청하면 된다. 예를 들어 미리보기 화면에서 '글 남기기' 버튼을 마우스로 클릭한 뒤, AI 채팅창에 이렇게 입력해보자. "이 버튼의 글씨 크기를 더 크게 만들고, 색깔을 파란색으로 바꿔줘."
- 그러면 AI는 당신의 지시를 이해하고 해당 부분의 코드를 스스로 수정하여 즉시 변경된 결과를 보여준다. 이처럼 테스트와 수정 요청을 반복하며 결과물을 점점 더 완벽하게 다듬어나갈 수 있다.
- 혹시 AI가 실수를 해서 앱이 망가지더라도 걱정할 필요 없다. 리플릿은 작업 과정마다 자동으로 '체크포인트(Checkpoints)'를 저장해두기 때문에 '롤백(Rollback)' 기능을 이용해 언제든지 문제가 없었던 이전 상태로 돌아갈 수 있다.

6단계: 배포

드디어 당신만의 온라인 방명록이 완성되었다. 이제 이 멋진 작품을 세상에 공개하고 친구들에게 자랑할 마지막 단계만 남았다.

- 작업 화면 상단에 있는 '배포(Deploy)' 버튼을 찾아서 클릭한다.
- 몇 가지 간단한 배포 옵션을 선택하고 확인 버튼을 누르면, 리플릿이 자동으로 모든 배포 과정을 처리한다.
- 잠시 후 당신이 정한 이름 .replit.app과 같은 형태의 고유한 인터넷 주소가 생성된다.
- 이제 이 주소를 복사해서 친구나 가족의 카카오톡으로 보내보자. 그들은 당신이 코딩 한 줄 없이 단 몇 분 만에 직접 만든 웹사이트를 보고 깜짝 놀랄 것이다. 축하한다. 당신은 이제 어엿한 창작자다!

VIBE CODING

코딩 입문자 및 초급 개발자 대상: 깃허브 코파일럿 GitHub Copilot

깃허브 코파일럿은 세계 최대의 소프트웨어 개발 플랫폼인 깃허브와 AI 기술의 선두주자인 오픈AI가 손을 잡고 2021년 6월에 세상에 처음 선보인 'AI 코드 완성 도구'이다. 단순히 오타를 수정해주거나 몇 글자를 추천해주는 수준을 넘어, 개발자가 쓴 주석(Comment, 코드에 대한 설명글)이나 함수(Function, 특정 작업을 수행하는 코드 묶음)의 이름을 분석해 그 의도를 파악하고, 그에 맞는 코드 전체를 자동으로 생성해주는 것이 가장 큰 특징이다.

항공업계에서 따온 직관적인 이름

'코파일럿(Copilot)'이라는 이름은 항공업계의 '부조종사(Co-pilot)'에서 따온 것이다. 비행기에서 부조종사가 기장을 보조하며 안전하고 효율적

♦ **깃허브 코파일러**

"AI that builds with you" (당신과 함께 만들어가는 AI)

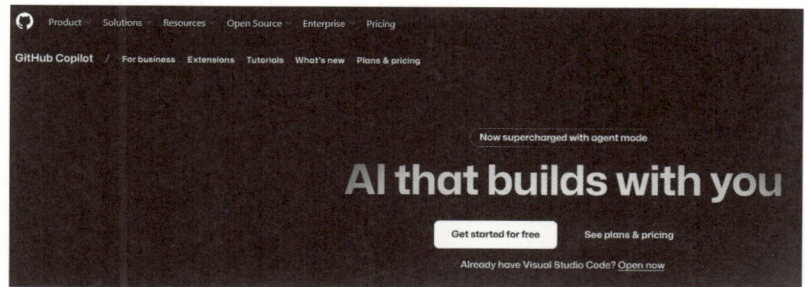

자료: 깃허브 코파일럿 홈페이지

인 비행을 돕듯이, 깃허브 코파일럿도 개발자를 보조하며 더 나은 코딩 경험을 제공한다는 의미를 담고 있다. 개발자가 주도권을 가지고 창의적인 결정을 내리면, AI는 반복적이고 기계적인 작업을 담당하는 역할 분담을 명확히 보여주는 이름이다.

다양한 사용자를 위한 요금제

코파일럿의 요금제는 개인부터 대기업까지 다양한 사용자를 고려하여 세분화되어 있다. 학생의 경우, 깃허브 학생 개발자 팩(GitHub Student Developer Pack)을 통해 무료로 프로 플랜을 이용할 수 있다.

요금제	기본료(월)	채팅 기능	주요 대상 사용자
프리	무료	제한적	학생, 입문자, 기능 체험자
프로	10달러	무제한	개인 개발자, 프리랜서
비즈니스	19달러	무제한	중소 규모의 개발팀
엔터프라이즈	39달러	무제한	보안 및 관리가 중요한 대기업

깃허브 코파일럿 사용 예시 및 가이드

1단계: 회원가입 및 구독

깃허브 코파일럿 공식 사이트에 접속해 깃허브 계정으로 로그인한다. 처음이라면 간단한 가입 절차를 거친다. 그 후 요금제 선택 화면에서 '개인 플랜(Individual Plan)'을 선택하면 첫 한 달은 무료로 모든 기능을 체험할 수 있다. 결제 정보를 입력하면 구독이 완료된다.

2단계: 개발 환경 준비 및 설치

코드는 '코드 편집기'라는 전문적인 메모장에서 작성한다. 가장 대중적인 무료 편집기인 'VS 코드'를 공식 사이트에서 다운로드하여 설치하자.

설치가 끝나면 VS 코드를 실행하고, 왼쪽 메뉴에서 레고 블록 모양의 '확장(Extensions)' 아이콘을 클릭한다. 검색창에 'copilot'을 입력하고, 나타나는 'GitHub Copilot'과 'GitHub Copilot Chat'을 모두 설치한다. 이제 사용자의 작업 공간에 부조종사가 탑승할 준비를 마쳤다.

3단계: AI와 대화하기(프롬프트 작성법)

코파일럿의 능력을 최대한 끌어내려면 '질문'을 잘해야 한다. AI에게 던지는 질문이나 명령을 '프롬프트(Prompt, AI에게 내리는 명령어)'라고 부른다. 좋은 프롬프트를 작성하는 요령은 간단하다. 사람에게 부탁하듯, 원하는 것을 명확하고 구체적으로, 그리고 친절하게 설명하는 것이다.

예를 들어 단순히 "코드 만들어줘"가 아니라 "화면에 '안녕하세요!'라는 글자를 보여주는 웹페이지 코드를 만들어줘"라고 말하는 것이 훨씬 좋다.

코파일럿 챗에서는 특별한 명령어를 사용할 수 있다. 코드 블록을 선택하고 @workspace /explain이라고 입력하면 코드를 설명해주고, @workspace /fix라고 입력하면 오류를 고쳐준다.

@workspace는 "지금 내가 작업 중인 이 프로젝트와 관련해서"라는 의미를 더해 더 정확한 답변을 유도한다.

4단계: 실전! 미니 프로젝트 – '오늘의 명언' 웹 애플리케이션 개발

- **아이디어 구체화 및 구조 만들기(HTML)** VS 코드에서 새로운 파일을 만들고, 코파일럿 챗(단축키: Command+I 또는 Ctrl+I)을 연다. 그리고 첫 프롬프트를 입력한다.

  "매일 다른 명언을 보여주는 간단한 웹페이지를 만들고 싶어. 먼저 명언이 표시될 공간과 새로운 명언을 불러올 버튼이 있는 기본 HTML 구조를 만들어줘."

코파일럿은 이 말을 듣고 웹페이지의 기본 뼈대인 HTML 코드를 순식간에 만들어낼 것이다.

- **디자인 입히기(CSS)**   이제 페이지를 예쁘게 꾸밀 차례다. 다시 코파일럿에게 말을 건다.
  "방금 만든 페이지가 너무 밋밋해. 명언 글씨는 크고 굵게, 그리고 가운데 정렬해줘. 배경은 부드러운 아이보리색으로 바꿔주고, 버튼은 파란색으로 보기 좋게 디자인해줘."

코파일럿은 이 디자인 요구사항을 CSS 코드로 변환하여 페이지에 스타일을 입혀준다.

- **기능 구현하기(자바스크립트)**   마지막으로 페이지가 살아 움직이게 만들자.
  "이제 가장 중요한 기능이야. 웹페이지에 쓸 만한 명언 10개를 알려줘. 그리고 사용자가 파란색 버튼을 누를 때마다 그 10개의 명언 중에서 하나가 무작위로 화면에 나타나도록 자바스크립트 코드를 작성해줘."

코파일럿은 명언 목록을 만들고, 버튼 클릭 이벤트를 감지하여 명언을 바꾸는 로직까지 완벽하게 구현해준다.

이 모든 과정은 코딩 문법을 하나도 몰라도, 오직 자연스러운 대화만으로 이루어진다. 코파일럿과 같은 도구가 프로그래밍의 진입 장벽을 얼마나 낮출 수 있는지, 그리고 미래의 코딩 교육이 '문법 암기'에서 '문제 정의 및 AI 협업 능력'으로 어떻게 전환될지를 명확히 보여주는 사례이다.

초중급 개발자 대상: 윈드서프 Windsurf

윈드서프는 초보는 물론 전문 개발자를 위한 강력한 AI 파트너를 지향하며 복잡한 애플리케이션 개발의 전 과정을 돕는 '에이전트 IDE'를 표방한다.

윈드서프의 핵심은 AI가 단순히 코드 몇 줄을 추천해주는 것이 아니라, 스스로 복잡한 작업을 계획하고 실행하는 '에이전트'로서 작동하는 새로운 패러다임을 제시한다는 점이다. 기존의 IDE에 AI 기능을 추가하는 형태가 아닌, 처음부터 AI가 깊숙이 통합된 독립적인 개발 환경을 구축했다.

출시 이후 불과 몇 달 만에 100만 명이 넘는 개발자가 사용하기 시작했으며, JP모건 체이스(JPMorgan Chase), 메르카도 리브레(Mercado Libre)와 같은 세계적인 기업들이 앞다투어 도입하고 있다.

윈드서핑에서 따온 철학적 의미

윈드서프의 원래 이름은 '코디움(Codeium)'이었다. 그러나 회사는 '윈드서프'로의 리브랜딩(Rebranding, 브랜드 이미지 변경)을 단행했다. 이는 단순한 이름 변경이 아니었다. 회사의 전략과 비전이 근본적으로 진화했음을 알리는 선언이었다.

'코디움'이라는 이름은 '코드(Code)' 자체에 중점을 둔 느낌을 주었지만, 회사가 추구하는 바는 코드 작성을 넘어선 개발의 전반적인 경험이었다. 새로운 이름 '윈드서프'는 개발자가 아무런 마찰 없이, 마치 시원한 바람을 등지고 파도를 타는 것처럼 코딩 작업에 완전히 몰입하는 '플로우 상태(Flow State, 완전한 몰입 상태)'를 상징한다.

이는 인간과 기계, 그리고 자연(여기서는 코드의 흐름)이 결합하여 겉보기에는 힘들이지 않는 것처럼 보이지만 실제로는 상당한 힘과 기술이 응축된 윈드서핑의 이미지와 일치한다. 이로써 윈드서프는 자사의 정체성을 '코드를 만드는 도구'에서 '창작의 경험을 제공하는 파트너'로 격상시켰다.

◆ **윈드서프**
"Built to Keep You in Flow State" (당신이 완전히 몰입할 수 있게 도와드립니다)

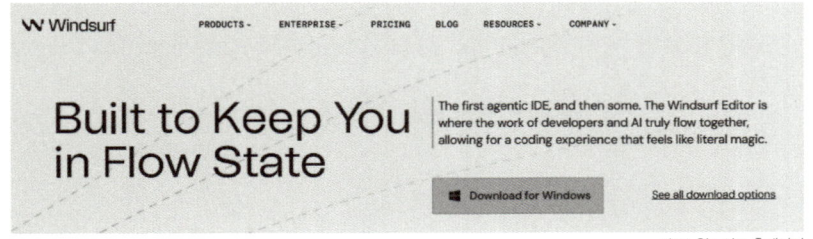

자료: 윈드서프 홈페이지

윈드서프 이용 예시 및 가이드

1단계: 윈드서프의 세계로 접속하기

모든 여정은 첫걸음부터 시작된다. 윈드서프와 함께하는 여정의 첫걸음은 프로그램을 설치하고 계정을 만드는 것이다.

- **프로그램 설치** 먼저 윈드서프 공식 웹사이트(windsurf.com)에 방문하여 컴퓨터 운영체제(Windows, macOS 등)에 맞는 설치 파일을 다운로드하고 실행한다.

- **계정 만들기** 설치가 끝나고 프로그램을 처음 실행하면 계정을 만들라는 안내가 나온다. 이메일 주소나 기존 구글, 깃허브 계정을 이용해 간단하게 가입할 수 있다.

- **첫 실행 및 설정** 로그인을 하면 초기 설정 화면이 나타난다. 만약 이전에 VS 코드와 같은 다른 코딩 도구를 사용한 적이 있다면 그 설정을 그대로 가져올 수 있다. 처음이라면 'Start fresh(새로 시작하기)'를 선택하면 된다. 마음에 드는 화면 테마(어두운 테마, 밝은 테마 등)를 고르면 기본 준비는 끝난다.

- **화면 둘러보기** 처음 마주하는 화면은 다소 복잡해 보일 수 있지만, 핵심은 세 군데다. 왼쪽에는 프로젝트의 파일 목록을 보여주는 '파일 탐색기', 중앙에는 실제 코드가 보이는 '에디터', 그리고 오른쪽에는 AI와 대화하는 가장 중요한 공간인 '캐스케이드 패널'이 있다.

2단계: 프롬프트 작성법

- **캐스케이드 창 열기** 키보드에서 Cmd+L(macOS) 또는 Ctrl+L(Windows)을 누르면 오른쪽에 캐스케이드 패널이 나타난다. 이곳이 바로 AI와 대화하는 창이다.

- **대화 모드 이해하기**   캐스케이드는 여러 대화 모드를 제공한다.
  - **쓰기 모드**(Write Mode)   AI에게 작업을 지시하면, AI가 직접 코드를 수정하고 파일을 만드는 등 자율적으로 일하는 모드이다. 가장 강력한 모드이다.
  - **채팅 모드**(Chat Mode)   AI에게 질문하거나 조언을 구하는 모드이다. AI가 직접 코드를 바꾸지는 않고, 대화를 통해 정보를 제공한다.
  - **레거시 모드**(Legacy Mode)   일반적인 챗봇처럼 프로젝트 상황과 관계없이 일반적인 질문에 답해주는 모드이다.

- **프롬프트 작성의 기술**
  - **구체적으로, 명확하게**   "웹사이트 만들어줘"처럼 모호한 요청보다는 "사진작가를 위한 한 페이지짜리 포트폴리오 웹사이트를 만들어줘. 작품을 보여주는 갤러리와 연락처를 남길 수 있는 양식이 필요해"처럼 구체적으로 요청해야 한다.
  - **맥락을 알려주기**   AI에게 더 많은 정보를 줄수록 결과는 좋아진다. @ 기호를 입력하면 프로젝트 내의 특정 파일을 지정하거나, @web을 입력해 인터넷 검색 결과를 참고하라고 지시할 수 있다. 참고할 만한 이미지나 웹사이트 주소(URL)를 대화창에 붙여넣는 것도 좋은 방법이다.
  - **복잡한 작업은 나누어서**   한 번에 너무 많은 것을 요구하기보다는 "우선 기본 구조부터 만들어줘", "이제 디자인을 입혀줘"처럼 작업을 작은 단계로 나누어 요청하는 것이 효과적이다.

3단계: '오늘의 성경 구절' 앱 만들기

버튼을 누를 때마다 새로운 성경 구절이 나타나는 간단한 웹 애플리케이션을 만들어보자.

- **뼈대 세우기** 캐스케이드 패널에 다음과 같이 첫 번째 프롬프트를 입력한다. "'오늘의 성경 구절' 웹앱을 위한 새 프로젝트를 만들어줘. 디자인은 깔끔하고 현대적인 스타일로. HTML, CSS, 자바스크립트를 사용해줘. 기본 파일인 index.html, style.css, script.js를 생성해줘." 이 명령을 내리면, 윈드서프는 왼쪽에 필요한 파일들을 자동으로 생성할 것이다.

- **구조 만들기** 이제 화면의 구조를 만들 차례다. "index.html 파일에, 화면 중앙에 위치하는 컨테이너(애플리케이션과 실행 환경, 필요한 모든 요소—라이브러리, 설정, 종속 항목 등—를 하나로 패키징하여 일관되게 실행하도록 하는 가상 환경. 즉 프로그램과 그에 필요한 모든 것을 한 박스에 포장해서 어디서든 작동할 수 있게 해주는 기술)를 만들어줘. 그 안에 성경 구절이 표시될 큰 공간, 그 아래에 성경 출처(책, 장, 절)가 표시될 작은 공간, 그리고 '새 말씀'이라고 적힌 버튼 하나를 만들어줘." 윈드서프가 HTML 코드를 작성하면, 중앙 에디터 창에서 그 내용을 확인할 수 있다.

- **디자인 입히기** 디자인을 더해보자. "style.css 파일에서 페이지 디자인을 해줘. 읽기 좋은 글꼴을 사용하고, 모든 내용을 화면 중앙에 정렬해줘. 버튼은 마우스를 올리면 색이 변하는 효과를 넣어서 클릭할 수 있는 것처럼 보이게 해줘. 전체적으로 평안하고 차분한 분위기로 만들어줘."

이미지 업로드 기능을 시험해볼 수도 있다. 조용한 교회나 성경이 담긴 사진을 인터넷에서 찾아 컴퓨터에 저장한 뒤, 그 이미지를 캐스케이드 창으로 끌어다 놓으며 이렇게 말해보자. "이 교회 이미지처럼 경건하고 평안한 느낌으로 배경을 만들어줘."

- **로직 추가하기**   이제 앱이 실제로 작동하도록 만드는 로직을 추가할 시간이다. "script.js 파일에, 5개 정도의 샘플 성경 구절과 그 출처(책, 장, 절)를 목록으로 만들어줘. 예를 들어 '하나님이 세상을 이처럼 사랑하사…(요한복음 3:16)' 같은 형태로. 사용자가 '새 말씀' 버튼을 클릭하면, 이 목록에서 무작위로 성경 구절 하나를 골라서 화면에 보여주는 기능을 만들어줘."

- **테스트와 미리보기**   앱이 잘 만들어졌는지 확인해야 한다. 윈드서프에는 '프리뷰' 기능이 있다. 캐스케이드 패널이나 상단 메뉴에서 미리보기 버튼을 누르면, 에디터 안에 작은 웹 브라우저 창이 뜨면서 방금 만든 '오늘의 성경 구절' 앱이 실제로 작동하는 모습을 볼 수 있다. 버튼을 클릭해서 성경 구절이 바뀌는지 직접 확인해보자.

VIBE CODING

초중급 개발자 대상:
커서 Cursor

커서는 AI가 완전히 통합된 차세대 코드 에디터이다. 기존의 개발 도구에 AI 기능을 추가하는 방식이 아닌, 처음부터 AI와 함께 작업하도록 설계된 'AI 네이티브' 개발 환경을 제공한다.

인간과 AI의 협업을 추구한 MIT 친구들

2022년, MIT 출신 개발자 마이클 트루엘(Michael Truell), 수알레 아시프(Sualeh Asif), 아르비드 룬네마르크(Arvid Lunnemark), 아만 생어(Aman Sanger)라는 네 명의 친구들은 밤늦게까지 코딩을 하며 반복적이고 비효율적인 작업에 좌절감을 느끼고 있었다.

기존의 코딩 도구들은 복잡한 문제 앞에서 개발자를 외롭게 내버려뒀고, 이들은 AI가 그 간극을 메울 수 있다고 확신했다. 이들이 설립한 회

♦ 커서

"The AI Code Editor" (AI 코드 에디터)

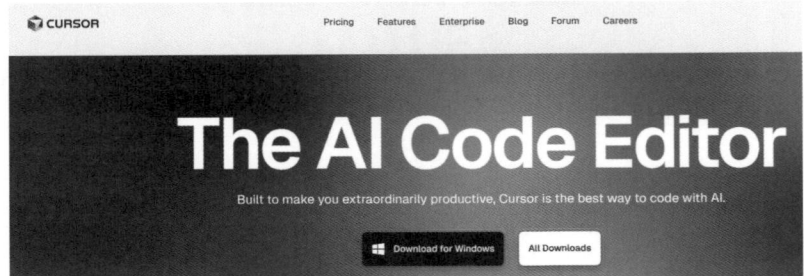

자료: 커서 홈페이지

사 애니스피어(Anysphere)는 처음에는 AI를 이용한 캐드(CAD, Computer-Aided Design, 컴퓨터 지원 설계) 자동화 도구를 개발했지만, 이내 더 큰 꿈을 좇아 방향을 틀었다. 바로 소프트웨어가 만들어지는 방식 자체를 혁신하는 것이었다.

'커서(Cursor)'는 사용자가 컴퓨터 화면에서 매일 보는, 깜빡이는 작은 막대기다. 이 단순한 이름에는 사실 커서의 핵심 철학이 담겨 있다. 커서의 비전은 AI가 인간을 대체하는 것이 아니라, 인간 개발자와 나란히 앉아 함께 일하는 '인간-AI 프로그래머'를 만드는 것이다.

주도권은 언제나 인간에게 있어야 하며, AI는 인간이 가리키는 방향으로 힘을 보태는 강력한 조력자여야 한다. 여기서 인간의 의지가 가장 직접적으로 표현되는 지점이 바로 '커서'다. 커서의 핵심 기능들은 모두 사용자의 커서 위치에서 발동된다. 코드를 수정하는 것도, AI에게 질문하는 것도 모두 커서가 있는 곳에서 시작된다.

아무리 AI가 강력해져도 창작의 중심에는 언제나 사용자의 의지, 즉

'커서'가 있다는 약속이다. AI가 스스로 모든 것을 결정하는 완전 자동화가 아닌, 인간의 창의력을 극대화하는 '증강(Augmentation)'을 지향하는 그들의 비전이 이 이름 안에 담겨 있다.

커서 이용 예시 및 가이드

1단계: 회원가입 및 설치

- **커서 웹사이트 방문** 웹 브라우저를 열고 커서 공식 웹사이트(https://cursor.com)에 접속한다.
- **프로그램 다운로드** 자신의 컴퓨터 운영체제(Windows, macOS 등)에 맞는 버전을 다운로드한다.
- **설치 진행** 다운로드한 파일을 실행하고 화면의 안내에 따라 설치를 완료한다.
- **회원가입 및 로그인** 설치된 커서 프로그램을 실행하고, AI 기능을 사용하기 위해 이메일 등으로 간단히 무료 계정을 만든다. 처음 가입하면 전문가용(Pro) 기능을 체험할 수 있는 무료 평가판이 제공된다.

2단계: 나의 작업 공간 만들기: 프로젝트 생성

- **프로젝트 폴더 열기** 컴퓨터 바탕화면 등에 '나의 첫 앱'과 같은 이름으로 새 폴더를 하나 만든다. 그리고 커서 프로그램에서 'File > Open Folder' 메뉴를 이용해 방금 만든 빈 폴더를 연다.
- **화면 구성 확인** 화면 왼쪽에는 파일 목록(파일 탐색기), 가운데는 코드 편집창, 오른쪽에는 AI와 대화할 수 있는 채팅창이 나타난다. 이 구성만 기억하면 된다.

3단계: 효과적인 프롬프트 작성법

- **구체적으로 말하기** "웹사이트 만들어줘"보다는 "간단한 할 일 목록 웹사이트 만들어줘"가 훨씬 좋다.
- **단계별로 요청하기** 복잡한 작업은 한 번에 시키지 말고, "우선 기본 틀부터 만들어줘", "그다음엔 버튼 기능을 넣어줘"처럼 잘게 쪼개서 요청하는 것이 효과적이다.
- **계획부터 확인하기** 코드를 짜기 전에 먼저 계획을 물어보는 것이 실수를 줄이는 최고의 방법이다. 다음과 같이 요청해보자. "코드를 작성하기 전에, 어떤 파일들을 만들 거고 어떤 방식으로 접근할 건지 먼저 개요를 설명해줘."

4단계: '나만의 할 일 목록(To-Do List)' 앱 개발하기

키보드 단축키 Ctrl+L(macOS에서는 Cmd+L)을 누르면 오른쪽에 AI 채팅창이 나타난다.

- **기본 틀 만들기** 먼저 AI에게 프로젝트의 뼈대를 만들어달라고 요청하자. 채팅창에 다음과 같이 입력한다. (영어/한국어 모두 입력 가능한데, 영어 프롬프트를 조금 더 잘 이해한다.)

"I want to create a simple to-do list application. It should have an input field to add new tasks, a button to submit them, and a list that displays the tasks. Please set up the project with basic index.html, style.css, and script.js files." (간단한 할 일 목록 앱을 만들고 싶어. 새로운 할 일을 입력하는 칸, 제출 버튼, 그리고 할 일들이 표시될 목록이 필요해. 기본적인 index.html, style.css, script.js 파일로 프로젝트를 구성해줘.)

- **웹페이지 모습 그리기(HTML)** AI가 파일들을 만들면, 이제 index.html 파일

에 웹페이지의 구조를 그려달라고 하자.

"In the index.html file, create the structure for the to-do app. Include a main heading My To-Do List, a form with a text input and an 'Add Task' button, and an unordered list with the id 'task-list' where the tasks will go." (index.html 파일에 할 일 앱의 구조를 만들어줘. '나의 할 일 목록'이라는 제목, 텍스트 입력창과 '할 일 추가' 버튼이 있는 양식, 그리고 할 일이 들어갈 'task-list'라는 이름의 목록을 포함해줘.)

- **앱에 생명 불어넣기(자바스크립트)** 이제 버튼을 누르면 실제로 할 일이 추가되도록 만드는, 가장 중요한 단계다.

"Now, in the script.js file, write the JavaScript code to do the following: 1. When the 'Add Task' button is clicked, take the text from the input field. 2. Create a new list item with that text. 3. Add the new list item to the 'task-list'. 4. Clear the input field after adding the task." (이제 script.js 파일에 다음 기능을 하는 자바스크립트 코드를 짜줘: 1. '할 일 추가' 버튼을 누르면 입력창의 텍스트를 가져온다. 2. 그 텍스트로 새로운 목록 항목을 만든다. 3. 새 항목을 'task-list' 목록에 추가한다. 4. 할 일을 추가한 뒤에는 입력창을 비운다.)

- **기능 개선하고 오류 잡기(Debugging)** 지금 만든 앱은 할 일을 지우거나 완료 표시를 할 수 없다. 이 기능을 추가하며 오류를 수정해보자.

"I've noticed a bug. I can't mark it as complete or delete it. Please update the script.js file so that each to-do item has a 'delete' button next to it. When the delete button is clicked, that task should be removed from the list. Also, when I click on the task text itself, it should get a line-through style to show it's completed." (버그를 발견했어.

완료 표시나 삭제를 할 수가 없네. 각 할 일 항목 옆에 '삭제' 버튼이 생기도록 script.js 파일을 수정해줘. 삭제 버튼을 누르면 해당 항목이 목록에서 사라져야 해. 그리고 할 일 텍스트를 클릭하면 완료됐다는 뜻으로 취소선이 그어지게 해줘.)

- **예쁘게 꾸미기(CSS)** 기능은 완성됐지만, 디자인이 밋밋하다. 마지막으로 AI에게 디자인을 부탁하자.

"The app works, but it looks very plain. In the style.css file, add some simple styling. Make the background a light grey, center the main content on the page, and give the tasks some padding and a border so they look like a proper list." (앱은 작동하는데 너무 밋밋해. style.css 파일에 간단한 스타일을 추가해줘. 배경은 연한 회색으로 하고, 주요 내용을 페이지 가운데로 옮겨줘. 그리고 각 할 일 항목에는 여백과 테두리를 줘서 제대로 된 목록처럼 보이게 해줘.)

VIBE CODING

중급 개발자 대상: 챗GPT 코덱스 Codex

챗GPT 코덱스는 AI 코딩 보조 시대의 서막을 열었던 역사적인 모델이다. 2021년 8월 첫 등장한 코덱스는 자연어(사용자가 쓰는 일반 언어)를 코드로 번역하는 AI 모델로, 오픈AI의 언어 모델인 GPT-3를 기반으로 수십억 줄의 코드 데이터를 학습했다.

이 기술은 곧바로 개발자들의 필수 도구인 깃허브 코파일럿의 핵심 엔진이 되었다. 개발자가 주석으로 "이런 기능을 만들어줘"라고 쓰면 코파일럿이 알아서 코드를 추천해주는 방식으로 반복적인 코딩 작업을 상당히 줄여주며 AI 프로그래밍 보조 시대를 열었다.

하지만 초기 코덱스는 문법은 맞지만 실제로는 작동하지 않는 코드를 만들거나, 학습 데이터에 있던 편견을 그대로 드러내는 한계가 있었다. 결국 오픈AI는 2023년 3월 초기 코덱스 모델 지원을 중단했고, 코파일럿은 더 발전된 GPT-4 모델로 업그레이드되었다.

그러다 2025년 5월 코덱스는 완전히 새로운 모습으로 돌아왔다. 단

◆ 챗GPT 코덱스 이용 화면

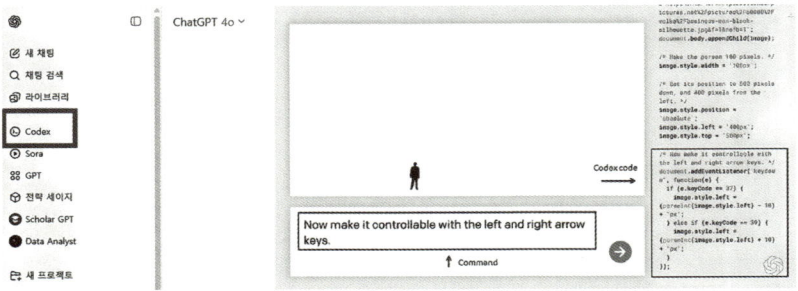

자료: 챗GPT 홈페이지 및 해외 언론 종합

순한 코드 생성기를 넘어 클라우드 기반의 자율적인 소프트웨어 엔지니어링 에이전트로 재탄생한 것이다.

샌드박스에서 독립적으로 작업하는 AI

코덱스는 '여러 작업을 동시에 처리할 수 있는 클라우드 기반 소프트웨어 엔지니어링 에이전트'이다. 단순히 코드 조각을 추천하는 것을 넘어 버그 수정, 새로운 기능 추가, 코드에 대한 질문 답변 등 개발의 전 과정을 스스로 처리할 수 있다.

가장 큰 특징은 샌드박스(Sandbox, 안전한 가상 환경)라는 안전한 가상 환경에서 작업을 수행한다는 점이다. 사용자가 자신의 코드 프로젝트를 맡기면, 코덱스는 이를 자신만의 작업 공간으로 복제해온다. 그 안에서 코드를 쓰고, 실행하고, 테스트하며, 문제가 해결될 때까지 스스로 수정하는 과정을 반복한다. 중요한 것은 이 모든 과정이 원래의 코드에는 전혀 영향을 주지 않는 안전한 공간에서 이루어진다는 점이다.

챗GPT 코덱스 이용 예시 및 가이드

1단계: 준비하기 - 회원가입 및 깃허브 연동

- **챗GPT 가입** 먼저, 오픈AI 웹사이트에 접속해 챗GPT 계정을 만든다. 코덱스는 유료 플랜(플러스, 프로, 팀, 엔터프라이즈)에서 사용할 수 있으므로 해당 플랜에 가입해야 한다. 2025년 6월 기준, 개인 사용자는 챗GPT 플러스(월 20달러), 팀 단위는 팀, 기업은 엔터프라이즈 요금제에서 코덱스를 사용할 수 있다.
- **깃허브 계정 생성 및 연동** 코덱스는 깃허브 저장소(Repository, 코드 보관함)를 기반으로 작동한다. 깃허브 웹사이트에서 무료 계정을 만들자. 그다음 챗GPT의 코덱스 화면에서 안내에 따라 깃허브 계정을 연결한다. 코덱스가 코드 보관함에 접근할 수 있도록 권한을 부여하는 과정이다.
- **새 저장소 만들기** 깃허브에서 my-profile-page와 같은 이름으로 새로운 저장소를 하나 만든다. 이 공간이 웹사이트 코드가 저장될 곳이다.

2단계: 코덱스 접속 및 저장소 연결

- 유료 계정으로 챗GPT에 로그인한다.
- 인터페이스의 사이드바나 탭에서 'Codex'를 선택한다.
- 코덱스 전용 입력창이 나타나면, 작업을 시킬 코드 프로젝트의 저장소를 연결한다. 보통 깃허브 계정을 연동하거나 저장소의 주소(URL)를 입력하면 된다.
- 코덱스가 해당 프로젝트를 안전한 클라우드 샌드박스로 복제할 것이다. 원본

파일은 절대 건드리지 않으니 안심해도 된다.

3단계: 프롬프트 작성하기

코덱스에게는 두 가지 모드로 말을 걸 수 있다.

- **코드(Code) 모드** 실제 코드 변경을 지시할 때 사용한다.
  - "로그인 버튼을 눌렀을 때 아무 반응이 없는 버그를 수정해줘."
  - "사용자 데이터의 평균 나이를 계산하는 함수를 추가하고, 통계 API에 적용해줘."
- **질문(Ask) 모드** 코드에 대해 궁금한 것을 물어볼 때 사용한다.
  - "이 프로젝트의 사용자 인증은 어떤 방식으로 작동하는지 설명해줘."
  - "데이터 캐싱(Caching, 임시 저장) 로직은 어느 파일에 구현되어 있어?"

4단계: 첫 번째 임무 지시하기

- **프롬프트** "내 개인 프로필 웹사이트를 만들어줘. my-profile-page 저장소를 사용해줘. 사이트에는 내 이름(예: '홍길동'), 간단한 자기소개, 그리고 내 소셜 미디어(X, 링크드인, 블로그)로 가는 링크 목록이 필요해. 기본 디자인을 위해 HTML과 CSS 파일을 생성해줘."
- **작업 시작** 'Code' 버튼을 누르면 코덱스가 작업을 시작한다. 코덱스는 저장소를 자신의 클라우드 환경으로 복제한 뒤, 지시에 따라 index.html과 style.css 파일을 생성하고 코드를 작성할 것이다.

5단계: AI 개발자의 일하는 모습 지켜보기

프롬프트를 입력하고 'Code' 또는 'Ask' 버튼을 누르면 코덱스가 작업을 시작한다. 작업 목록에 현재 진행 상황이 표시되며, 짧게는 1분, 길게는 30분 정도 소요될 수 있다. 이 시간 동안 다른 작업을 하거나, 코덱스에게 또 다른 임무를 맡길 수도 있다.

6단계: 결과물 검토 및 수정

작업이 완료되면 코덱스가 결과 보고서를 제출한다.

- **코드 변경사항(Diff)** 어떤 파일의 어느 부분이 어떻게 바뀌었는지 한눈에 보여준다.
- **작업 로그 및 테스트 결과** 어떤 명령어를 실행했고, 테스트는 성공했는지 실패했는지 상세히 알려준다.

결과를 꼼꼼히 검토하자. 마치 팀 동료의 코드를 리뷰하듯이 말이다. 만약 결과가 마음에 들지 않는다면, 추가 프롬프트를 통해 수정을 요청할 수 있다.

수정 요청 예시

- "디자인을 좀 더 예쁘게 바꿔줘. 배경색은 부드러운 하늘색으로 하고, 모든 텍스트를 페이지 중앙에 정렬해줘. 링크에는 마우스를 올리면 밑줄이 생기도록 해줘."

7단계: 세상에 공개하기 – 풀 리퀘스트와 배포

- **개발 예시** 챗GPT 코덱스에게 "우리 쇼핑몰 앱에 '장바구니 담기' 버튼을 만들고, 이 버튼을 누르면 상품 정보가 장바구니 데이터에 추가되도록 만들어

줘"라고 지시했다고 가정해보자. 코덱스는 UI를 담당하는 프론트엔드 파일과 데이터 처리를 담당하는 백엔드 파일을 모두 수정하고, 기능이 정상 작동하는지 테스트까지 마친 후 결과물을 보여줄 것이다.

- **풀 리퀘스트 생성**　챗GPT 화면에서 'Create Pull Request' 버튼을 클릭하면, 코덱스가 작업한 내용이 담긴 코드 변경 요청이 깃허브 프로젝트에 자동으로 생성된다.
- **변경사항 병합**　깃허브 웹사이트로 이동하여 생성된 풀 리퀘스트를 확인하고 'Merge' 버튼을 눌러 실제 프로젝트에 안전하게 반영하기만 하면 된다.
- **웹사이트 배포**　이제 코드가 완성되었다. Tiiny.host나 버셀(Vercel)과 같은 무료 정적 웹사이트 호스팅 서비스에 깃허브 저장소를 연결하면, 몇 분 안에 전 세계 누구나 접속할 수 있는 웹사이트 주소가 생성된다.

> VIBE CODING

중급~시니어 개발자 대상: 클로드 코드 Claude Code

클로드 코드는 '에이전틱 코딩(Agentic Coding, AI가 자율적으로 코딩 작업을 수행하는 방식)'이라는 한 차원 높은 개념의 도구이다. 클로드 코드는 사용자의 컴퓨터에 있는 '터미널(Terminal, 텍스트 명령어로 컴퓨터를 조작하는 인터페이스)'이라는 텍스트 기반의 명령어 창 안에서 작동한다. 전문가들이 작업하는 바로 그 공간에서 별도의 프로그램을 켤 필요 없이 직접 작동한다.

AI가 단순히 명령을 수행하는 것을 넘어, 목표를 이해하고 스스로 계획을 세우며, 파일을 수정하거나 명령어를 실행하는 등 여러 도구를 자율적으로 사용한다. 복잡하고 여러 단계에 걸친 작업을 수행할 수 있으면서도, 시스템에 변경을 가하기 전에는 항상 사용자에게 명시적으로 허락을 구하는 신중함까지 갖추고 있다.

앤트로픽의 AI 모델명이기도 한 '클로드(Claude)'는 '정보이론의 아버지'라 불리는 20세기의 천재 수학자이자 공학자인 클로드 섀넌(Claude

♦ **클로드 코드**

"Your code's new collaborator" (당신 코드의 새로운 협력자)

자료: 클로드 홈페이지

Shannon)의 이름에서 따온 것이다.

끊임없이 똑똑해지는 AI 엔진

클로드 코드의 지능은 두뇌 역할을 하는 앤트로픽의 LLM에서 나온다. 클로드 코드가 자동차 본체라면, 그 성능과 속도를 결정하는 것은 바로 내부에 탑재된 엔진, 즉 클로드 모델이다.

초기 버전인 클로드 1과 클로드 2는 글쓰기나 요약 같은 작업은 잘했지만 코딩 능력에는 한계가 있었다. 클로드 2에 이르러 PDF 같은 문서를 직접 읽고 분석하는 기능이 추가되며 중요한 진전을 이루었다.

2024년 3월, 클로드 3 제품군이 등장하며 업계의 판도를 바꿨다. 이 시리즈는 세 가지 버전으로 나뉜다. 가장 강력한 최고급 모델인 '오푸스

(Opus)', 속도와 지능의 균형을 맞춘 '소넷(Sonnet)', 그리고 가장 빠르고 경제적인 '하이쿠(Haiku)'이다.

더욱 놀라운 것은 중급 모델인 소넷의 후속 버전, 3.5 소넷과 3.7 소넷이 출시되었는데, 이들은 코딩과 추론 능력에서 이전 세대의 최고급 모델인 오푸스를 능가하는 성능을 보여주었다. 사용자는 가만히 있어도 클로드 코드라는 자동차의 엔진이 계속해서 최신형으로 업그레이드되는 셈이다.

전체 맥락을 파악하는 에이전트 검색

클로드 코드는 단순히 파일 한두 개를 보고 코드를 짜는 것이 아니다. '에이전트 검색(Agentic Search)'이라는 기술을 통해 프로젝트 폴더 전체의 구조, 파일 간의 의존성, 전체적인 맥락을 깊이 있게 이해한다. 마치 회사에 새로 입사한 직원이 첫날부터 그 회사의 모든 내부 문서와 업무 규칙을 완벽하게 파악하고 있는 것과 같다.

"로그인 페이지에 구글 소셜 로그인 기능을 추가하고, 관련된 테스트 코드도 작성해줘"와 같은 자연어 명령 하나만으로 여러 파일에 걸쳐 코드를 수정하고, 터미널 명령어를 실행해 테스트를 진행하며, 심지어 버전 관리 시스템인 깃(Git, 코드 변경 이력을 관리하는 도구)에 변경사항을 기록하는 것까지 자율적으로 처리할 수 있다.

클로드 코드 이용 예시 및 가이드

1단계: 클로드 코드 사용 준비

클로드 코드를 설치하고 사용하기 위한 필수 조건은 다음과 같다.

- **노드제이에스(Node.js) 및 노프 패키지 관리자(Node Package Manager, npm) 설치** 클로드 코드는 노드제이에스 기반 도구이므로 컴퓨터에 노드제이에스와 노드 패키지 관리자(npm)를 설치해야 한다. 이는 공식 노드제이에스 웹사이트에서 다운로드하여 설치할 수 있다.

- **앤트로픽 API 키(API Key) 발급** 클로드 코드를 사용하고 인증하려면 앤트로픽에서 API 키가 필요하다. 앤트로픽 플랫폼에 계정을 등록하고 API 키를 생성해야 한다.

2단계: 클로드 코드 설치

- **터미널(Terminal) 열기** 윈도우에서는 명령 프롬프트(Command Prompt), macOS나 리눅스(Linux)에서는 터미널을 실행한다.

- **클로드 코드 전역(Global) 설치** npm install -g @anthropic-ai/claude-code 명령어를 입력하여 시스템에 클로드 코드를 전역으로 설치한다. 이 명령어는 노드 패키지 관리자(npm)를 통해 클로드 코드 패키지를 다운로드하고 설치한다.

- **인증하기** 설치 후 claude를 입력하여 클로드 코드를 시작한다. 일회성 OAuth(오스) 인증 절차를 완료하고, API 키(API Key)를 사용하여 클로드 코드를 앤트로픽 콘솔 계정에 연결해야 한다.

3단계: 클로드 코드 활용

설치 및 인증이 완료되면 클로드 코드를 사용하여 코드베이스와 상호작용할 수 있다.

- **프로젝트 디렉터리(Directory) 이동** 터미널에서 작업할 프로젝트의 루트 디렉터리(root directory)로 이동해야 한다. 예를 들어 cd /path/to/project 명령어를 사용한다. 이렇게 하면 클로드 코드가 프로젝트 파일에 접근할 수 있다.
- **클로드 코드 실행** claude를 입력하여 클로드 코드를 실행하면, 인터랙티브(interactive) 모드로 진입한다.
- **코드베이스(Codebase) 이해** give me an overview of this codebase와 같은 명령어를 입력하여 코드베이스의 전체적인 이해를 위한 요약을 요청할 수 있다. 또한 explain the main architecture patterns used here 또는 what are the key data models?와 같이 특정 부분에 대한 심층 질문도 가능하다.

클로드 코드 활용 예시

새 프로젝트 시작하기(온보딩)

새로운 프로젝트에 투입될 때 방대한 코드베이스(소프트웨어 코드가 모여 있는 전체 저장소)를 파악하는 것이 첫 번째 과제이다. 클로드 코드에게 "summarize this project"라고 요청하면, 전체 디렉토리(Directory, 폴더)를 스캔(Scan, 탐색)하여 각 폴더의 역할과 핵심 함수들을 정리해준다.

또한 /init 명령어를 실행하면, CLAUDE.md라는 프로젝트 가이드(Guide, 안내) 문서가 자동으로 생성된다. 이 파일은 폴더 구조, 설정

파일, 의존성(Dependency, 특정 기능이 동작하기 위해 필요한 다른 코드나 라이브러리), 주요 구현 내용 등을 깔끔하게 정리해주어, 일주일 걸릴 온보딩(Onboarding, 새로운 환경에 적응하는 과정) 과정을 몇 분으로 단축할 수 있다.

기능 개발 및 코드 만들기

본격적으로 코드를 작성할 때, add email notification system to send lesson reminders alongside existing SMS notifications와 같이 자연어로 한 줄만 지시해도 된다. 그러면 클로드 코드는 이메일 전송에 필요한 의존성부터 추가하며, 곧이어 새로운 이메일 서비스(EmailService) 클래스(Class, 객체 지향 프로그래밍에서 특정 종류의 객체를 생성하기 위한 틀), SMTP(Simple Mail Transfer Protocol, 이메일 전송에 사용되는 표준 통신 규약) 설정, 템플릿(Template, 양식) 파일 등 관련된 모든 코드 변경을 제안한다. 코드의 추가적인 컨텍스트(Context, 문맥)를 제공하고 싶으면 @ 기호를 사용하거나 이미지를 첨부하는 것도 가능하다.

코드 정리 및 오류 수정

오래된 코드(레거시 코드)의 로거(Logger, 프로그램 동작을 기록하는 도구) 인터페이스(Interface, 서로 다른 시스템이나 프로그램이 상호작용하는 접점)를 교체해야 할 때 "refactor the logger to use the new API"라고 요청할 수 있다.

클로드 코드는 호출 그래프(Call Graph, 함수 호출 관계를 시각적으로 보여주는 그림)를 따라가며 영향을 받는 모든 파일을 찾아내고, 변경 계획을 제시한 뒤 순차적으로 적용한다. 작업이 끝나면 자동으로 테스트(Test, 코드의 정상 동작 여부를 확인하는 과정)를 실행하여 정상 동작을 확인한다. 버그(Bug, 프로그램 오류) 수정도 마찬가지로, 오류 로그(Error Log, 시스템 오류 기록)를 분석하고 문제 지점을 찾아 해결책을 제안한다.

버전 관리(Git) 작업 자동화

코드 작업이 완료되면, "commit my changes" 명령어로 커밋(Commit, 변경사항을 버전 관리 시스템에 기록)할 수 있다. 클로드 코드가 변경 내용을 분석하여 적절한 커밋 메시지(Commit Message, 변경 내역을 설명하는 짧은 글)를 제안하고, 승인하면 바로 커밋된다.

VIBE CODING

GPT-5의
바이브 코딩 기능

GPT-5의 바이브 코딩 기능은 챗GPT 사용자라면 누구라도 프롬프트 창에 원하는 내용을 입력하는 것만으로 단시간에 완성형의 결과물을 얻고 실행까지 할 수 있다는 점에서 매력적이다.

프롬프트만으로 외국어 학습 및 퀴즈 프로그램 만들기

1일 1 일본어 생활문장 배우기 프로그램 프롬프트

"하루에 일본어로 배우는 1일 1 생활문장 배우기 프로그램을 동적인 사이트로, 웹앱으로 만들어줘. 발음 표기는 한글로도 표기하고, 일본어를 음성으로도 들을 수 있는 기능을 넣어줘. 그리고 어떤 상황에서 쓰이는 표현인지 상황을 설명하고 거기에 맞는 일본어 대화 예시를 넣어줘. 표현함에 있어서 조심해야 할 부분은 어떤 것이 있는지도 알려줘. 다 배우고 나면 퀴즈를 내서 제대로 학습했는지 확인할 수 있는 기능도 넣어줘."

여기서 "동적인 사이트로 만들어줘"는 '사용자의 행동이나 상황에 따라 화면이나 내용이 실시간으로 바뀌는 사이트'로 만들어달라는 뜻이다. 주문(버튼 클릭, 입력 데이터 등)에 따라 그때그때 결과가 다르게 나온다. "웹앱으로 만들어줘"는 웹브라우저에서 실행되지만 앱처럼 동작하고 인터

◆ GPT-5의 캔버스(Canvas) 기능이 활성화되고 별도 창에서 코드가 완성되면 오른쪽 위에 '복사', '다운로드', '공유', '코드 돌리기' 등의 메뉴가 나타난다.

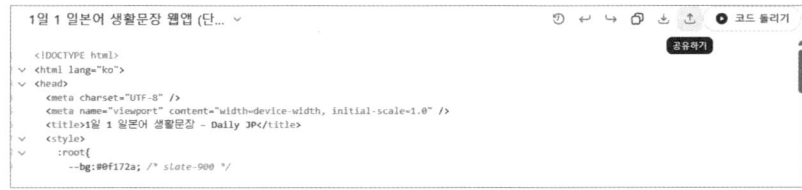

◆ GPT-5가 만든 1일 1 일본어 생활문장 학습 프로그램

일본어 듣기를 클릭하면 일본어를 들려준다.

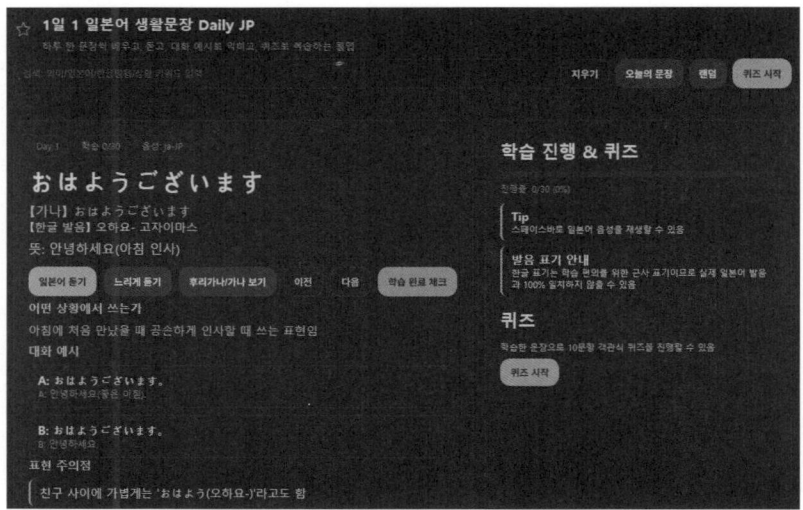

랙션이 풍부한 웹 서비스로 만들어달라는 뜻이다. 스마트폰 앱처럼 버튼을 누르고, 자료를 입력하고, 화면이 즉시 반응하는 프로그램을 만들어주는데, 별도 설치 없이 브라우저로 열 수 있고, 데이터 저장, 서버와 실시간 통신, 로그인 기능 등도 제공 가능하다. 정리하면, '동적인 사이트'는 내용이 실시간으로 변하고 반응하는 사이트를, '웹앱'은 앱 수준의 기능과 조작성을 갖춘 웹 서비스를 의미한다.

영화 명대사 맞추기 프로그램 프롬프트

"한국 및 해외(주로 미국, 영국, 일본) 영화를 소재로 해서, 영화 속에 나오는 명대사를 문제로 내면, 그 대사가 나오는 영화가 어떤 영화이고 주연과 감독은 누구인지를 사지선다에서 맞추는 퀴즈 프로그램을 동적인 사이트로, 웹앱으로 만들어줘. 퀴즈는 단계별로 5문제씩 초급 중급 고급 덕후 레벨로 올라가도록 하고, 대사는 한국 영화는 한글 대사로 하고, 해외 영화는 원어 대사로 하되 한글 번역 표기도 같이 해줘. 다음 단계로 넘어가는 기준은 4문제 이상 맞췄을 때 넘어가도록 하고, 넘어갈 때는 축하 메시지도 보여주고 다음 단계로 넘어가게 해줘. 문제가 끝날 때마다 맞는지 틀리는지 정답 체크도 하는 기능과 마지막에 최종 점수 집계 기능도 넣어줘."

별자리 찾기 프로그램 프롬프트

"HTML, CSS, 자바스크립트만 사용해 '밤하늘 별자리 찾기' 웹앱을 만들어줘. 기능: 사용자가 별자리를 선택하면 해당 별자리의 별 위치를 HTML 캔버스에 그리고, 해당 별자리의 역사와 전설을 오른쪽 패널에

◆ **GPT-5가 만들어낸 영화 명대사 퀴즈 결과물**

몇 번의 마이너한 수정 과정이 있었지만, 문제없이 작동했다.

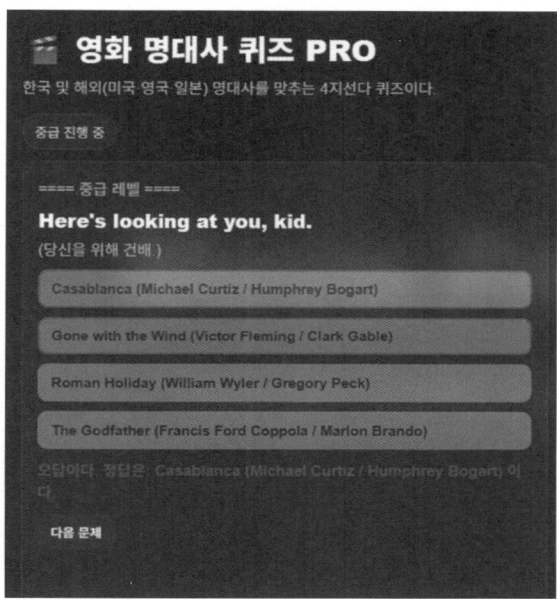

◆ **유명한 별자리 6개에 대해 별자리 그림과 설명을 보여주는 프로그램을 만들었다.**

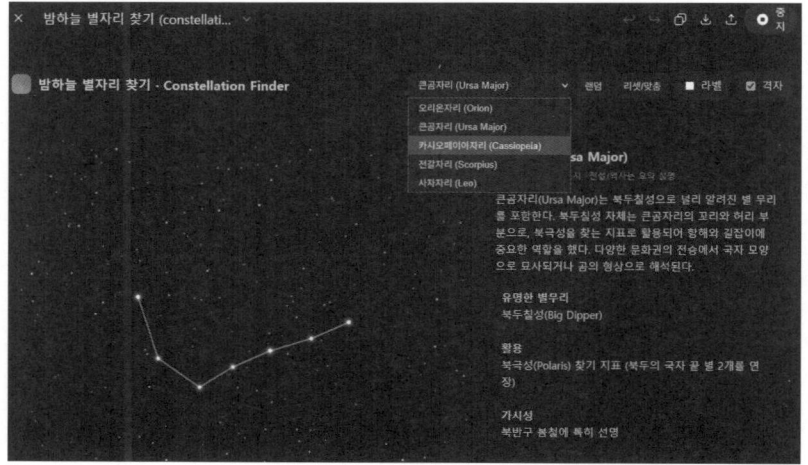

표시. 모든 코드는 한 파일 안에 작성하고 주석도 달아줘. 모든 코드는 하나의 index.html 파일 안에 포함시켜야 해."

GPT-5 바이브 코딩으로 만들 수 있는 게임들

- 간단한 게임: 테트리스 게임, 뱀 게임(Snake), 벽돌 깨기(Breakout), 틱택토 게임
- 중급 게임: 카드 메모리 게임, 타워 디펜스 게임, 간단한 RPG 게임, 3D 게임
- 고급 프로젝트: 멀티플레이어 게임, 데이터베이스 연동 게임, 실시간 채팅 게임, AR/VR 체험 게임

◆ **GPT-5로 만들어본 간단한 3D 자동차 게임**

장애물을 피하며 달리는 게임이다.

GPT-5의 사용 예시: 'Running Rabbit' 게임 만들기

1단계: GPT-5 접속 방법
1. https://chatgpt.com 접속
2. 오픈AI 계정으로 로그인(없다면 회원가입)

2단계: 효과적인 프롬프트 구조
게임 프로그램의 경우엔 'RISEN'이라고 하여 AI 프롬프트 엔지니어링에서 많이 쓰이는 구조를 활용해 프롬프트를 작성하였다.

- R(Role)   AI의 역할 지정
- I(Instructions)   명확한 지시사항
- S(Steps)   단계별 작업 설정
- E(End goal)   최종 목표
- N(Narrowing)   구체적 제약사항

프롬프트 예시

Role   당신은 웹 게임 개발 전문가입니다.

Instructions   브라우저에서 바로 실행 가능한 러닝 게임을 HTML 파일 하나로 만들어주세요.

Steps
1. HTML, CSS, JavaScript를 하나의 파일에 통합
2. 캐릭터가 자동으로 달리는 애니메이션 구현

3. 스페이스바로 점프하는 기능 추가

4. 랜덤한 장애물이 나타나는 시스템 구현

5. 충돌 감지 및 게임 오버 기능

6. 점수 시스템(시간 기반)

End goal   크롬 공룡 게임과 비슷한 수준의 완성도 높은 러닝 게임

Narrowing

- 한 개의 HTML 파일로만 구성
- 외부 라이브러리 사용 금지
- 모든 브라우저에서 작동 보장
- 게임 재시작 기능 포함
- 모바일에서도 터치로 점프 가능

3단계: 생성된 코드 저장 및 실행

- **GPT-5가 코드를 생성하면 전체 코드를 복사**   생성된 HTML 코드 전체를 복사
- **파일 생성**   메모장이나 텍스트 에디터 열기
- **코드 붙여넣기**   복사한 코드를 붙여넣기
- **파일 저장**   running_game.html로 저장(확장자 중요! 파일 확장자가 .html인지 확인하고 메모장에서 '모든 파일' 형태로 저장)
- **윈도우(Windows) 게임 실행 방법**   저장한 running_game.html 파일을 찾기 → 파일을 더블클릭하여 기본 브라우저에서 열기, 또는 브라우저 주소창에 파일 경로 입력
- **맥(Mac) 게임 실행 방법**   파일을 우클릭 → '다음으로 열기' → 'Safari' 또는 'Chrome' 선택, 또는 브라우저로 파일 드래그 앤 드롭

4단계: 각종 기능 조정 요청

프롬프트 예시

게임 난이도를 조정

- 장애물 속도를 20% 빠르게 만들어주세요
- 장애물 간격을 좀 더 촘촘하게 해주세요
- 점프 높이를 살짝 높여주세요

게임 디자인을 개선

- 토끼 캐릭터는 좀 더 토끼스럽게 작고 귀엽게 만들어주세요
- 장애물은 초록색의 선인장 모습으로 하고, 장애물 선인장은 다양한 길이와 크기로 만들어주세요
- 별은 당근 모양으로 바꿔주세요
- 배경을 파란 하늘과 구름으로 바꿔주세요
- 파티클 효과를 추가해주세요

다음 기능들을 추가

- 하이스코어 저장 기능(localStorage 사용)
- 배경음악 및 효과음 추가
- 다양한 장애물 종류(높이가 다른 장애물)
- 아이템 시스템(무적 아이템, 점수 보너스)
- 게임 속도가 점진적으로 빨라지는 시스템

5단계: 버그 수정 및 프로젝트 확장

프롬프트 예시

위 코드에서 다음 문제를 해결해주세요.

- 모바일에서 점프가 반응이 늦습니다
- 게임 오버 후 재시작할 때 점수가 초기화 안 됩니다
- 장애물이 너무 갑자기 나타납니다

이 게임을 기반으로 다음과 같이 업그레이드를 해주세요.

- 다단계 점프 시스템(더블 점프)
- 슬라이딩 기능(아래쪽 화살표)
- 다양한 스테이지(사막, 숲, 도시)
- 캐릭터 선택 시스템
- 업적 시스템

◆ **GPT-5로 대화하며 만든 'Running Rabbit' 게임**

캐릭터의 디테일과 랭킹 기능 등 여러 요소를 추가, 수정하면서 게임을 계속 보완하느라 완성까지 약 25분 정도 시간이 소요되었다.

< 에필로그 >

AI와 함께 일하는 시대, 더욱더 필요해지는 인간의 창의성

AI 어벤저스, 나의 새로운 AI 팀

필자는 요즘 5명의 비서와 3명의 개발자와 함께 일하고 있다. '명'을 붙이는 게 맞는 지 모르겠지만, 5명의 비서는 챗GPT, 구글 제미나이, 클로드, 퍼플렉시티, 젠스파크이고 3명의 개발자는 바이브 코딩 도구인 러버블, 베이스44, 커서이다. 얼마 전까지는 챗GPT 하나만 가지고 일을 했는데, 챗GPT만으로는 한계가 있다 보니 하나둘 새로운 AI를 쓰면서 어느새 8명의 AI 직원이 생기게 되었다.

아침에 눈을 뜨면 이 AI 동료들과 함께 하루를 시작한다. 챗GPT에게는 오늘 다룰 주제의 최신 동향을 물어보고, 클로드에게는 복잡한 개념을 쉽게 풀어달라고 부탁한다. 퍼플렉시티는 학술 자료를 찾아주고, 젠스파크는 관련 뉴스를 정리하고 발표 자료도 만들어준다. 과거에는 자료

하나를 찾기 위해 도서관을 뒤지고 인터넷을 몇 시간씩 검색했지만, 이제는 10여 분 만에 필요한 정보가 쌓인다.

물론 공짜는 아니다. 이들에게 매달 지불하는 월급은 다 합쳐서 평균 20만 원 정도이다. 계약직 AI(번역 전문 AI나 미드저니 같은 이미지 작성 AI 등 그때그때 필요할 때만 쓰는 AI)까지 쓰게 되면 어떤 달은 30만 원 이상 들기도 한다. 어쨌든 한 달 20만 원에 8명의 고급 인력(?)을 데리고 일할 수 있다니, 예전엔 꿈도 못 꿀 일이었다.

생각할 시간은 늘었지만 검증할 일도 늘었다

언뜻 보면 작업 시간이 획기적으로 줄어들 것 같았다. 실제로 자료 수집에 걸리는 시간은 10분의 1로 줄었다. 그 덕분에 생각하고 구상하는 시간이 늘어났다. 하지만 예상치 못한 일이 벌어졌다.

AI들이 내놓는 답변을 하나하나 검증하는 데 생각보다 많은 시간이 들어간다. 챗GPT가 제시한 통계가 정확한지, 클로드가 설명한 개념이 올바른지, 퍼플렉시티가 찾아준 논문이 실제로 존재하는지 일일이 확인해야 한다. 특히 AI들이 그럴듯하게 만들어낸 '환각' 현상을 걸러내는 일은 꽤나 골치 아프다.

어느 날은 챗GPT가 "2024년 노벨 경제학상 수상자는 김철수 교수"라고 자신 있게 답했다. 순간 의심이 들어 확인해보니 완전히 잘못된 정보였다. 이런 일이 한두 번이 아니다. 결국 AI가 제공한 모든 정보를 교차 검증하는 습관이 생겼다.

에필로그 **419**

AI와의 협업, 새로운 리더십이 필요하다

5명의 AI 비서를 관리하는 일은 개성 강한 팀원들을 이끄는 것과 비슷하다. 각자 강점이 다르고 성격도 제각각이다. 챗GPT는 창의적이지만 때로는 너무 상상력이 풍부하다(GPT-5가 등장하면서 환각 현상은 많이 줄긴 했다). 클로드는 논리적이고 신중하지만 가끔은 지나치게 조심스럽다. 구글 제미나이는 최신 정보에 강하지만 깊이가 부족할 때가 있다.

이들의 장점을 살리고 단점을 보완하려면 적절한 '프롬프트 엔지니어링(AI에게 효과적으로 지시하는 기술)'이 필요하다. 같은 질문이라도 어떻게 묻느냐에 따라 답변의 질이 천차만별이다. "바이브 코딩에 대해 설명해줘"라고 막연히 묻는 것보다 "초보자도 이해할 수 있게 바이브 코딩의 개념을 일상적인 비유를 들어 3단락으로 설명해줘"라고 구체적으로 요청하면 훨씬 유용한 답변을 얻는다.

3명의 AI 개발자들과 일하는 경험은 더욱 흥미롭다. 볼트에게 "독자들이 바이브 코딩을 체험할 수 있는 간단한 웹페이지를 만들어줘"라고 말하면, 5분 만에 작동하는 프로토타입이 나온다. 베이스44는 디자인에 강해서 사용자 인터페이스(UI)가 예쁘고, 커서는 복잡한 기능 구현에 탁월하다.

하지만 여기서도 검증은 필수다. AI가 만든 코드가 보안상 문제는 없는지, 예상치 못한 오류는 없는지 꼼꼼히 살펴봐야 한다. 때로는 AI가 만든 코드를 이해하는 데 오히려 더 많은 시간이 걸리기도 한다.

총합으로 보면 시간이 더 걸린다?

시간을 줄이려고 AI를 썼는데, 아이러니하게도 AI와 함께 일하면서 작업의 총 시간은 오히려 더 늘어난 것 같다. 자료 수집 시간은 줄었지만, 검증하고 수정하고 다시 질문하고 또 검증하는 과정이 반복된다. AI가 없던 시절에는 자료가 부족하면 부족한 대로 진행했지만, 이제는 AI가 제공하는 방대한 정보 속에서 옥석을 가리고 진위 여부를 파악하느라 더 많은 시간을 쓴다.

그럼에도 불구하고 AI와의 협업을 포기할 수 없다. 왜일까? AI가 제공하는 다양한 관점과 아이디어는 혼자서는 결코 도달할 수 없는 깊이와 폭을 선사하기 때문이다. 내가 미처 생각하지 못한 각도에서 주제를 바라보게 해주고, 놓치기 쉬운 세부사항을 짚어준다.

매일 고민하는 AI와의 공존법

거부할 수 없는 AI 시대가 도래했다. 이제 중요한 것은 AI를 어떻게 활용할 것인가가 아니라, AI와 어떻게 협력할 것인가다. 매일 아침 AI 동료들과 마주하면서 이런 질문을 던진다.

"오늘은 어떻게 하면 더 효과적으로 협업할 수 있을까?" "AI의 강점을 최대한 활용하면서도 인간의 통찰력을 잃지 않으려면?" "검증의 효율성을 높이면서도 창의성을 해치지 않는 방법은?"

정답은 아직 없다. 매일 시행착오를 겪으며 조금씩 나만의 방법을 찾아가고 있다. 확실한 것은 AI는 도구일 뿐이라는 사실이다. 아무리 뛰어난 AI라도 인간의 직관과 경험, 그리고 따뜻한 마음을 대체할 수는 없다.

AI 시대의 진정한 가치

이 책을 쓰면서 깨달은 것이 있다. AI가 아무리 발전해도 결국 중요한 것은 '무엇을 만들 것인가'와 '왜 만들 것인가'를 결정하는 인간의 의지다. 바이브 코딩이 코딩의 문턱을 낮춰주었지만, 가치 있는 무언가를 만들어내는 것은 여전히 인간의 몫이다.

AI와 함께 일하는 시대, 인간에게 필요한 것은 세 가지다. 첫째, AI를 올바르게 활용할 수 있는 지혜. 둘째, AI의 결과물을 비판적으로 검증할 수 있는 능력. 셋째, AI가 제공하는 효율성 속에서도 인간의 창의성과 따뜻함을 잃지 않는 균형감각.

앞으로 AI는 더욱 똑똑해지고 우리 삶 깊숙이 들어올 것이다. 하지만 두려워할 필요는 없다. AI는 우리를 대체하는 것이 아니라, 우리가 더 나은 창조자가 되도록 돕는 동료이기 때문이다. 중요한 것은 AI와의 경쟁이 아닌, AI와 협력하여 더 큰 가치를 만들어내는 것이다.

〈 감사의 말 〉

　언제나 그렇듯이 이번 책도 수많은 분들의 아낌없는 가르침과 따뜻한 격려 속에서 탄생할 수 있었다. 귀중한 시간과 마음을 나누어주신 모든 분들께 깊은 감사의 뜻을 전한다.
　먼저 학문적 지도는 물론 인생의 나침반이 되어주신 서강대학교 메타버스 전문대학원 현대원 원장님께 진심으로 감사드린다. 원장님께서는 늦은 나이에 시작한 공부임에도 필자에게 늘 올바른 방향 제시와 함께 물심양면으로 지원을 아끼지 않으셨다. 특히 CES 라스베이거스 출장에서 함께하며 들려주신 값진 인생의 조언과 은퇴 이후의 삶까지 세심하게 설계해주신 것은 평생 잊지 못할 은혜이다. 원장님은 진정한 제 인생의 은인이시다.
　또한 각 분야의 깊이 있는 통찰력을 나누어주신 교수님들께도 진심 어린 감사를 전한다. 경영학에 대해 다시금 생각하게 하고 경영의 본질과 통찰을 전수해주신 이석근 교수님, 리터러시의 본질과 논문 작성의 핵심을 일깨워주신 조재희 교수님, ESG를 통해 강연의 기회를 제공해주신 신호창 교수님, 어려울때마다 도움을 주신 박선호 교수님과 김군주 교수님, 또 다른 책자 작성에 있어 많은 도움을 주신 최승관 교수님, 그리고 이수영 교수님, 김진화 교수님, 김수연 교수님, 이 모든 분들의 헌신적인 가르침이 있었기에 오늘의 제가 있을 수 있었다. 진심 감사의 말씀을 드린다.

　사회의 선배님이자 조력자로 많은 도움을 주신 박정준 대표님, 임정훈 대표님, 박광석 상무님, 김인회 대표님, 그리고 JECO DAO의 일원으로 참여시켜 주신 이기훈 박사님께도 감사의 인사를 전한다.

　메타버스 대학원에서 동고동락한 절친 동기 3인방 배현영, 임광복, 박문수 원우님께는 특별히 고맙다는 말씀을 드리고 싶다. 이 세 분이 계셨기에 즐겁고 행복한 학교생활을 보낼 수 있었다. 김묘은, 최제호, 김호경, 이정윤, 임주영, 김효정, 김한얼, 장채린, 오준석, 김하영, 정수연, 엄승렬, 이양호, 장호영, 류성윤, 신선우, 김영서, 오채은 원우님, 그리고 같이 수업을 들었던 원우님들께도 많은 도움을 주셔서 진심으로 감사드린다는 말씀을 전한다. 여러분과의 만남은 제 인생의 소중한 선물이자 앞으로도 잊지 못할 귀중한 추억이다.

　K미디어랩 이성춘 대표님, KTCS 김재경 전무님을 비롯하여 KT에서 함께 일하며 많은 가르침을 주신 김원태 본부장님, 서상규 상무님, 김윤호 상무님, 조중훈 팀장님, 김현경 팀장님, 오윤수 팀장님, 심규선 팀장님, 허재형 차장님, 유민정 과장님, 김광진 과장님, 강난영 대리님, 이선미 박사님께도 감사의 마음을 전한다. 특히 항상 긍정의 에너지로 응원해주신 김은정 팀장님과 부족한 책임에도 밑줄까지 그어가며 정독해주신 자제분 최준혁 님께는 더욱 특별한 감사를 드린다.

　이번에도 변함없이 출판의 전 과정을 세심하게 이끌어주신 한스미디어 모민원 본부장님께도 다시 한번 감사를 드린다.

　마지막으로 가장 사랑하는 가족들에게 특별한 감사를 전한다. 아들의 발걸음을 묵묵히 지켜봐주시는 어머니, 아버지께 무한한 감사와 사랑을 올린다. 부모님의 희생과 사랑이 오늘의 저를 있게 했다. 세상 그 어떤 말로도 표현할 수 없을 만큼 존경하고 사랑한다. 늘 든든한 응원군이 되어주는 동생 미리와 재윤이에게도 고마움을 전한다.

그리고 나의 영원한 동반자인 아내와 사랑하는 아들 서진이. 두 사람은 내 삶의 전부이자 행복의 근원이다. 원고와 씨름하느라 밤늦게까지 컴퓨터 앞에 앉아 있는 남편을 이해해주고, 때로는 날카로운 비평으로 원고의 방향을 잡아준 아내에게 무한한 사랑과 감사를 전한다.

아빠의 희망이자 자부심인 아들 서진이의 해맑은 미소와 당당한 모습은 매 순간 새로운 힘이 된다. 허준이 교수님처럼 필즈상을 수상해 위대한 수학자가 되겠다는 야무진 꿈을 품은 서진이. 그 원대한 꿈을 향한 여정에 아빠는 언제나 곁에서 든든한 버팀목이 되어 응원할 것이다. 아빠 인생의 가장 큰 축복이자 기적인 서진이, 건강하고 씩씩하게 성장해줘서 정말 고맙고 사랑한다.

끝으로 이 책을 읽어주신 모든 독자분들께도 감사드린다. AI와 함께 각자의 창의력을 살린 나만의 '부의 코드'를 작성해 더 나은 미래를 만들어나가기를 소망한다.

< 참고문헌 >

김성태. "카카오, 사내 해커톤 개최…'바이브 코딩' 도입. 《서울경제》. (2025년 6월 26일).

김재필. 《생성형 AI가 처음인 어른들을 위한 가장 쉬운 책: 인공지능 시대의 생존을 위한 가장 강력한 무기》. 한스미디어. (2025).

김태훈. "제2장. 인공지능은 어떻게 배우는가: 최적화의 원리". 《메타엑스(META-X)》. (2025년 5월 17일).

남혁우. "생성형AI 시대, 지각변동 채용시장..개발자 생존 전략은?". 《ZDNet Korea》. https://zdnet.co.kr/view/?no=20250111141058 (2025년 1월 12일).

남혁우. "혼자 만든 AI 코딩툴, 6개월 만에 1천억원에 팔렸다…'바이브코딩'이 뭐길래". 《ZDNet Korea》. https://zdnet.co.kr/view/?no=20250620090112 (2025년 6월 20일).

네이트. "바이브 코딩 AI 스타트업 러버블, 2개월 만에 기업가치 18억 달러". 네이트. (2025년 7월 18일).

마주영. "'바이브 코딩' 붐 타고 유니콘 등극한 AI 스타트업 '러버블'…'사용자 230만명 돌파". 《AI포스트》. (2025년 7월 18일).

매튜 스미스(Matthew S. Smith). "AI와 함께하는 바이브 코딩의 즐거움과 가능성". https://www.itworld.co.kr/article/4020592 《ITWorld》. (2025년 7월 11일).

박재연. "AI로 코드 작성…'바이브 코딩' 확산에 들썩이는 IT 업계". 《뉴스토마토》. https://www.newstomato.com/ReadNews.aspx?no=1267333 (2025년 7월 3일).

박찬. "구글 CEO '바이브 코딩 유용하지만, 내년까지 엔지니어 채용 예정'". 《AI타임스》. https://www.aitimes.com/news/articleView.html?idxno=171064 (2025년 6월 6일).

박찬. "'바이브 코딩' 러버블, 2조 기업 가치로 투자 유치 중". 《AI타임스》. https://www.aitimes.com/news/articleView.html?idxno=171189 (2025년 6월 10일).

박찬. "'바이브 코딩' 러버블, 유럽 대표 AI 스타트업으로 부상". 《AI포스트》. https://

www.aitimes.com/news/articleView.html?idxno=200342 (2025년 7월 3일).

박찬. "아마존, '클로드' 기반 AI 코딩 플랫폼 '키로' 출시". 《AI타임스》. https://www.aitimes.com/news/articleView.html?idxno=200664 (2025년 7월 15일).

박찬. "MS, 코딩 AI 시장 확대 위해 '바이브 코딩' 전문 레플릿과 파트너십". 《AI타임스》. https://www.aitimes.com/news/articleView.html?idxno=200493 (2025년 7월 9일).

방제일. "'바이브 코딩'에 몰입해봤다는 이준석 'IT 개발자 구조 무너질 것'". 《아시아경제》. (2025년 6월 29일).

박현선. "[글로벌] AWS, AI 코딩 IDE '키로' 발표…'바이브 코딩'의 완성도 높여". 《넥스트데일리》. https://www.nextdaily.co.kr/news/articleView.html?idxno=240254 (2025년 7월 16일).

버섯돌이(김태현). "바이브코딩 플랫폼 '베이스44', 6개월 만에 8천만 달러에 매각". 《와우테일》. (2025년 6월 19일).

버섯돌이(김태현). "바이브 코딩 '러버블', 20억 달러 가치에 1.5억 달러 투자유치 추진". 《와우테일》. (2025년 7월 3일).

버섯돌이(김태현). "오픈AI의 윈드서프 인수 무산, 구글이 24억 달러에 핵심 인력 영입". 《와우테일》. (2025년 7월 13일).

버섯돌이(김태현). "AI 코딩 '러버블(Lovable)', 2억 달러 투자받으며 출시 8개월 만에 유니콘 등극". 《와우테일》. (2025년 7월 18일).

서재창. "AI 코딩툴 '캐럿', 국산 대안으로 급부상…보안·비용 문제 해결하나". 《헬로티》. https://www.hellot.net/news/article.html?no=103402 (2025년 7월 17일).

신대리. "30명으로 ARR 2억 달러 돌파한 Cursor". 브런치스토리. https://brunch.co.kr/@growthmaker/31 (2025년 4월 20일).

안영회. "바이브 코딩과 증강 코딩은 다르다". 브런치스토리. https://brunch.co.kr/@graypool/2363 (2025년 7월 2일).

안영회. "인공지능 시대에도 개발자로 살아남기". 《요즘IT》. https://yozm.wishket.com/magazine/detail/3196/ (2025년 6월 24일).

앤드류 올리버(Andrew C. Oliver). "지금 당장 '바이브 코딩'으로 구현할 수 없는 것들". https://www.itworld.co.kr/article/4019132 《ITWorld》. (2025년 7월 9일).

엄정원. "AI코딩, '능률적' vs '느리고 비효율적' 논쟁". 《애플경제》. http://www.appleeconomy.com/news/articleView.html?idxno=76698 (2025년 7월 15일).

오현우·김남영. "알아서 척척 앱도 만들어준다, 개발자 뒤집은 '바이브 코딩'". 《중앙일보》. https://www.joongang.co.kr/article/25339389 (2025년 7월 19일).

요즘AI. "바이브 코딩 할 줄 모르는 사람은 다 잘릴까?". 《요즘IT》. https://yozm.wishket.com/magazine/detail/3180/ (2025년 6월 16일).

요즘IT(디완크 토머(Diwank Tomer), 〈Field Notes From Shipping Real Code With Claude〉의 글 번역). "우리가 클로드(Claude)로 코드를 배포하며 얻은 교훈들 ①". 《요즘IT》. https://yozm.wishket.com/magazine/detail/3234/ (2025년 7월 15일).

유형동. "결국 승자는 구글?…오픈AI 코딩 스타트업 '윈드서프' 놓쳤다". 《AI포스트》. (2025년 7월 13일).

이건한. "크라우드웍스 '바이브 코딩' 활용 첫 사내 해커톤 개최". 《디지털데일리》. https://m.ddaily.co.kr/page/view/2025071011375370472 (2025년 7월 10일).

이민호. "자연어로 코딩하는 시대… 패스트캠퍼스, 바이브코딩 매출 4억 돌파". 《디지털인사이트》. (2025년 6월 23일).

이상영. "'바이브 코딩' 시대 활짝?…'생산성 향상, 시간절약'". 《중소기업투데이》. (2025년 7월 7일).

이은주. "AI가 개발하는 시대…전세계 '바이브코딩' 열풍". 《이투데이》. https://www.etoday.co.kr/news/view/2482887 (2025년 6월 30일).

이재원·박성수·강기훈. "바이브코딩은 왜 시니어 개발자의 완벽한 저속노화 솔루션인가?". https://www.ttimes.co.kr/article/2025062015387776870 《티타임즈》. (2025년 6월 22일).

이재원·박성수·강기훈. "빅테크는 왜 바이브코딩 하는 개발자를 원하게 될까?". 《티타임즈》. https://v.daum.net/v/4z85wwlojy?f=p (2025년 6월 17일).

이재원·최형균·황정현. "바이브 코딩은 개발자 사회를 어떻게 바꿔놓을까?". 《티타임즈》. https://www.ttimes.co.kr/article/2025070411327730357 (2025년 7월 6일).

이지현. "'바이브 코딩의 한계 넘는다'…AWS, 사양 기반 AI IDE '키로' 공개". 《CIO》. (2025년 7월 15일).

임대준. "오픈AI, 코딩 AI 에이전트 '코덱스' 출시…'바이브 코딩 다음 단계로 나갈 것'". 《AI타임스》. (2025년 5월 17일).

임대준. "앤드류 응 '바이브 코딩은 필수…코딩 교육도 AI 잘 쓰기 위해 필수'". 《AI타임

임대준. "숙련 개발자는 '바이브 코딩'으로 작업 시간 되려 늘어". 《AI타임스》. https://www.aitimes.com/news/articleView.html?idxno=200610 (2025년 7월 14일).

임대준. "커서, '바이브 코딩' 붐 타고 매출 급증…'SW 스타트업 사상 가장 빠른 성장". 《AI타임스》. https://www.aitimes.com/news/articleView.html?idxno=171074 (2025년 6월 6일).

임대준. "바이브 코딩으로 대박 난 앤트로픽, 기업 가치 1000억 달러로 투자 제안받아". 《AI타임스》. https://www.aitimes.com/news/articleView.html?idxno=200726 (2025년 7월 17일).

임민지. "이젠 코딩 몰라도 OK! '바이브 코딩'으로 웹/앱 만들기 1-day 워크숍, 7월 9일 개최". 《전자신문》. (2025년 7월 2일).

임현우. "컴퓨터 몰라도, 말만 하면 앱 뚝딱…'바이브 코딩' 뜬다 [임현우의 경제VOCA]". 《한국경제》. https://www.hankyung.com/article/202506275312i (2025년 6월 27일).

임현우. "[임현우 기자의 키워드 시사경제] 프로그래밍 몰라도…말만 하면 앱이 '뚝딱'". 《한국경제》. https://sgsg.hankyung.com/article/2025070479731 (2025년 7월 7일).

장한별. "누구든지 만들 수 있는 '돈 되는' AI 바이브 코딩 실전 클래스". 《KPI뉴스》. (2025년 7월 8일).

진광성. "'바이브 코딩' 붐 타고 몸값 껑충…AI 스타트업 '러버블', 5개월 만에 2000억원 모금 '코앞'". 《AI포스트》. (2025년 7월 3일).

진광성. "AI 바이브 코딩 시장 뛰어들었다…아마존, AI 코딩 플랫폼 '키로' 공개". 《AI포스트》. (2025년 7월 15일).

최정훈. "[주니어전자] 대구SW마이스터고, 15·16일 전국 최초 직관적 바이브 코딩 활용 해커톤 대회 개최". 《전자신문》. https://m.etnews.com/20250715000393 (2025년 7월 15일).

콩나물 석이. "바이브 코딩 6개월 후기 - 희망 편". 브런치스토리. https://brunch.co.kr/@hsy110405/33 (2025년 6월 10일).

크라우드웍스. "크라우드웍스, 사내 첫번째 해커톤 'CoT' 개최 아이디어를 바이브코딩으로 '뚝딱'". 크라우드웍스 블로그. https://crowdworks.blog/hackathon2025/

(2025년 7월 10일).

플래텀(Platum). "패스트캠퍼스 바이브코딩 콘텐츠 매출 4억 돌파". 《플래텀(Platum)》. https://platum.kr/archives/263938 (2025년 6월 23일).

플래텀(Platum). "국산 AI 바이브 코딩 툴 '캐럿', 첫 밋업에서 청사진 공개". 《플래텀(Platum)》. https://platum.kr/archives/266618 (2025년 7월 17일).

현대원. "AI 시대의 고용구조: 변화하는 일자리와 새로운 기회". 《메타엑스(META-X)》. (2025년 3월 25일).

현대원. "AI-인간 공동창작(AI-Human Co-Creation: AHCC)의 시대". 《메타엑스(META-X)》. (2025년 4월 17일).

현대원. 《AIX: 인공지능 대전환의 시대》. 메타엑스미디어. (2025).

현대원. "규제의 명확성이 디지털 자산 혁신을 이끈다". 《메타엑스(META-X)》. (2025년 3월 25일).

현대원. "메타버스, 환멸의 골짜기를 지나 도약의 시대로". 《메타엑스(META-X)》. (2025년 4월 14일).

현대원. "무어의 법칙을 넘어 지능의 법칙으로". 《메타엑스(META-X)》. (2025년 4월 2일).

현대원. "초지능 혁명: 제3차 기계시대". 《메타엑스(META-X)》. (2025년 3월 25일).

AI타임스. "'새로운 프로그래밍 언어는 인간'…젠슨 황도 '바이브 코딩' 강조". 《AI타임스》. https://www.aitimes.com/news/articleView.html?idxno=171161 (2025년 6월 11일).

AI타임스. "'바이브 코딩'이 SW산업 근간 흔들어…'SaaS에서 자체 개발로 다시 전환'". 《AI타임스》. https://www.aitimes.com/news/articleView.html?idxno=171454 (2025년 6월 19일).

FRAC. "[바이브 코딩 후기] FRAC 세계관 (1부)". 브런치스토리. https://brunch.co.kr/@frac-ko/24 (2025년 7월 2일).

ZDNet Korea. "AI가 개발자 대체한다?…바이브 코딩 AI 도구 웹사이트 트래픽 127% 폭증". 《ZDNet Korea》. https://zdnet.co.kr/view/?no=20250626172628 (2025년 6월 26일).

Adem, Y. Vibe Coding: Analysis of a Post-Modernist Programming Paradigm. ademyuce.tr. (2025).

Akhoroz, M., & Yildirim, C. Conversational AI as a Coding Assistant: Understanding Programmers' Interactions with and Expectations from Large Language Models for Coding. arXiv preprint arXiv:2503.16508. (2025).

Anderson, I. F. Comparative analysis between Scientific Research Methodology, Industrial Design Project Methodology and Vibe Coding Methodology with Artificial Intelligence. OSF Preprints. https://sedici.unlp.edu.ar/handle/10915/180890 (2025).

Anthropic. "Claude Sonnet 4". https://www.anthropic.com/claude (2025).

Anthropic. "Computer use tool". Anthropic Documentation. https://docs.anthropic.com/en/docs/tool-use/computer-use-tool (2025).

Apple. "Apple Intelligence". https://www.apple.com/apple-intelligence/ (2025).

Ashktorab, Z., Dugan, C., Johnson, J., Pan, Q., et al. Effects of communication directionality and AI agent differences in human-AI interaction. Proceedings of the CHI Conference. https://dl.acm.org/doi/abs/10.1145/3411764.3445256 (2021).

AWS. "What is an API? – Application Programming Interfaces Explained". https://aws.amazon.com/what-is/api/ (2025).

Berlin, C. Exploring an AI Agentic Workflow for Solving Challenging Coding Problems: An Evaluation of a Large Language Model Based Multi-Agent System. diva-portal.org. https://www.diva-portal.org/smash/record.jsf?pid=diva2:1949004 (2025).

Bustamante, P., Cai, M., Gomez, M., Harris, C., Krishnamurthy, P., Law, W., et al. Government by code? Blockchain applications to public sector governance. Frontiers in blockchain, 5, 869665.

Casper, S., Bailey, L., Hunter, R., Ezell, C., Cabalé, E., et al. The AI agent index. arXiv preprint arXiv:2502.01635. https://arxiv.org/abs/2502.01635 (2025).

Chang, M. L., Lee, A., Han, N., Huang, A., Simão, H., et al. Dynamic Agent Affiliation: Who Should the AI Agent Work for in the Older Adult's Care Network?. Proceedings of the CHI Conference. https://dl.acm.org/doi/abs/10.1145/3643834.3661500 (2024).

Chen, N., Qiu, L. K., Wang, A. Z., Wang, Z., & Yang, Y. Screen Reader Users in the Vibe Coding Era: Adaptation, Empowerment, and New Accessibility Landscape. arXiv preprint arXiv:2506.13270. https://arxiv.org/abs/2506.13270 (2025).

Chen, V., Talwalkar, A., Brennan, R., & Neubig, G. Code with Me or for Me? How Increasing AI Automation Transforms Developer Workflows. arXiv preprint arXiv:2507.08149. https://arxiv.org/abs/2507.08149 (2025).

Chen, Z., Sun, Q., Li, N., Li, X., & Wang, Y. Enabling mobile AI agent in 6G era: Architecture and key technologies. IEEE Network. https://ieeexplore.ieee.org/abstract/document/10599391/ (2024).

Chow, M., & Ng, O. From technology adopters to creators: Leveraging AI-assisted vibe coding to transform clinical teaching and learning. Medical Teacher. https://www.tandfonline.com/doi/abs/10.1080/0142159X.2025.2488353 (2025).

Chowdhury, S. "Anthropic's pull: Big money, bigger talent returns, and $100 billion valuation". American Bazaar Online. https://americanbazaaronline.com/2025/07/17/anthropics-pull-big-money-bigger-talent-returns-and-100-billion-valuation-465197/ (2025, July 17).

Cihon, P., Stein, M., Bansal, G., Manning, S., et al. Measuring AI agent autonomy: Towards a scalable approach with code inspection. arXiv preprint arXiv:2502.15212. https://arxiv.org/abs/2502.15212 (2025).

Couchbase. "Large Language Model Explained: What Is an LLM AI Algorithm?". https://www.couchbase.com/resources/glossary/llm/ (2025).

DataCamp. "Anthropic Computer Use: Automate Your Desktop With Claude 3.5". https://www.datacamp.com/tutorial/anthropic-computer-use-automate-your-desktop-with-claude-3-5 (2025).

DesignRush. "Wix Buys AI Startup Base44 for $80M in Six-Month Sprint Deal". https://www.designrush.com/news/wix-buys-ai-startup-base44-for-80m-six-month-sprint-deal (2025).

Di Benedetto, G. "'Agent Code, James Code': AI-based code generation framework". webthesis.biblio.polito.it. https://webthesis.biblio.polito.it/31756/ (2024).

Felo AI. "Felo AI Search". https://felo.ai/search (2025).

Finimize. "Anthropic Could Be Worth Over $100 Billion With The Impression That Claude's Made". https://finimize.com/content/claude-money (2025).

Gadde, A. Democratizing software engineering through generative ai and vibe coding: The evolution of no-code development. Journal of Computer Science and Technology. https://al-kindipublishers.org/index.php/jcsts/article/view/9582 (2025).

GeeksforGeeks. "What is an API (Application Programming Interface)". https://www.geeksforgeeks.org/what-is-an-api-application-programming-interface/ (2025).

Genspark. "Genspark". https://www.genspark.ai/ (2025).

Gero, K. I., Ashktorab, Z., Dugan, C., & Pan, Q. Mental models of AI agents in a cooperative game setting. Proceedings of the CHI Conference. https://dl.acm.org/doi/abs/10.1145/3313831.3376316 (2020).

Grietzer, P. A theory of vibe. Thinking with AI. https://library.oapen.org/bitstream/handle/20.500.12657/100544/1/Bajohr_2025_Thinking-With-AI.pdf#page=22 (2017).

Han, X., Wang, N., Che, S., Yang, H., & Zhang, K. Enhancing investment analysis: Optimizing AI-Agent collaboration in financial research. Proceedings of the 5th International Conference. https://dl.acm.org/doi/abs/10.1145/3677052.3698645 (2024).

Hong, J. W., & Williams, D. Racism, responsibility and autonomy in HCI: Testing perceptions of an AI agent. Computers in Human Behavior, 78, 329–342. https://www.sciencedirect.com/science/article/pii/S0747563219302389 (2019).

Huang, D., Zhang, J. M., Luck, M., Bu, Q., Qing, Y., & Cui, H. Agentcoder: Multi-agent-based code generation with iterative testing and optimisation. arXiv preprint arXiv:2312.13010. https://arxiv.org/abs/2312.13010 (2023).

Huang, Y., Luo, J., Yu, Y., Zhang, Y., Lei, F., Wei, Y., et al. Da-code: Agent data science code generation benchmark for large language models. arXiv preprint arXiv:2410.07331. https://arxiv.org/abs/2410.07331 (2024).

IBM. "What Is an API (Application Programming Interface)?". https://www.ibm.com/topics/api (2025).

Islam, M. A., Ali, M. E., & Parvez, M. R. Mapcoder: Multi-agent code generation for competitive problem solving. arXiv preprint arXiv:2405.11403. https://arxiv.org/abs/2405.11403 (2024).

Islam, M. A., Ali, M. E., & Parvez, M. R. Codesim: Multi-agent code generation and problem solving through simulation-driven planning and debugging. arXiv preprint arXiv:2502.05664. https://arxiv.org/abs/2502.05664 (2025).

James, B. From Vibe to Code: Recursive Logic and the Evolution of Symbolic Compression. philpapers.org. https://philpapers.org/rec/JAMFVT (2025).

Jeon, J. E. The effect of AI agent gender on trust and grounding. Journal of Theoretical and Applied Electronic Commerce Research, 19(1), 37-52. https://www.mdpi.com/0718-1876/19/1/37 (2024).

Jiang, Y. H., Li, R., Zhou, Y., Qi, C., Hu, H., Wei, Y., et al. AI agent for education: von Neumann multi-agent system framework. arXiv preprint arXiv:2501.00083. https://arxiv.org/abs/2501.00083 (2024).

Jiang, Y. H., Shi, J., Tu, Y., Zhou, Y., & Zhang, W. For learners: AI agent is all you need. Teaching practices: strategies for improving learning. (2024).

Jin, H., Lee, S., Shin, H., & Kim, J. Teach AI how to code: Using large language models as teachable agents for programming education. Proceedings of the 2024 CHI Conference. https://dl.acm.org/doi/abs/10.1145/3613904.3642349 (2024).

Joshi, S. Review of autonomous systems and collaborative AI agent frameworks. SSRN. https://papers.ssrn.com/sol3/papers.cfm?abstract_id=5142205 (2025).

Joshi, S. Advancing innovation in financial stability: A comprehensive review of AI agent frameworks, challenges and applications. World Journal of Advanced

Engineering Technology. (2025).

Kostka, B., Kwiecieli, J., & Kowalski, J. Text-based adventures of the golovin AI agent. 2017 IEEE Conference on Computational Intelligence and Games. https://ieeexplore.ieee.org/abstract/document/8080433/ (2017).

Kraprayoon, J., Williams, Z., & Fayyaz, R. AI agent governance: A field guide. arXiv preprint arXiv:2505.21808. https://arxiv.org/abs/2505.21808 (2025).

Laquintano, T., & Vee, A. How automated writing systems affect the circulation of political information online. Literacy in Composition Studies, 5(2), 43-62. (2017).

Li, J., Le, H., Zhou, Y., Xiong, C., Savarese, S., et al. Codetree: Agent-guided tree search for code generation with large language models. arXiv preprint arXiv:2411.04329. https://arxiv.org/abs/2411.04329 (2024).

Liu, Y., Gao, P., Wang, X., Liu, J., Shi, Y., Zhang, Z., et al. Marscode agent: AI-native automated bug fixing. arXiv preprint arXiv:2409.00899. https://arxiv.org/abs/2409.00899 (2024).

Ma, Q., Shen, H., Koedinger, K., & Wu, S. T. How to teach programming in the AI era? using llms as a teachable agent for debugging. Conference on Artificial Intelligence in Education. https://link.springer.com/chapter/10.1007/978-3-031-64302-6_19 (2024).

Maes, S. H. The gotchas of AI coding and vibe coding. It's all about support and maintenance. ResearchGate. https://www.researchgate.net/publication/391568491 (2025).

Maes, S. H. Ensuring the Maintainability and Supportability of "Vibe-Coded" Software Systems: A Framework for Bridging Intuition and Engineering Rigor. ResearchGate. (2025).

Mainfunc.ai. "Welcome to Genspark, the AI Agentic Engine". https://www.mainfunc.ai/ (2025).

Masterman, T., Besen, S., Sawtell, M., & Chao, A. The landscape of emerging AI agent architectures for reasoning, planning, and tool calling: A survey. arXiv preprint arXiv:2404.11584. https://arxiv.org/abs/2404.11584 (2024).

Mo, T., Jiang, Z., & Zheng, Q. Interactive AI Agent for Code Refactoring Assistance: A Study on Decision-Making Strategies and Human-Agent Collaboration Effectiveness. Academia Nexus Journal. http://academianexusjournal.com/index.php/anj/article/view/35 (2025).

Morningstar. "LG Unveils Korea's First Open-weight Hybrid AI, 'EXAONE 4.0'". https://www.morningstar.com/news/dow-jones/20240717366/lg-unveils-koreas-first-open-weight-hybrid-ai-exaone-40 (2024, July 17).

Nasdaq. "Wix Acquires Base44 to Boost AI-Driven Intent-Based Software Development". https://www.nasdaq.com/articles/wix-acquires-base44-boost-ai-driven-intent-based-software-development (2025).

Okta. "What Is an API? Everything You Need to Know Explained". https://www.okta.com/identity-101/what-is-an-api/ (2025).

OpenAI. "Genspark ships no-code personal agents with GPT-4.1 and OpenAI Realtime API". https://openai.com/customer-stories/genspark (2025).

OpenAI. "Introducing Operator". https://openai.com/index/introducing-operator/ (2025).

OpenAI. "Operator – Release Notes". OpenAI Help Center. https://help.openai.com/en/articles/9696700-operator-release-notes (2025).

Oracle. "What is an API (Application Programming Interface)?". https://www.oracle.com/kr/integration/what-is-an-api/ (2025).

Originality.ai. "OpenAI Introduces Operator --- Key Things to Know". https://originality.ai/blog/openai-operator (2025).

Peng, L., Li, D., Zhang, Z., Zhang, T., Huang, A., et al. Human-AI collaboration: Unraveling the effects of user proficiency and AI agent capability in intelligent decision support systems. International Journal of Information Management, 77, 102854. https://www.sciencedirect.com/science/article/pii/S0169814124000854 (2024).

Perplexity. "Perplexity". https://www.perplexity.ai/ (2025).

PYMNTS. "Anthropic Valuation Could Hit $100B in New Investment Round". https://www.pymnts.com/artificial-intelligence-2/2025/anthropicvaluation-could-hit-100-billion-in-new-investment-round/ (2025, July 16).

Ray, P. P. A Review on Vibe Coding: Fundamentals, State-of-the-art, Challenges and Future Directions. Authorea Preprints. https://www.techrxiv.org/doi/full/10.36227/techrxiv.174681482.27435614 (2025).

Riley, D. "Base44 joins Wix in $80M deal to support natural language software development". SiliconANGLE. https://siliconangle.com/2025/06/18/base44-joins-wix-80m-deal-support-natural-language-software-development/ (2025, June 18).

Robeyns, M., Szummer, M., & Aitchison, L. A self-improving coding agent. arXiv preprint arXiv:2504.15228. https://arxiv.org/abs/2504.15228 (2025).

Roohani, Y., Lee, A., Huang, Q., Vora, J., Steinhart, Z., et al. Biodiscoveryagent: An AI agent for designing genetic perturbation experiments. arXiv preprint arXiv:2405.17631. https://arxiv.org/abs/2405.17631 (2024).

Samsung. "'Interview' Fast, Lightweight and On-Device AI: How Samsung Research Built AI Features That Translate in Real Time". Samsung Newsroom. https://news.samsung.com/global/interview-fast-lightweight-and-on-device-ai-how-samsung-research-built-ai-features-that-translate-in-real-time (2024, February 21).

Sapkota, R., Roumeliotis, K. I., & Karkee, M. AI agents vs. agentic ai: A conceptual taxonomy, applications and challenges. arXiv preprint arXiv:2505.10468.

Sapkota, R., Roumeliotis, K. I., & Karkee, M. Vibe coding vs. agentic coding: Fundamentals and practical implications of agentic AI. arXiv preprint arXiv:2505.19443. https://arxiv.org/abs/2505.19443 (2025).

Sarkar, A., & Drosos, I. Vibe coding: programming through conversation with artificial intelligence. arXiv preprint arXiv:2506.23253. https://arxiv.org/abs/2506.23253 (2025).

Sergeyuk, A., Golubev, Y., Bryksin, T., & Ahmed, I. Using AI-based coding assistants in practice: State of affairs, perceptions, and ways forward. Information and Software Technology, 178, 107533. https://www.

sciencedirect.com/science/article/pii/S0950584924002155 (2025).

SiliconANGLE. "AI 'vibe coding' startup Lovable raises $200M on a $1.8B valuation". https://siliconangle.com/2025/07/17/ai-vibe-coding-startup-lovable-raises-200m-1-8b-valuation/ (2025, July 17).

Song, Y., & Luximon, Y. Trust in AI agent: A systematic review of facial anthropomorphic trustworthiness for social robot design. Sensors, 20(18), 5087. https://www.mdpi.com/1424-8220/20/18/5087 (2020).

The Decoder. "OpenAI reportedly launching ChatGPT's first browser agent 'Operator' this week". https://the-decoder.com/openai-reportedly-launching-chatgpts-first-browser-agent-operator-this-week/ (2025).

The Times of Israel. "Six-month old Israeli startup is bought up by website builder Wix for $80 million". https://www.timesofisrael.com/six-month-old-israeli-startup-is-bought-up-by-website-builder-wix-for-80-million/ (2025).

Tony Baloney. "Working with Chinese, Japanese, and Korean text in Generative AI pipelines". https://tonybaloney.github.io/posts/working-with-cjk-text.html (2025).

Vee, A. Understanding computer programming as a literacy. (2013).

Vee, A. Coding literacy: How computer programming is changing writing. MIT Press. (2017).

Wang, H., Wang, C., Chen, Z., Liu, F., Bao, C., et al. Impact of AI-agent-supported collaborative learning on the learning outcomes of University programming courses. Education and Information Technologies. https://link.springer.com/article/10.1007/s10639-025-13487-8 (2025).

WEKA. "Large Language Model (LLM): Everything You Need to Know". https://www.weka.io/learn/ai/large-language-model-llm/ (2025).

Wikipedia. "OpenAI Operator". https://en.wikipedia.org/wiki/OpenAI_Operator (2025).

Yang, B., He, X., Gao, H., Cao, Y., Li, X., & Hsu, D. CodeAgents: A Token-Efficient Framework for Codified Multi-Agent Reasoning in LLMs. arXiv preprint arXiv:2507.03254. https://arxiv.org/abs/2507.03254 (2025).

Yang, Y., Chai, H., Song, Y., Qi, S., Wen, M., Li, N., et al. A survey of AI agent protocols. arXiv preprint arXiv:2504.16736. https://arxiv.org/abs/2504.16736 (2025).

Zhang, J., Lan, T., Zhu, M., Liu, Z., Hoang, T., et al. xlam: A family of large action models to empower AI agent systems. arXiv preprint arXiv:2409.03215. https://arxiv.org/abs/2409.03215 (2024).

Zhang, K., Li, J., Li, G., Shi, X., & Jin, Z. Codeagent: Enhancing code generation with tool-integrated agent systems for real-world repo-level coding challenges. arXiv preprint arXiv:2401.07339. https://arxiv.org/abs/2401.07339 (2024).

바이브 코딩
혁명이 온다

1판 1쇄 인쇄 2025년 9월 5일
1판 1쇄 발행 2025년 9월 12일

지은이 김재필
펴낸이 김기옥

경제경영사업본부장 모민원
경제경영팀 박지선, 양영선
마케팅 박진모
경영지원 고광현
제작 김형식

표지디자인 블루노머스
본문디자인 푸른나무디자인
인쇄·제본 민언프린텍
펴낸곳 한스미디어(한즈미디어(주))
주소 04037 서울특별시 마포구 양화로 11길 13(서교동, 강원빌딩 5층)
전화 02-707-0337 | 팩스 02-707-0198 | 홈페이지 www.hansmedia.com
출판신고번호 제 313-2003-227호 | 신고일자 2003년 6월 25일

ISBN 979-11-94777-37-3 (13320)

책값은 뒤표지에 있습니다.
잘못 만들어진 책은 구입하신 서점에서 교환해 드립니다.